小学教育（全科教师）专业系列教材
宋乃庆 靳玉乐 总主编

小学教育科研方法

主编 孙德芳 陈立万 赖小琴

副主编 路晨 陈琦 刘利利

编委 王磊 王宇翔 吴康妮 张虹 郭墘 吴银银

西南师范大学出版社
国家一级出版社 全国百佳图书出版单位

图书在版编目(CIP)数据

小学教育科研方法 / 孙德芳, 陈立万, 赖小琴主编. — 重庆：西南师范大学出版社, 2019.8（2021.11重印）
ISBN 978-7-5621-9849-9

Ⅰ.①小… Ⅱ.①孙… ②陈… ③赖… Ⅲ.①小学—教育科学—研究方法—高等学校—教材 Ⅳ.①G620-03

中国版本图书馆CIP数据核字（2019）第165088号

小学教育科研方法
主编　孙德芳　陈立万　赖小琴

出 版 人：	米加德
总 策 划：	宋乃庆　刘春卉　杨景罡
执行策划：	钟小族　翟腾飞
责任编辑：	杜珍辉　张　丽
责任校对：	周　杰
装帧设计：	观止堂_未　氓　黄　冉
排　　版：	黄金红
出版发行：	西南师范大学出版社
	地址:重庆市北碚区天生路2号
	邮编:400715
	市场营销部电话:023-68868624
	网址:http://www.xscbs.com
印　　刷：	重庆市国丰印务有限责任公司
幅面尺寸：	185 mm×260 mm
印　　张：	17
字　　数：	380千字
版　　次：	2019年8月　第1版
印　　次：	2021年11月　第5次印刷
书　　号：	ISBN 978-7-5621-9849-9
定　　价：	43.00元

小学教育（全科教师）专业系列教材

总主编

宋乃庆　靳玉乐

丛书编委会

主　任

陈时见　彭寿清　吕德雄

委　员（以姓氏笔画排序）

马　宏	马银海	申培轩	皮军功	吕立杰
吕德雄	刘　慧	江净帆	孙德芳	李志强
李铁安	李　敏	李　森	杨如安	杨南昌
何华敏	邹　渝	陈立万	陈时见	林长春
罗　文	罗　滨	胡　兴	侯宏业	袁　旭
顾建军	曹士勇	康世刚	彭寿清	蒋　蓉

序

小学教育是基础教育中最重要的一环,是孩子们学知识的第一步。孩子们在小学教育阶段,顺利完成了学业,进一步学习就不会有太大的困难。小学是儿童的思维从具体到抽象、综合到分析逐步发展的阶段。他们常常不管面对教什么学科的老师,都会提出各种各样的问题,认为老师是万能的,什么都知道的。所以我主张小学老师最好是全科型的,能够适应小学生认知特点的需要,特别是农村的小学老师。农村的学校规模比较小,一般不容易配备所有学科的老师,许多老师都要兼教几门课,更需要全科型的教师。教育部《关于实施卓越教师培养计划2.0的意见》也提出了培养小学全科教师。当然,全科教师不是说小学的所有课程都能教,而是一专多能、一主多辅,或者两主多辅。

有些学者认为,小学教师也需要学科专业化,认为现代科学日新月异,学科内容知识不断更新,教师需要有学科的专业知识,才能保证教学质量。在大城市规模比较大的小学,实行单科教师,当然有利于学科教学。但是我认为,小学教师也需要具有比较广泛的知识,一方面适合小学生综合思维的特点,另一方面小学教师也需要有文化修养、人文气质,这是多学科才能培养的。

如何培养小学全科教师?首先要有一套教材。以宋乃庆教授为首的教育部西南基础教育课程研究中心组织了16个省(区、市)60余所高校以中西部为主的专家学者编写了"小学教育(全科教师)专业系列教材"。这是师范院校教师组织师范生学习的素材,是小学全科教师培养(训)的重要载体。该系列教材主要包括教师教育类、学科基础类和学科课程与教学类3个模块。该系列教材本着小学生的特点,帮助职前和职后的小学教师逐步掌握2~4门学科的知识与技能、过程和方法,形成正确的情感态度和价值观,因此,每一学科的知识与技能要求适当降低。他们提出了宽基础、重实践操作,重师范素质养成,重文化素养提升的原则,使教材低起点、降难度、缓坡度,便于自学,便于阅读,文字通俗易懂。

该教材的编写人员,都是几十所师范院校对小学教育有专门研究的专家,站位高、设计科学、合理,切合小学的教育教学实际,教材编写有特色,为小学全科教师的培养做了一件重要的工作。

顾明远
2019年8月12日

(注:顾明远 北京师范大学原副校长,中国教育学会原会长,曾任世界比较教育学会联合会联合主席)

编者的话

党的十九大要求培养高素质教师队伍。习近平总书记明确提出成为党和人民满意的好教师要满足"四有""四个引路人"和"四个相统一"的标准,为培养师德高尚、业务精湛、结构合理、充满活力的高素质教师队伍指明了方向。

基础教育是我国教育的重要阵地,小学教育是基础教育中的基础。2012年以来,教育部先后出台了多个文件,提出了发展小学全科教师,解决小学(尤其是农村小学)结构性缺编问题,提升小学教师综合素养,借鉴国际小学全科教师培养经验。近年来,我国多省(区、市)已经开展了全科教师培养,编写了部分教材,在此基础上,我们在教师工作司和多省(区、市)教育主管部门的支持下,邀请了16个省(区、市)60余所高校的专家、学者编写了此系列教材。我们力求体现以下主要特点:

第一,注重综合素质,降低单科要求。小学全科教师要掌握2~4门学科的专业知识与技能、过程与方法,形成正确的情感态度与价值观,因此,每一学科的知识与技能适当降低要求,且适当增加综合素质的培养(训)内容与要求。

第二,拓宽学科基础,重视实践操作。小学全科教师走上工作岗位会执教多个学科,因此,教材既注重多学科的基础学习,又注重学科之间的贯通性,适当增加实践技能,注重学生师范素质的养成,注重学生教学技能的培养。

第三,适当降低起点,放缓坡度。教材注重便于自学与阅读,通俗易懂。适当降低起点和学科理论要求,适当放缓坡度和减少内容,适当减轻小学全科教师负担。

第四,注重学生文化素养提升,发展核心素养。教材贯彻"立德树人"根本任务精神,每章设置了名人名言、学习提要、思维导图、思考与练习、小结等板块,让学生在潜移默化中提升自身文化素养,具备终身发展的能力。

本套教材邀请了30余位小学教育领域有影响的高师院校、教科院、进修学院和小学知名的专家、领导组成了"小学教育(全科教师)专业系列教材"编委会。编委会对教材使用和教师的培养(训)进行指导。

由于时间紧、任务重、科目多,编写团队庞大,且编者编写风格和水平上存在差异,问题和错漏在所难免。恳请各位学者、教师、学生,及时向我们提出宝贵意见和建议并发送至邮箱xszjfs@126.com。

教育部西南基础教育课程研究中心　小学全科教师教材编写组
2019年8月

前言

建设高素质专业化创新型教师队伍是中国教育现代化的战略任务之一,是建设更加公平更高质量的教育的基础工程。中国教育现代化的实现离不开中国教育的振兴,教育振兴靠的是扎根中国大地的广大教师。教师素养影响着中国教育现代化的未来方向。因而,培养一批有理想信念、有道德情操、有扎实学识和有仁爱之心的全科教师成为新时代教育发展的重要大命题。

《小学教育科研方法》立足于小学教师科研素质的培养,注重定量研究与定性研究的统一,实用性与理论性的统一,操作性与技术性的统一,前瞻性与基础性的统一。《小学教育科研方法》按照学术成果形成的发展顺序分为原理篇、构思篇、方法篇、技术篇与表达篇等五篇十三章。在编写的过程中,我们力图增加最新的研究成果,比如在理论基础上将习近平总书记提出的"四有"好老师、"四个引路人"和"四个相统一"作为小学教育研究的指导思想,将脑科学的研究成果作为小学教育研究的依据。同时,力图使本书简单易学,内容有趣。书中不仅给学习者提供了资料链接,还增加了有趣的研究案例。本书不仅可以供高等学校小学教育专业的师范生使用,也可以供广大小学教师自学使用,是一本入门级的教材。

《小学教育科研方法》是集体合作的成果,由杭州师范大学孙德芳、重庆三峡学院陈立万和广西教育学院赖小琴三位教授任主编,重庆师范大学路晨、杭州师范大学陈琦、重庆三峡学院刘利利任副主编,具体分工如下:第一章(杭州师范大学,孙德芳),第二章(长江师范学院,王磊),第三章(重庆师范大学,路晨),第四章(重庆师范大学,王宇翔),第五章(重庆师范大学,吴康妮),第六章(昆明学院,郭塨),第七章(杭州师范大学,陈琦),第八章(台州学院,吴银银),第九章(重庆师范大学,张虹),第十章(广西教育学院,赖小琴),第十一章(杭州师范大学,孙德芳),第十二章(重庆三峡学院,陈立万),第十三章(重庆三峡学院,刘利利)。

感谢宋乃庆、靳玉乐教授的策划与指导,感谢西南师范大学出版社的鼎力支持与细心编辑,感谢编写团队的通力合作。由于作者水平有限,本书可能存在错漏和不足,欢迎读者批评指正。

编者
2019年7月

目录

第一编　原理篇

第一章　概念界说　3
第一节　研究的概念与小学教育研究简介　3
第二节　方法的概念与小学教育研究方法简介　6
第三节　小学教育研究的类型　9

第二章　历史发展　15
第一节　小学教育研究方法的范式演变　15
第二节　小学教育研究方法发展的基本特征　22
第三节　小学教育研究方法发展的未来趋势　26

第三章　理论基础　34
第一节　马克思主义与小学教育研究　34
第二节　相关学科的发展与小学教育研究　40
第三节　现代教育技术与小学教育研究　45

第二编　构思篇

第四章　课题选择与文献检索　55
第一节　研究问题的选择　55
第二节　研究问题的文献检索　63

第五章　理论构思　71
第一节　研究假设的确立　71
第二节　研究假设的检验　78

第六章 研究设计	84
第一节 研究对象的确立	84
第二节 研究变量的分析	89
第三节 研究计划的制订	102
第四节 开题报告的撰写	109

第三编 方法篇

第七章 课堂观察	115
第一节 课堂观察研究概述	115
第二节 课堂观察的运用	123

第八章 问卷编制	139
第一节 问卷的内涵	139
第二节 问卷的设计	145
第三节 问卷的检验	152
第四节 问卷的发放与回收	157

第九章 深度访谈	164
第一节 教育研究中的深度访谈	164
第二节 深度访谈的原则与应用技巧	169
第三节 深度访谈在教育研究中的运用	174

第十章 教育实验设计	181
第一节 教育实验的概述	181
第二节 教育实验设计的基本模式	186
第三节 教育实验的控制和检测	196

第四编 技术篇

第十一章 定量分析——SPSS	203
第一节 SPSS与小学教育研究	203
第二节 SPSS的方法简介	206
第三节 SPSS的运用举例	211

第五编　表达篇

第十二章　论文撰写　217
第一节　研究论文的类别与结构　217
第二节　研究论文撰写的原则与步骤　230

第十三章　课题申报与结题　237
第一节　课题选题　237
第二节　课题申报书撰写　248
第三节　课题的结题　253

第一编

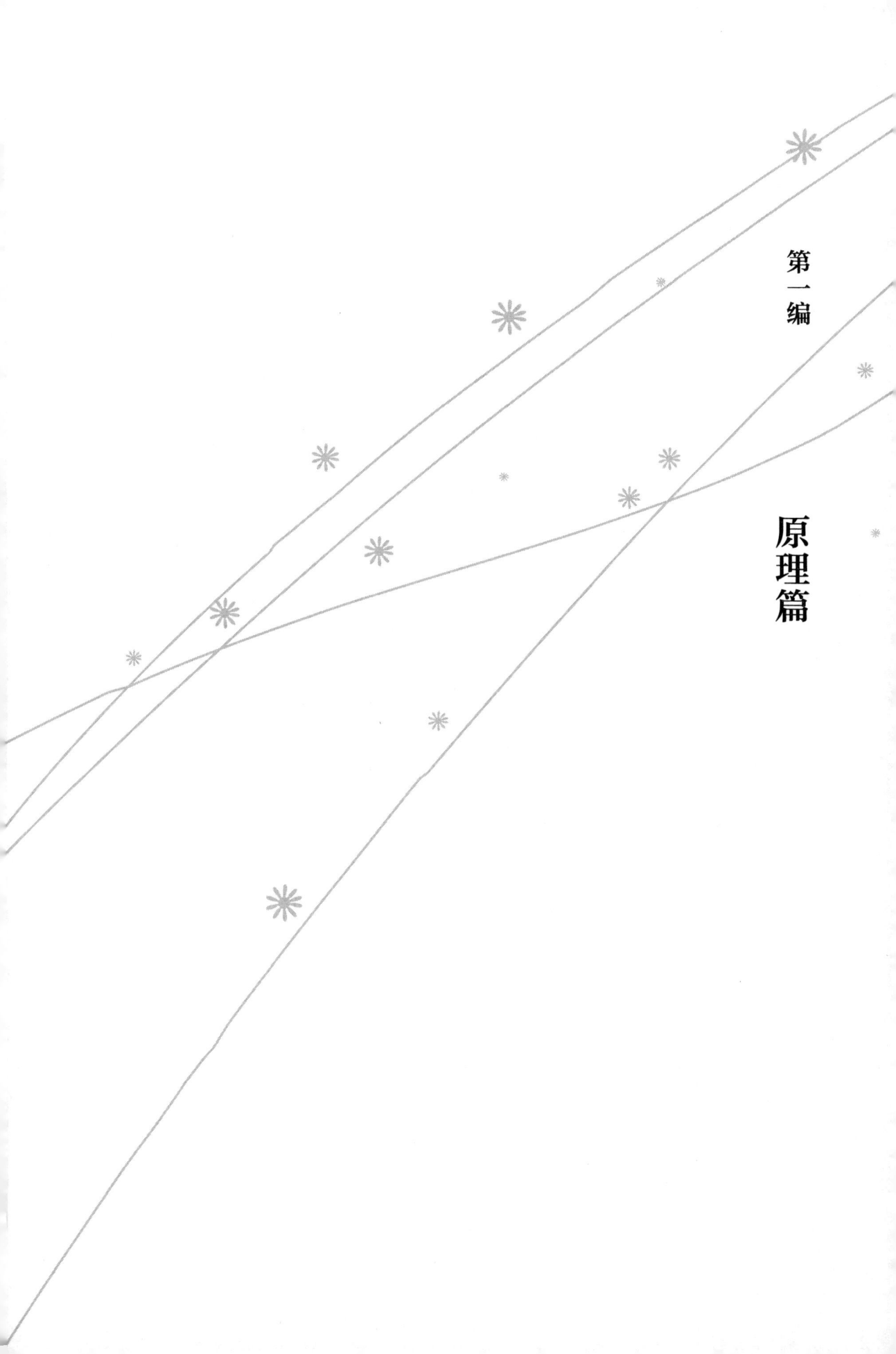

原理篇

第一章
概念界说

> 问题不在于教他各种学问,而在于培养他爱好学问的兴趣,而且在这种兴趣充分增长起来的时候,教他以研究学问的方法。
>
> ——[法]卢梭

了解教育研究的内涵,掌握基本的研究方法,体验研究过程,具备基本的研究素养是新时代小学教育对小学教师的必然要求,是解决教育问题的必由之路。本章主要让大家了解研究、研究方法、小学教育研究以及小学教育研究方法等概念的基本内涵、特点与类型,为进一步掌握基本的研究方法奠定基础。

第一节 研究的概念与小学教育研究简介

学习提要

(1)了解研究的概念及其核心要素。
(2)理解小学教育研究及其特殊性。

一、研究及其核心要素

人们对"研究"一词并不陌生,其在日常生活中也被广为使用。研究作为教师自身提升与发展的重要手段,已逐渐渗透到小学教育的各个领域,成为当今小学教师的日常行动。

按照《汉语大词典》的解释,"研究"的意义有四:一是钻研、探索;二是商讨、考虑;

三是仔细询问;四是特指审讯。"研究"一词的英文"research"="re"+"search",也就是反反复复寻找的意思。可见,"研究"可指人们对事物真相、性质、规律等进行的无穷尽的积极探索,由不知变为知,由知少变为知多,不断地深化认识和实践的创造性和创新性活动。简单地说,"研究"就是一个提出问题,并以系统的方法寻找问题答案的过程。

美国学者贝斯特和卡恩将研究概括为三个核心要素[①]:

(1)目的:研究是一种有计划、有意图的活动。它以发现事物的规律性、解决新问题或改进某种实际情景为目的。

(2)过程:为了达到目的,研究将是按步骤、分阶段进行的。它有一套严格而系统的操作原则和程序。

(3)方法:研究的过程,就是运用各种方法认识和解决问题的过程。方法以自己的尺度调节着整个活动的进行。方法的正确选择与使用是研究成功的关键。

综上所述,研究强调的是主动自觉性、问题针对性、过程的规范性与方法的恰当性,它需要研究者具有专业知识、主动意识、创新精神、敏锐洞察力与克服困难的勇气与耐心。

资料链接

诺贝尔的父亲是一位颇有才干的发明家,他倾心于化学研究,尤其喜欢研究炸药。受父亲的影响,诺贝尔从小就表现出顽强勇敢的性格,他经常和父亲一起去实验炸药。多年跟随父亲研究炸药的经历,也使他的兴趣转到应用化学方面。1862年夏天,他开始了对硝化甘油的研究。这是一个充满危险的艰苦历程。死亡,时刻都在陪伴着他。在一次炸药实验时发生了爆炸,实验室被炸得无影无踪,5个助手全部牺牲,连他最小的弟弟也未能幸免。这次惊人的爆炸事故,使诺贝尔的父亲受到了十分沉重的打击,没有多久就去世了。他的邻居们出于恐惧,也纷纷向政府控告诺贝尔,此后,政府不准诺贝尔在市内进行实验。但是诺贝尔百折不挠,他把实验室搬到市郊湖中的一艘船上继续实验。经过长期的研究,他终于发现了一种非常容易引起爆炸的物质——雷酸汞,他用雷酸汞做成炸药的引爆物,成功地解决了炸药的引爆问题。这是诺贝尔在科学道路上的一次重大突破。

二、小学教育研究及其特殊性

小学教育研究属于研究的一个子范畴,研究对象限定在"小学教育"这一领域。许多学者对"教育研究"的理解也见仁见智:旨在对教育工作者所关心的事情形成一种有机的认识的活动;为了解答某种特定的问题,由非常精通某种思维方式的人所进行的系统而

[①] 郑金洲、陶保平、孔企平:《学校教育研究方法》,教育科学出版社,2003,第17页。

持续的探究；等等。总的来说，教育研究与所有科学研究一样，由客观事实、科学理论和方法技术三个基本要素构成。教育研究以发现或发展科学知识体系为导向，通过对教育现象的解释、预测和控制，促进一般化原理、原则的发展。教育研究作为科学研究的一个分支，其宗旨是解决教育科学问题。①

尽管对教育研究的理解存在诸多差异，但其核心的要素非常清晰，其中小学教育研究就是通过有计划有步骤地实施系列的活动、运用恰当方法来认识小学教育现象，为小学教育领域提供有价值的知识，解决小学教育中的问题，提升教育活动的质量。

小学教育研究除具有研究的共性之外也有自身的特殊性，这一特殊性首先体现在其研究的对象是小学生以及附近与其发展相关的人，再者表现在它研究的是小学教育现象与教育问题，不关涉小学教育之外的其他现象与问题。小学教育的特殊性有如下几点：

第一，自觉性和组织性。新时代小学教师如何成为学生的"引路人"是当前小学教育界面临的重要课题。小学教育研究的科学性体现在研究主体的高度自觉、研究活动开展的严密性和计划性。

第二，继承性与创造性。教育是一个亘古常新的话题，几千年来，人类积累了丰富的教育经验，这些都需要辩证地继承，因为没有继承就不可能有全面认识，更不可能有创新。

第三，伦理性与复杂性。一切教育科学研究都必须符合教育的根本方向，必须体现正向价值导向的终极目标。小学教育研究的伦理性和复杂性是由教育对象的发展所决定的。小学教育研究的变量很多、变化很大，难以对研究对象进行精确的控制和操作，难以对干扰因素进行严密的控制，比自然科学研究更加复杂。

---

① 裴娣娜：《教育研究方法导论》，安徽教育出版社，2000，第4页。

第二节 方法的概念与小学教育研究方法简介

学习提要

(1)了解方法的概念及方法论的内涵。
(2)了解小学教育研究方法与方法论的区别与联系。

一、方法与方法论

(一)方法

对"方法"的理解与界定有着较长的历史。在《墨子·天志中》中就说:"中吾规者谓之圆,不中吾规者谓之不圆,是以圆与不圆皆可得而知也。此其故何? 则'圆法'明也。""中吾矩者谓之方,不中吾矩者谓之不方,是以方与不方皆可得而知之。此其故何? 则'方法'明也。"从中我们知道画圆工具为"规",画方工具为"矩",用"规"做圆的方法称为"圆法",用"矩"做方的方法称为"方法",后来就有了"方法"一说。可见,"方法"一开始就是一种"无规矩不成方圆"的规范,之后才慢慢演变为做事的技巧技术。

随着现代科学的发展,现代科学方法也复杂多样。既有世界观意义上的最一般的形而上的方法(如马克思主义哲学方法),也有应用于各学科或者各个领域的一般方法(如逻辑学、系统科学);既有应用于某个领域的特殊方法(如社会学领域的个案研究),也有应用于某门学科的个别方法(如教育调查)。这四个层次的研究方法的抽象程度、所处层次各有不同。

(二)方法论

方法论,就是关于人们认识世界、改造世界的方法的理论,是方法的体系,探讨的是人们用什么样的方式、方法来观察事物和处理问题,是一种以解决问题为目标的理论体系或系统。方法论是一个哲学概念。人们关于"世界是什么,是怎么样的"的根本观点是世界观。用这种观点作指导去认识世界和改造世界,就形成了方法论。我们不难看出,方法论是普遍适用于各门具体社会科学并起指导作用的范畴、原则、理论、方法和手段的总和。

方法论的特点体现在其系统性、联系性与指导性上。方法论是关于多种方法的系统论述与总结,它同方法的关系应该是一般与个别,抽象与具体,整体与部分的关系。方法论注重多种方法的系统整合,强调了方法与方法之间的联系、整合,而多种方法的交互联系构成了方法论的体系性与完整性。方法论强调的是以方法为研究对象的科学体系,对一般方法起到形而上的宏观指导与引导作用,是关于方法的理论表现形态。

二、小学教育研究方法与方法论

小学教育研究同其他科学研究一样,只有围绕研究对象采取合适的研究方法,才能保证研究问题的有效展开。小学教育研究方法的选择依据的是是否对儿童健康成长有益,任何违背儿童成长与发展规律的研究方法都需要摒弃。

(一)小学教育研究方法

小学教育研究方法是以预测、发现、解释或发展一定的教育规律、原则、原理、理论为研究目的,对研究对象遵循一定规范的研究程序,采用科学方法为手段,按照某种途径进行有组织、有计划、系统的研究活动时所采取的步骤、手段和方法的总称。

小学教育研究方法除具备科学研究方法的科学性、客观性与工具性的特点之外,还具有一些更加特殊的特征:

1.价值中立很难实现

小学教育自身的复杂性和研究者的自身特点必然会使小学教育研究保持"价值中立"的程度下降。按照社会学者的观点,哪怕是自然科学研究,想做到绝对的"价值中立"也是十分困难的,因为研究者的价值判断、知识结构、价值倾向都制约着价值中立的实现程度。

2.测不准

小学教育研究中同样需要通过测量的方法来进行量化、精确化、标准化的研究,力争使研究具有科学性与客观性,尤其是近年来实证的研究方法比如调查统计、测量、数学模型等在教育研究中越来越受到重视。但在小学教育研究中,采用测量的方法而得到不准确的结果,常常出现。小学教育研究中的"测不准"不仅表现在测量客体本身,还表现为测量主体、客体之间的相互影响上。例如小学班主任老师经常在教室外边观察教室内学生的课堂纪律,其观察本身便对课堂纪律产生了影响,即测量主体对客体产生了影响;同时,测量客体学生之间又存在相互影响。

(二)小学教育研究的方法论

小学教育研究的方法论是关于教育科学一般研究方法的理论体系。它包括哲学方法论和一般科学方法论。教育研究方法论指引与制约着具体的教育研究方法,是教育研究方法的指导思想和基本原则。

方法论的基本意义就在于改善和提高人们对周围世界的认识和改造世界的能力,在这里,主要集中于对教育现象的认识,获取客观、可靠的事实或资料,以及检验社会理论等具体方法。教育研究方法论归属于社会科学研究方法论的范畴,它呈现出了两种根本对立的方法论:实证主义方法论和非实证主义方法论。

实证主义最基本的观点:经验科学是人类获取知识的唯一可靠形式,反对超自然力量和抽象、思辨的原则;研究的逻辑方法是假设演绎法,代表人物是法国社会学家涂尔干。在实证主义方法论指导下形成了一套比较完整、具体、可操作程序化的教育研究方法。

非实证主义的观点正好与实证主义相反,认为人的行为不同于物体运动,人是有自由意志的,社会历史事件都是独特的,非重复的,每个人都是一个"孤本"。非实证主义研究都是采用微观研究,即采用个案研究的方法认识社会现象,代表人物是德国社会学家马克斯·韦伯和威廉·狄尔泰,实证主义和非实证主义方法论的区别见表1-1。

表1-1 实证主义和非实证主义方法论的区别

方法论	对社会现象的认识	对社会现象的分析和解释
实证主义方法论	宏观研究 整体认识 客观检验	客观解释 静态分析 量化研究
非实证主义方法论	微观研究 个体研究 主观判断	主观理解 动态分析 质性研究

注:资料见仇立平《社会研究方法》,2008

两种方法论的观点都片面强调了某种认识角度而忽视了其他视角。实际上,教育现象的复杂性、多样性与变化性决定了在具体研究的过程中要根据实际情况灵活地从多个角度加以研究,要充分将宏观和微观、量化和质性、静态与动态等研究结合起来,达到对教育现象的全面认识,从而为教育决策服务。

第三节 小学教育研究的类型

学习提要

(1)了解小学教育研究的基本类型。
(2)理解不同教育研究类型的内涵及使用条件。

分类是为了更好地认识和理解小学教育研究方法的内涵,明晰各种方法之间的区别与联系,为学习者掌握基本的教育研究方法进而进行科学研究打下基础。关于教育研究的分类,学者们进行了各种尝试,下面是其中较为普遍的几种分类。

一、按研究的目的分

根据研究的目的我们可以将研究分为基础研究与应用研究。基础研究的根本目的是扩展知识,获取新知识、新方法、新原理。比如关于对儿童脑的认识研究就是典型的基础研究。基础研究是推动教育创新的内在驱动力。基础研究又分为纯基础研究和定向基础研究。纯基础研究主要是为了确立基本概念、原理、规律、法则等,比如对教育起源、教育本质的研究等。定向基础研究是以教育基本原理为指导,提出对具体活动指导的原则与原理,是"操作化"的基础理论,比如教学理论研究、教育法学、考试学等。

应用研究的基本目的是解决当下的实际问题,比如小学生延迟上学政策实施现状的调查研究、小学中普遍进行的改进教师自身教育质量的行动研究就是典型的应用研究,应用研究也是教育不可或缺的研究。往往人们对基础研究和应用研究会产生一些误解。基础研究和应用研究本身没有高低之分,不是说基础研究就比应用研究高雅,应用研究就不需要技术含量,谁都能搞;同样,也不能认为只有解决实际问题的应用研究才有价值,基础研究就空洞无用,从而贬低基础研究。基础研究和应用研究都是重要的,不应以价值判断的等级来区别它们。

二、按研究的范式分

学者将使用大体相同的语言、方式和规则来解决问题的标准方式称为"范式"。依据研究的范式差异,我们将教育研究分为定性研究与定量研究。

定性研究主要用文字来描述教育现象,旨在理解、阐释所研究的现象。定性研究把自然情境作为资料的直接来源,关心的是过程,而非仅仅是结果或产品,倾向于对资料的归纳。定性研究是根据个人经验,用演绎的方法对自己的思考进行验证,偏向结论性、抽象性、概括性以及研究者个人观点的阐发。定性研究的方法包括文献资料分析法、个案法、观察法、访谈法等。

定量研究是与定性研究相对的概念,要考察和研究事物的量,就得用数学的工具对事物进行数量的分析,这种研究就叫"定量研究",也称"量化研究",它是社会科学领域的一种基本研究范式,也是科学研究的重要步骤和方法之一。在教育研究中,最典型的定量研究当数教育实验。定量研究根源于实证主义,它更加重视研究的结果,强调研究程序和预先设计,是通过数据的展现来说明结果的一种研究。定量研究的目的是确定关系、影响及原因而不是定性研究的理解社会现象。定量研究的主要方法有调查法、相关法和实验法。(见表1-2,1-3)

表1-2 定性研究与定量研究的区别[①](一)

研究项目	定性研究	定量研究
资料的来源	自然情境	经过严格控制的情境
研究成果的表现形式	文字或图片	数据
对研究关注的方面	过程	结果
分析资料的方法	归纳分析	演绎分析
关心的基本事情	意义与理解	变量与操作
学术属性	社会学、历史学、人类学等	心理学、经济学、物理学等
目标	描述现实、提高认识	检验理论、证实事实
设计	灵活、一般、可引申	有结构、预定的、正式具体
技术或方法	观察、漫谈	实验、有组织的交谈
与被试的关系	热情接触、被试朋友	疏远、被试-研究者
工具或手段	录音机等	项目表、问卷

表1-3 定性研究与定量研究的区别(二)

不同点	定量研究	定性研究
着眼点不同	着重事物的量	着重事物的质
层次不同	准确定性	深入解释
依据不同	主要是调查得到的现实资料数据	大量历史事实和生活经验材料

---

① 郑金洲、陶保平、孔企平:《学校教育研究方法》,教育科学出版社,2003,第27页。(有改动)

续表

不同点	定量研究	定性研究
手段不同	主要运用经验测量、统计分析和建立模型等方法	主要运用逻辑推理、历史比较等方法
学科基础不同	以概率论、社会统计学等为基础	以逻辑学、历史学为基础
结论表述形式不同	用数据、模式、图形等来表达	以文字描述为主

定性研究与定量研究的这些差异，使它们在研究中各有所长。在研究中，它们并不相互排斥，而是相互补充的。定性研究为定量研究提供理论框架，而定量研究为进一步的定性研究提供条件，两者在教育研究中都有存在的必要性。

三、按研究开展的地点、资料收集的主要方式分

按照研究开展的地点、资料收集的主要方式，我们将研究分为书斋式研究与现场研究两种。书斋式研究主要是通过查阅文献获得资料，并通过自己的思维加工而取得研究成果，文献是研究的基础，它常常又被称为"文献研究"。这种研究要求研究者要阅读与占有大量文献资料，不直接参与教育实践活动，而把自己当作实践的旁观者和思考者，对问题进行形而上的思辨。比如关于教育史的研究就是典型的书斋式研究。

现场研究就是在教育实践活动发生现场进行的研究，当前很多一线小学教师进行的基于自身改进与提升的小课题研究就是典型的现场研究。到现场去研究是认识事物的可靠方式，是获得第一手资料的根本途径，学校情境中的教育研究主要是现场研究。

同样，书斋式研究与现场研究也仅仅是两种相对不同的研究方法，在现实的研究中，我们不仅需要书斋式的文献研究，也需要深入教育实践的现场研究，应坚决摒弃两种研究相互鄙视与排斥的观点。我们既不能认为书斋式研究是学究式脱离现实的"胡编乱造"，也不能认为现场研究是低水平的"经验之谈"。要想把研究做得更加深入，就需要研究者不仅具有较深的理论功底和在文献方面的积累，也需要了解教育实践，因为在理论指导下的实践变革才有高度，在实践中提升的理论才有生命力。

四、按研究功能分

教育研究作为人类探索性的认识活动，既包括认识客观事物状况的研究，也包含改变客观事物的研究。依据教育的功能，可以将教育研究分为描述性研究和干预性研究。

描述性研究是对客观的教育现象予以考察，努力反映出教育的基本的客观状态，以

回答教育是什么、怎么样、为什么的问题。研究者作为旁观者,不对客观事物施加可能引起改变的任何影响,从而尽量保证研究的客观性、真实性与价值中立,但是最终的结果还是为改进教育实践提供更好的思路。如"小学生课业负担情况调查研究",主要回答现在小学生的课业负担的现状、问题、原因,最终提出缓解小学生课业负担的思路与方法。

干预性研究主要是通过对客观事物施加可能引起改变的影响,用主动积极的教育变革干预因素的设置来达到改变教育过程、解决教育问题的目的的研究。教育实验就是最典型的干预性研究。比如通过教材的改变、教法的改变、教育技术的改变来提升学生的学业成绩等。教育的干预性研究的基本特点体现在教育的主动变革性。

在教育实践中描述性研究的结论为干预性研究提供理论支撑,干预性研究的结论反过来又需要描述性研究的提炼。因此,干预性研究与描述性研究也是不可分割的。

五、按研究的方向尺度分

依据研究的方向尺度,可把教育研究分为:纵向研究与横向研究。

纵向研究,也称"追踪研究",是指在一段相对长的时间内对同一个或同一批被试对象进行重复的研究,是在前后不同的时间里分别对某些社会现象进行调查,收集该社会现象在当时的资料,将这些资料结合起来分析,以描述某种社会现象的发展变化,以及解释不同现象前后之间的联系。纵向研究须具备以下特点:(1)每个变量的数据须采集两次或两次以上;(2)各次调查的对象应是相同的,或者至少是可比较的;(3)数据分析涉及对多次调查的数据进行纵向比较。纵向研究能够总结出事物发展变化的趋势与规律,但其明显的不足便是需要花费大量时间去追踪研究,会花费大量的人力、物力与财力等。

横向研究,也叫"横断研究",是指通过在同一特定时间内比较不同年龄组的被试对象来研究发展倾向的一种方法。在横向研究中,不同年龄组的个体不是同一批个体,但我们能够用这样的研究结果来代表同一批个体在不同年龄的发展特征。前提假定为个体的发展特征是稳定的。教育研究中大部分属于横向研究的范畴。横向研究比较节省时间和经费,易于实施;被试的代表性较强,研究所得结果也就具有较好的概括性;可以较快获得研究结果,同时避免了被试对象的流失。横向研究不适用于研究发展的稳定性和早期影响的作用等问题。

从以上的研究分类来看,每一种研究方法都有自己独特的使用范围和特点,它们仅仅是一个研究的分析视角,提供了分析问题的一种工具,其各自没有好坏、高下之分。在具体的实践中,需要根据研究的需要灵活使用,综合运用。

本章小结

"研究"就是一个提出问题,并以系统的方法寻找问题答案的过程。教育研究就是有计划、有目的,以系统的方法认识教育现象、理解教育现实、解决教育问题的过程。小学教育研究是教育研究的一个领域,研究对象限定在与小学教育直接相关的人、现象及问题上。小学教育研究的特殊性在于自觉性与组织性、继承性与创新性、伦理性与复杂性。

方法是研究问题的方式、手段。方法论是认识世界、改造世界方法的理论体系。小学教育研究方法是以预测、发现、解释或发展一定的教育规律、原则、原理、理论为研究目的,对研究对象遵循一定规范的研究程序,采用科学方法为手段,按照某种途径进行有组织、有计划、系统的研究活动时所采取的步骤、手段和方法的总称。小学教育研究方法论是关于教育科学一般研究方法的理论体系。

【思维导图】

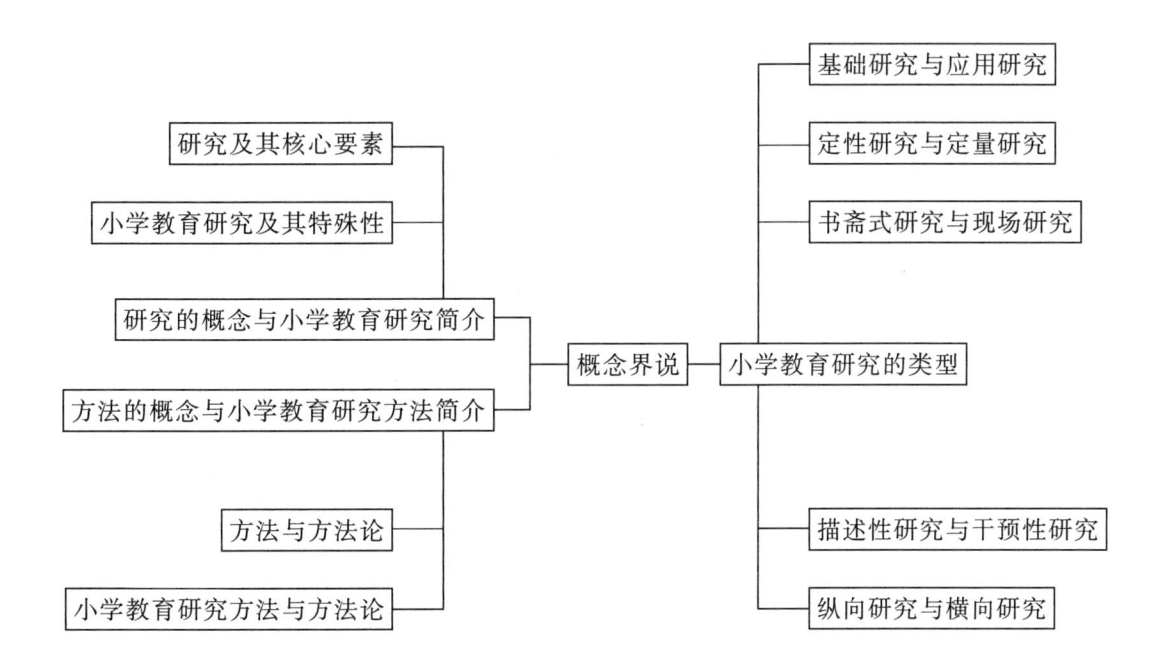

【思考与练习】

1. 小学教育研究的特殊性是什么？
2. 实证主义研究方法与非实证主义研究方法的区别与联系是什么？
3. 小学教育研究的基本类别分别有哪些？

【推荐阅读】

[1] 裴娣娜. 教育研究方法导论[M]. 合肥：安徽教育出版社, 2000.

[2] 袁振国. 教育研究方法[M]. 北京：高等教育出版社, 2000.

[3] 郑金洲, 陶保平, 孔企平. 学校教育研究方法[M]. 北京：教育科学出版社, 2000.

第二章
历史发展

> 在科学事业中,真正的天才是那些发明新的研究方法的人。
>
> ——[英国]罗素
>
> 比起任何特殊的科学理论来,对人类的价值观影响更大的恐怕还是科学的方法观。
>
> ——[英国]梅森

第一节 小学教育研究方法的范式演变

学习提要

(1)了解小学教育研究方法发展的范式演变过程。
(2)了解小学教育研究方法在不同范式阶段的特征与表现。
(3)了解小学教育研究方法各种范式的优势与缺陷。

从小学教育研究的历史来看,小学教育研究方法大致经历了"思辨研究"、"量化研究"、"质化研究"和"混合研究"四个范式阶段,其对应着人们对教育现象和教育研究认识发展的不同时期和类型,表达着不同的理论取向和价值立场。对这些范式演变过程的梳理与区分,有助于深化对小学教育研究方法的产生与特性的理解。

一、"思辨研究"范式阶段

"思辨研究"范式,是指研究者基于个体的直观经验和理性认识能力来进行教育研究的方式,作为教育研究中最早产生也是存在最久远的研究范式,它先后经历了两个阶段。

第一阶段是自古希腊时期至16世纪。此时教育研究尚未与哲学母体分离，教育研究方法论刚刚萌芽，深受早期哲学与宗教思维影响。严格说来，此时的教育研究还只是人们的一些零碎的教育思考与认识，其主要方法为日常生活中的不充分的观察，对教育实践经验的总结，以及建立在直觉经验基础上的思辨。[1]第二阶段是17世纪至19世纪。随着近代科学的产生以及哲学认识论的突破，理性主义思想开始进入教育领域，主导着教育研究方式，人的理性能力与理性思维在教育研究中的作用和地位得到确立和抬升。此时的不少教育学者认为，教育研究不能再停留于对教育现象的日常观察、一般描述，而应该基于人类的理性能力，反思已有的教育思想与观念，更深入地揭露与剖析教育现象间的联系与作用，进而认识教育的本质特征。因而区别于前一阶段（注重对教育经验的归纳总结），这一阶段的教育研究方式主要采用演绎的方式对教育的概念、命题进行逻辑推理。虽然"思辨研究"范式的两个阶段有一定差异，但也有一共同之处，即均深受当时哲学发展的影响，尤其是与哲学认识论有很大关系，所以"思辨研究"范式也被称为"哲学思辨"范式。

从研究过程来看，"思辨研究"范式对教育的探究和把握有两种不同的进路。一种是"哲学—教育"式，即从特定的哲学视角或哲学观点出发，演绎出相应的教育思想。循此进路研究教育问题的一般是哲学家，他们对自然世界与人类社会具有系统、独到的认识，教育往往被他们视为实践自己的哲学理想、改造社会现实的有效途径，因而他们的教育思想一般是其哲学思想的延伸。另一种是"教育—哲学"式，即从个别的教育现象和教育问题切入，上推至某种哲学理论体系，从而建构教育理论体系。[2]

资料链接

朱熹是南宋最著名的教育家，对中国封建社会后期教育的发展产生过重大的影响。他的小学教育思想便与其哲学思想有紧密联系。作为理学的集大成者，他特别重视儿童教育问题，明确地提出把学校教育划分为大学与小学两个阶段，并认为小学教育是大学教育的"基本"。他从儒家思想传统以及自身的心性说出发，强调要对儿童进行及早施教，将道德教育尤其是道德行为习惯的训练作为小学阶段的主要任务。为此，朱熹以理学为指导，还特地为儿童编写了一系列课本和读物，如《小学》《童蒙须知》《训蒙诗》等，将儒家伦理思想与规范注入其中，以培养儿童的德性与德行。

资料来源：吴洪成《中国小学教育史》，西南师范大学出版社2006年版。

---

[1] 裴娣娜：《教育研究方法导论》，安徽教育出版社，2000，第20页。
[2] 李雁冰：《试论三种教育研究范式及其转换背景》，《宁波大学学报（教育科学版）》2002年第1期。

"思辨研究"范式之所以能够长期存在,并为教育研究者所重视,主要源于它具有以下的优势:第一,"思辨研究"范式采用的是观察法,以及归纳、演绎和类比等基础性思维方式,与人类的一般认识模式相近,容易得到广泛的接受与传播;第二,"思辨研究"范式是一种整体性把握教育事物的方法,思考的一般是教育目的、价值与规范等带有终极性、宏大性的问题,有利于从根本上把握教育的本质与总体特征;第三,"思辨研究"范式关注教育的理想状态或应然状态,具有超越性和批判性,对教育研究的整体发展有引导作用。

当然,"思辨研究"范式也有一些天然的劣势,这主要表现在:首先,教育研究者采用"思辨研究"方法思考教育问题时,往往会设想并固守某种终极的教育理想,作为构建教育理论的依据,便容易导致不同教育理论间存在较大分歧且不易协调。其次,由于思辨研究受哲学思维的影响,一般是基于纯理性而非感性经验,来间接地把握教育问题,这种抽象思维活动就容易变成"形而上"的玄思而脱离教育实际。另外,由于"思辨研究"范式是建立在研究者自身的主观经验与理性能力基础之上,因而研究成果容易受到研究者个体专业能力的影响与限制。

二、"量化研究"范式阶段

教育的"量化研究"范式的出现有着特定的教育与社会文化背景。"量化研究"范式的理论基础是科学实证主义。19世纪之后,科学技术的迅猛发展,催生了科学主义思潮,科学知识被奉为圭臬,科学方法至高无上,其他学科只有运用了自然科学的研究方法,效仿科学研究的一般过程才能提升自身地位与水平。有感于传统"思辨研究"范式所造成的教育研究的随意性与模糊性等弊端,实证主义者主张教育研究应该成为一门实证的和专业的科学。

更确切地说,教育研究的"量化分析"范式转型,是直接受到了心理学实证主义的影响。[1]在19世纪末,随着心理学研究的实证主义转向,以及部分心理学家对教育领域和教育问题的直接涉入,欧美国家开始出现了用统计、调查、测量与实验等科学方法研究教育问题的倾向,发起了儿童研究运动、教育测量运动、学校调查运动等教育科学化运动,有力地推动了量化研究范式的发展。从历史来看,20世纪初到20世纪30年代是"量化研究"范式的鼎盛时期。[2]

---
[1] 周红安、杨汉麟:《从历史研究到调查实证——20世纪初美国教育研究范式的转型及思考》,《湖南师范大学教育科学学报》2013年第2期。
[2] 王枬:《20世纪教育研究范式的类型分析》,《教育科学》2000年第1期。

> **资料链接**
>
> 　　近代自然科学的发展，催生了教育领域的科学化意识，教育学者开始致力于将教育研究变成一门科学。德国教育学家赫尔巴特最先致力于教育的科学研究，他主张在心理学的基础上建立教育方法论，促使教育学向"科学"迈出关键一步。赫尔巴特于1806年出版的《普通教育学》，被视为教育史上第一部具有科学体系的教育学著作，他也因此被誉为"科学教育学的奠基人"。20世纪初，在欧美国家兴起的实验教育学派从实验心理学的角度出发，运用观察、实验、统计等科学方法来分析和研究教育问题，进一步推动了教育的"科学化"进程。1905年，法国心理学家比奈和西蒙合作提出了第一份智力测验量表，促使心理与教育测验的思想深入人心，更有力地推进了教育的科学化。此后，美国学者杜威、桑代克、吉特、孟禄等人通过教育学和心理学的深度融合，共同把教育"科学化"运动推向了高潮。
>
> 　　资料来源：项建英《教育"科学化"运动与近代中国大学教育学科的发展》，《现代大学教育》2009年第5期。

　　"量化研究"范式也被称为"实证研究"范式，它是以教育事实为研究对象，借助数学工具，以求发现教育规律的研究范式。[①]与"思辨研究"范式不同，它不是为了基于一定的理论去勾勒或谋划教育的理想或应然状态，而是为了通过科学方法发现教育事实，探究各种事实之间的客观规律关系。

　　"量化研究"范式，推崇教育研究的"客观性"、"精确性"和"确定性"，强调事实和经验，反对思辨，主张用精确化的语言来定义、描述和解释教育现象，用"精确的科学方法"来研究教育问题，并反对主观推测，强调对所收集的教育资料与信息做"精确的量化分析"。因而，它遵循的是自然科学研究的一般程序，其主要步骤为：研究者首先针对特定的教育问题提出研究假设，寻找相关因素并确定变量关系，然后选择具有代表性的样本，使用标准化工具和程序采集数据，进而对数据进行分析，挖掘不同变量之间的各种关系，最终检验研究者自己的理论假设。

　　与传统思辨研究范式相比，"量化研究"范式具有以下优势：第一，"量化研究"借用自然科学的研究思路与方法，能够揭示一些普遍性的教育事实和教育规律，有助于提升教育研究的科学化水平；第二，"量化研究"过程相对客观、精确，具有一定的可重复性，能够规避研究者的主观性和个人倾向所带来的不良影响；第三，"量化研究"非常适合对教育现象进行大规模的调查和监测，研究结论具有一定的可推广性，能够起到一定的预测功能；第四，量化研究有一套结构化的路径与程序，多采用标准化的工具和方法，可操作性强。

[①] 李雁冰：《试论三种教育研究范式及其转换背景》，《宁波大学学报（教育科学版）》2000年第1期。

当然,"量化研究"范式也有自身的局限性,主要表现有:第一,教育是一项育人活动,是教育事实与教育价值的统一体。量化研究执着于发现教育事实,剥离教育现象的价值层面,强调对教育现象的价值中立,容易偏离教育活动的育人本质。第二,不是所有的教育现象都能够进行量化处理,如果过于关注可量化的教育特征,而忽略不易量化的教育因素,容易导致片面的研究结论。第三,教育是一个复杂的系统,具有整体性。"量化研究"采用的是分析、还原的思路,对教育现象进行层层解剖,简化为碎片化的教育问题,容易忽视教育的整体性特征。第四,量化研究设计有时过于程式化、标准化,容易造成机械化、教条化的教育研究,催生"为量化而量化"的倾向。

三、"质化研究"范式阶段

20世纪中期以后,原来在教育研究领域占据主导地位的"量化研究"范式在教育实践中陷入困境,由于它过度追求科学化,导致教育研究中人的物化和人文关怀的缺失,使得教育理论失去了对教育实践的吸引力。[1]这促使教育研究者开始反思量化研究的弊端,寻求与教育问题相切合的新方法基础。"质化研究"范式(又称"质的研究"范式),就是在对"量化研究"范式的反思和批判中逐渐发展壮大起来的。

区别于"量化研究"范式的科学实证主义取向,教育的"质化研究"范式秉持的是人文主义的理论取向,认为教育活动是一种复杂的社会现象和人文现象,有着区别于自然现象的特殊性。教育活动总是和意义、目标、价值、规范联系在一起的,它不是一个纯粹客观性、价值中立性的科学世界,而是一个价值关涉的、复杂的生活世界。[2]那么,对教育活动的研究就不宜完全效仿自然科学,采用纯粹量化的方法,而应该回归人文科学属性,选择观察、归纳与解释等"质化研究"的方法。

"质化研究"是一种以研究者本人为研究工具,在自然情境下,通过与研究对象的长期互动,采用深度访谈、开放式观察和实物分析等方法,对教育现象进行整体性解释与探究的活动。"质化研究"的一般过程包括:(1)提出研究问题,明确研究目的;(2)讨论研究背景,形成概念框架;(3)选择研究对象,讨论研究关系;(4)进入现场,收集资料;(5)分析资料,形成结论;(6)监测与评估研究的质量;(7)撰写研究报告。[3]

教育的"质化研究"范式的主要特征有:第一,从研究对象上看,"质化研究"的对象是自然情境中的教育现象,而非实验情境中的教育现象。第二,从研究目的来看,"质化研究"不是为了发现所谓客观的教育事实,而是为了对特殊的教育现象获得解释性理解。第三,从研究关系来看,质化研究中研究者不是教育现象的理性旁观者,而是实际的参与者和体验者,将自身作为研究工具。第四,从研究过程来看,"质化研究"是一个不断循环

---

[1] 王枬:《教育叙事研究的兴起、推广及争辩》,《教育研究》2006年第10期。
[2] 范涌峰、宋乃庆:《教育研究科学化:限度与突破》,《教育研究》2016年第1期。
[3] 陈向明:《教育研究方法》,教育科学出版社,2013,第230页。

反复、动态变化的过程。"质化研究"的方案并不是完全固定的,而是开放的,可根据研究的实际情况随时调整。第五,从研究结论来看,"质化研究"的结论是在研究过程中逐步生成的,具有偶然性和非预期性。

相比传统的教育研究范式,"质化研究"范式具有以下优势:首先,区别于思辨研究,质化研究的结论和理论都是从真实的教育情境中"自下而上"形成的,而非研究者事先预设,这就大大地削减了教育理论的"理想化"色彩。其次,区别于量化研究,质化研究能够对研究对象的思想、情感和价值等进行更加细微深入的意义阐释,能够揭示教育活动中内隐性的一面,发现更为真实、全面的教育世界。此外,与以往研究方法相比,质化研究的设计和实施过程具有高度的灵活性,非常契合教育的实践要求。由于教育是生动具体的实践活动,教育中的人和事都是时刻变动着的,所以在传统的教育研究中,一般需要对教育现实进行一定的调整、控制或干预,来适应研究设计和计划,但质化研究却不需要。当采用质化研究时,研究者可以直面真实的教育现场,可以根据教育的实际情况来随时进行修改和调整,把一些新情况纳入研究的计划。

当然,"质化研究"范式自身也不可避免地存在一定的劣势,这主要表现在:第一,由于质化研究是以研究者本人为主要的研究工具,研究的过程和结果受到研究者个人因素的直接制约,这非常考验研究者本人的专业素养和专业伦理意识;第二,由于质化研究一般关注相对特殊的教育现象和问题,所选择的样本较少,多数为个案研究,因此它在"可重复性"和"可推广性"方面表现欠佳,研究的价值、信度和效度容易遭到质疑;第三,由于质化研究一般需要研究者与研究对象建立相对亲密的关系,进行长期的互动,以便获得真实的一手资料,所以研究周期一般较长。

四、"混合研究"范式阶段

自"量化研究"范式和"质化研究"范式形成之后,便一直在教育研究领域处于对垒之势,关于究竟应该选择哪种范式,学界的讨论一直持续不断。后来,经过长期不断的争论,研究者逐渐达成共识,认为两种研究范式都有着各自不可替代的优势,也各自有着难以回避的缺陷。无论是单纯的量化方法,还是单纯的质化方法,对于教育研究都是不足的。因而学界开始思考和探索二者的融合路径,"混合研究"范式就是在这样的背景中逐渐产生与发展起来的。

从本质上说,"混合研究"范式作为一种新的研究范式,并非传统"量化研究"范式和"质化研究"范式的简单组合,它是建立在新的哲学理论基础和方法视域之上的。"混合研究"范式背后的理论基础是实用主义哲学观,其对于教育研究方法的基本立场为"是否实用",即评价或选择某种教育研究方法的依据是其对于研究问题的解决是否有用。混合研究的基本思想是综合使用量化和质性方法以克服使用单一方法而造成的不足,更好地理解和阐释研究问题。[1]

"混合研究"范式的应用主要涉及混合时机、混合方式和混合目的三个层面的操作性问题。根据质化、量化研究方法在混合研究中的重要性,可以把混合研究分为"同等地位混合"、"量化主导混合"和"质化主导混合"三类。基于整个过程中的范式重点与时间顺序,"混合研究"范式的程序一般包括八个方面:(1)确定研究问题;(2)确定混合研究的目的;(3)选择混合研究的策略;(4)使用不同技术、手段和方法来收集多样化的资料;(5)综合使用量化和质化研究技术对研究资料进行循环分析;(6)解释资料,赋予资料分析结果以意义,并尽可能挖掘其深层次的原因;(7)评估研究资料及相关解释的合法性与可信度;(8)得出研究结论并写出最终报告。[2]

混合研究方法的总体优势体现在其能够合并量化和质化两种方法的优点,形成交叉性优势,同时能够克服单一方法带来的弊端,具体优势表现在:第一,不再局限于单一方法和手段,因而可以回答和解决更广范围、更全面的教育研究问题;第二,不同的技术和方法之间可以相互印证,能够为研究结论提供更有力的论据;第三,能够对教育现象的事实层面与价值层面进行综合揭示,可以产生教育理论与实践所需要的更加完全的知识与规律。

当然,目前的"混合研究"范式也仍然存在一些局限性:第一,由于量化研究和质化研究立足于不同的理论基础,两者之间在研究目的、研究性质、研究程序以及研究者的角色地位上均有很大差异,要实现真正融合十分困难,这也是混合研究范式遭到不少研究者质疑的主要原因所在;第二,混合研究对研究者的素质和研究条件要求更高,因为研究者不仅要掌握量化研究的技术和方法,还要掌握质化研究的技术和方法,同时还要懂得如何将二者真正融合起来进而产生合力。

---

[1] 张东辉:《美国教育研究方法论的最新进展:混合法研究的兴起与应用》,《教育研究与实验》2013年第4期。
[2] Johnson R B, Onwuegbuzie A J. Mixed Methods Research: A Research Paradigm Whose Time Has Come. Educational Researcher, 2004, 33(07):12-26.
转引自 田虎伟:《混和研究方法——美国教育研究方法的一种新范式》,《比较教育研究》2007年第1期。

第二节 小学教育研究方法发展的基本特征

学习提要

（1）了解小学教育研究方法历史发展的基本特征。
（2）理解小学教育研究方法历史发展中思维基础的变化。
（3）理解小学教育研究方法历史发展中价值取向的变化。

伴随着人类教育活动的不断发展，小学教育研究方法及其方法论经历了一个萌芽、发展、成熟并不断完善的历史过程，在这一过程中呈现出了一些基本特征。

一、在产生途径上由移植走向创生

从产生途径来看，小学教育研究方法经历了一个由移植到创生的过程。最初在"思辨研究"范式阶段，教育研究由于还未彻底地从哲学母体中分化出来，没有独立的方法论意识，就自然承袭了直觉思辨这一哲学思考的基本方法。而当教育研究迈过最初的哲学思辨阶段，有了方法论意识之后，就开始有意识地移植和借鉴其他学科的研究方法，早期教育研究方法便大多是从其他学科移植过来的。早在19世纪末，随着近代科学技术的迅猛发展及地位凸显，教育研究便不仅引进了社会科学研究的调查法、文献法、历史法、比较方法，也引进了自然科学研究的归纳法、实验法、统计法，还有心理学方法，从而在20世纪初形成了教育研究方法的体系雏形。[1]

最初，小学教育研究在借鉴其他学科研究方法时采取的是简单移植甚至完全照搬的方式，但由于不同学科领域之间的差异性和个性，这种移植模式带来了一些弊端。教育活动固有的特殊性，使得小学教育研究在移植其他学科研究方法的过程中，出现了"排异"现象。部分其他学科研究方法不能很好地与实际的教育研究相匹配，不能帮助教育研究者取得有效的研究成果，也不能真正地解释与改善现实的教育活动。这就催发了小学教育研究者在方法选择与运用上的自觉与独立意识。

基于对小学教育活动独特性的反思，研究者开始有意地通过各种途径与方式，来创生更适合于解读教育现象、揭示教育规律的研究方法。一方面，教育研究者在引入其他学科的研究方法时，不再是进行单纯的移植而是进行批判性的转化，融入新的元素或创新实施方式，使它更适合教育领域的性质与特点，从而"再创造"成新的研究方法。另一方面，教育研究者尝试着更多地与其他学科的交叉融合，创立新的教育研究方法，如教育人类学、教育生态学、教育经济学、教育伦理学等学科已经逐渐形成了各自自身特有的研究方法。

---

[1] 裴娣娜：《教育研究方法导论》，安徽教育出版社，2000，第49—50页。

二、在认识程度上由浅入深

方法既是人类认识和改造世界所运用的途径和手段,也是人类认识发展水平的表征,任一历史时期的方法都客观地反映出了当时人类认识的水平。小学教育研究方法作为人们思考和研究教育活动的基本途径和手段,也体现着人们对教育的认识程度。

在小学教育研究方法体系中,多种理论流派及方法的产生发展,其实就反映了人们对教育认识的逐渐深化过程。从源流来看,教育研究方法曾长期地同哲学认识论相互渗透、融合为一体。综观小学教育研究方法的范式演变过程,从碎片化的教育经验观察到系统化的教育理论思考,再到理性化的教育科学实证,再到回归并融入感性的教育人文诠释,这一螺旋式的前进进程,体现出人们对教育现象及教育规律认识的不断深化。

如今,伴随着教育学学科的独立与不断完善,教育研究方法也从一般的哲学方法论中彻底分化出来,成为一门独立的专门研究领域,有了自身的概念、范畴和理论主题,形成了独特的教育研究方法论体系,这无疑更意味着人们对教育认识的深化。

三、在思维基础上由线性走向复杂

思维方式是科学方法的基本要素之一,基本思维形式和方法在思维过程中的不同结合以及每一种基本思维形式和方法在这种结合中所占有的不同地位就形成了具有不同特点的科学研究方法。[1]思维方式的变革会带来相应的科学研究方法的变革。小学教育研究方法的演变与发展,在思维基础上的体现就是由线性思维到复杂性思维的转化过程。

最初的教育研究方法大多是基于线性思维,其突出表现是研究者把教育现象视作各种简单要素的组合,各要素之间存在着简单的线性关系,教育研究的目的就是要去揭示这些关系。此时,研究者往往采用分析、还原方式去繁就简,缩减教育现象所涉及的相关因素,将教育情境简化为理想化的教育"真空"或者可控制的实验环境,找出某些关键因素及其相互关系。诚然,这种建立在线性思维之上的研究思路与方法,能够在一定程度上帮助研究者发现一些教育规律,但这些教育规律的普适性以及对教育现实的解释力明显不足。

随着教育实践与教育研究活动的深化,教育现象具有复杂性与多样性成为人们的普遍共识,传统基于线性思维的教育研究方法受到质疑和反思。复杂科学的发展为教育研究方法的思维转变带来了契机。复杂科学主张,按照事物本来的复杂面目去认识和把握研究对象。教育研究者受此启发,提出把复杂性思维引入教育研究之中,创新教育研究方法。既然教育活动系统是一个具有诸多复杂特质的系统,教育过程具有动态生成性,

---

[1] 裴娣娜:《教育研究方法导论》,安徽教育出版社,2000,第35页。

教育结果具有不确定性,教育结构与功能之间表现出非线性的相互作用,那么教育研究的方法就应该契合教育活动的复杂性。因而在复杂性思维的指引下,小学教育研究方法越来越主张超越传统还原式的研究思路,直面教育活动的复杂性,正视教育的本原、真实面貌,不再简单地认为教育问题与教育原因具有线性因果关系,而是涉及多种因素的相互联系与复杂作用,这使得多样研究方法的融合运用成为主流。

四、在价值取向上由对立走向统一

人们在创生、选择与运用教育研究方法时,不是偶然或无目的的,而是基于一定的价值考量的,因而每一种教育研究方法背后都潜藏着特定的价值基础。不同的教育研究方法有着不同的价值基础,表现出不同的价值立场、态度与原则,即不同的价值取向。这些价值取向在早期是相互对立的,而在后期它们渐趋统一融合,形成了教育研究方法发展的基本特征之一。

在小学教育研究方法的历史发展过程中,曾经出现过以下几组相互对立的价值取向。第一,在理论基础上,表现为"科学主义"和"人文主义"的对立。"科学主义"认为教育是一门科学,教育研究应该采用与自然科学同样的方法和模式,用科学的方法程序来处理教育事实。"人文主义"则认为教育是一种特殊的人类实践活动,教育研究应该采用适合教育活动的人文方法,通过人文方法的程序来解释教育现象。第二,在研究目的上,表现为"理论指向"和"实践指向"的对立。"理论指向"认为教育研究的目的是厘清教育的本质、内涵与特征,建构完备的教育理论体系,改变人们的教育认识,所以主张采用思辨与定性研究方法。"实践指向"认为教育研究的目的是发现与揭示教育规律,回应与解决现实的教育问题,以改善教育实践,因而主张采用经验与实证的研究方法。第三,在研究方法的选择上,表现为"方法本位"和"问题本位"的对立。"方法本位"强调研究方法的独立性,主张要对教育问题进行转换以适应教育研究方法,最突出的例证就是在量化研究中对教育现象进行标准的数据转换与处理。"问题本位"强调研究问题的根本性,主张研究方法的选择应该以研究问题为中心,根据教育问题的性质与特征来对教育研究方法进行调整和改进,这种价值取向在质化研究中表现最为明显。

不过,随着教育实践经验的不断积累,以及教育研究成果的不断涌现,人们逐渐意识到教育是一种复杂的、多面向的实践活动,教育研究是一项特殊的、多层次的科学研究活动,这就要求教育研究方法的选择与运用不能固守单一的价值取向。教育研究者逐渐摆脱了以往非此即彼的二元对立思维模式,在创生、选择与运用教育研究方法时,开始承认不同价值取向的存在事实,认同不同价值取向的各自合理性,并试图融合各种价值取向,最终促使不同价值取向由对立逐渐走向统一。"混合研究"范式的最终出现与快速发展便是这一现象的最好例证。

> **资料链接**
>
> 陶行知先生是我国著名的教育家,其在进行教育研究与改革时非常注重理论与实践的统一。他毕业于美国哥伦比亚大学教育学院,师从世界知名教育学家杜威。系统地学习了杜威的教育理论与思想的他回国后最初曾试图用杜威的教育理论来解决中国人民的受教育问题。但随后发现,杜威的"教育即生活"理论和中国的国情与教情并不匹配,它对中国教育改革与发展的指导收效甚微。因而,他从唯物主义认识论出发,结合中国教育的改革实践,对杜威的教育思想进行改造,将其理论"翻了半个筋斗",提出了"生活即教育"的观点,并根据中国社会与教育发展的实际需要不断地将其丰富和完善,最终形成了完备的生活教育理论体系。
>
> 资料来源:王璞《陶行知生活教育理论的特质及其当代价值》,《福州大学学报(哲学社会科学版)》2013年第2期。

五、在技术手段上由单一走向多元

技术手段是指教育研究所采用的工具系统、操作程序和步骤方法,它是教育研究方法体系中的最微观层面,也是教育研究方法性质与特征的最集中体现。每一种教育研究方法范式都有一套固定、专属的技术手段。从范式的基本特性来看,不同教育研究方法范式之间是界限分明的,彼此的技术手段往往是不共通的。每一次研究范式的转变,就意味着一系列技术手段的兴起,也意味着其他技术手段的衰落。因为每当一种范式占据上风时,就会挤压其他研究范式的生存空间,排斥其他范式的技术手段。比如当"量化研究"范式兴起时,传统思辨研究的技术手段就会遭到研究者的排斥,而当"质化研究"范式兴起时,量化研究的技术手段又饱受质疑和批判。因而,在早期,教育研究的技术手段一直处于比较单一的状态。

后来,随着教育研究的不断推进,在长期持续的论争中,教育研究者对多种研究范式逐渐达成了一些共识。教育研究者逐渐意识到,鉴于教育现象的复杂性与多变性,教育研究方法就不能是单一的、孤立的和程式化的,而应该是多元的、开放的和灵活的,相应的技术手段也应该是多元的、综合化的。于是,教育研究者在技术手段的使用上就出现了实用主义倾向,即淡化不同研究范式和技术手段之间的差异和界限,不再纠缠于技术手段属于哪一类研究范式,而是从技术手段的使用效果出发,只要它利于发现教育事实,或者解释教育现象,最终揭示教育规律,都可以拿来使用,这便造就了当前多元技术手段并存的良好局面。

第三节　小学教育研究方法发展的未来趋势

学习提要

（1）了解小学教育研究方法发展的未来趋势。
（2）理解小学教育研究方法发展的人本追求。
（3）理解小学教育研究方法发展的实践取向。

随着小学教育实践与教育研究的不断深化，小学教育研究方法也在不断拓展和丰富，表现出一些新的变革与发展趋势。展望与探索这些未来趋势，有助于我们创生或采用更适合小学教育研究的方法，提高小学教育研究的整体水平。

一、更加坚定人本的追求

人文主义和科学主义是影响教育研究的两大重要哲学思潮。自近代科学兴盛以来至20世纪上半叶，科学主义思想一直主导着教育研究，发现教育活动中的科学事实或真理是教育研究的主要追求。20世纪60年代之后，人们开始对教育科学主义的局限性进行反思，人文主义思想和理念在教育研究中的地位逐渐凸显。人文主义者认为，教育是培养人的社会活动，教育研究是"人为"和"为人"的科学实践活动，因而必须从"人"出发，坚持人本的立场和思维来探究和思考，把握教育实践活动区别于一般自然现象的独特之处。[①]教育研究方法的选择与改进，要坚持以人为本的价值观念，实现科学事实与人文关怀的结合。

当前小学教育研究方法发展的一大趋势，就是将会更加重视教育研究中人的地位。[②]其主要表现有：

第一，更加强调小学教育研究的人文价值。教育活动不是纯粹的自然现象，而是一种特殊的人类实践活动。区别于一般的科学研究，进行小学教育研究不只是为了发现"冷冰冰"的教育事实和教育规律，更是为了改进"活生生"的教育实践，最终促进人的发展。因此，"以人为本"是小学教育研究方法论的基本立场，小学教育研究必须要符合育人的根本导向，具有正面的价值导向，在追求科学性的同时，更注重人文教育性。

第二，更加尊重研究者的主体性。教育研究作为科学研究，必然需要坚持客观性原

[①] 曾继耘、周卫勇：《当代教育研究方法论的变革动力与基本取向》，《山东师范大学学报（人文社会科学版）》，2016年第1期。
[②] 王慧霞、张斌：《关于教育研究方法论及其价值取向的研究》，《天津市教科院学报》2013年第2期。

则,但这并不意味着完全排斥研究者的主体性。教育研究者总是从一定的立场出发,基于特定的观点和假设选择研究方法,并不断为形成研究成果创造条件,这些主观能动性是研究得以顺利完成必备的个性特质。[1]以往为了追求教育研究的"科学性",研究者往往被要求选择高度程序化、模式化的研究方法,来规避个体经验、价值与倾向等主观性因素的影响,这导致大量同质化、低效用的教育研究成果的出现,严重阻碍了小学教育研究发展。因而未来的小学教育研究将会更加尊重研究者的主体性,鼓励研究者作为参与者进入教育现场,基于个人实际经验与价值取向来对教育现象进行多样化的诠释与揭示。

第三,更加重视研究方法选择与运用时的伦理问题。任何的科学研究都必须坚持一定的伦理原则。尤其是对于小学教育研究而言,其对象往往是正处于成长和发展过程中的儿童,因而更需要注重伦理性,确保不阻碍儿童的身心健康发展。小学教育研究方法的选择与运用必须要考虑儿童的身心发展规律,不能违背小学教育活动的出发点,例如在调查研究中必须要重视对学生隐私进行保护,或在教育实验研究中对学生行为的干预必须是正面干预。

二、更加注重融合的视域

研究视域就是指研究者的视角与视点所构成的范围,它与研究方法有着对应关系,会影响到研究方法的产生、选择与运用。一般而言,聚焦于不同的研究视域,就意味着会选择不同的研究方法。从小学教育研究方法的范式演变来看,每一次范式的更替都伴有研究视域的变化,研究方法的突破性进展往往就是建立在对已有研究视域的转换或突破基础之上。

历史地看,在小学教育研究方法的传统范式中,研究视域一直是相对单一、封闭的。这种狭隘的研究视域容易造成研究方法之于教育现实的无效性,让研究者陷入"盲人摸象"的境地,仅得到片面性的教育认识。比如,在"思辨研究"范式阶段,研究者大多只聚焦于整体教育现象的宏观表征,希望从教育的日常经验中归纳总结出一些普适性的原则规范,或者建构出一套完善的理论体系,而不太关注教育现象的微观细节层面。这就造成人们对教育的认知一直停留于模糊、笼统的状态,或者沉迷于理想化的玄思之中。再如,在"量化研究"范式阶段,研究者的视域从整体教育现象彻底转向教育活动的微观层面,希望从局部的教育细节中发现一些确定性的教育事实,剖析教育的构成要素及其相互关系,而相对忽视教育现象的整体性表征。这造成人们对教育的认知陷于片面状态,将整体教育现象肢解为局部的教育细节,只注重可量化的教育行为,忽视内隐的教育意向与价值,从而逐渐偏离教育活动的本质。

---

[1] 陈向明:《教育研究方法》,教育科学出版社,2013,第21页。

因而,为了进一步提升小学教育研究质量,达成对小学教育的更全面、准确与深刻的认识,未来的小学教育研究方法的变革与发展,将会更加注重融合的视域,实现小学教育研究在不同视角、维度、层面与领域的深度融合,如历史维度与空间维度的融合、动态层面与静态层面的融合、宏观领域与微观领域的融合、内部环境与外部环境的融合,还有不同学科视角之间的融合。

三、更加强调系统的思维

当前,新兴系统科学的思想观点和研究方法,为教育研究开拓了新视野和新思路,研究者开始用系统论的基本思想观点来思考与研究教育问题,系统思维在教育研究的各个环节,尤其是在研究方法的选择与运用中逐渐受到重视。从内涵来看,系统思维就是一种将研究对象作为系统或放在系统之中进行整体思考的思维方式,它包括整体性、立体性、结构性与过程性等思维成分。在小学教育研究方法的未来变革与发展中,这些系统思维将会受到更多的强调,将会成为小学教育研究者选择、运用与创新研究方法时的基本思维模式。

第一,强调整体性思维。整体性思维是系统思维的核心成分,它决定着其他系统思维成分的内容与原则。[1]教育系统是一个有机的整体,其中的任何教育现象都不是孤立存在的,而是相互联系的。在选择与运用小学教育研究方法时,首先要坚持整体性原则,从整体出发,尽量对小学教育现象的要素、条件、结构、组织、外部环境等进行总体思考,力图实现对教育现象的宏观与微观、整体与局部、内在与外部的总体把握。

第二,强调立体性思维。教育系统是由诸多要素组成的多维度、多层次、多面向的整体,教育现象总是处于特定时空下的立体网络联系之中。在选择与运用小学教育研究方法时,要坚持立体性原则,尽量对小学教育现象进行多维度、多层次、多因子的全方位的考察,力图实现对教育现象的一切方面、联系和中介的立体把握。

第三,强调结构性思维。教育系统是一个有机的整体,以结构化的形式存在与运作,任何教育现象都是处于特定的结构之中的,把握好结构就能更好地理解教育现象。因而,小学教育研究方法的选择与运用,必须从结构化的视角切入,尽量去透视教育现象所涉及的要素、变量之间的相关、层次或递进关系,揭示教育现象的内外部结构,达成对教育规律的深度挖掘。

第四,强调过程性思维。教育系统是一个开放的、自组织的系统,其中的教育现象总是处于动态变化之中的。因而小学教育研究方法的选择与运用,必须要坚持过程的立场,尽量从教育活动的发展与变化中观察教育现象,坚持教育历史和教育逻辑的统一,力图达成对教育现象的动态认识。

---

[1] 刘锋:《系统思维方式论纲》,《上海交通大学学报(社科版)》2001年第4期。

四、更加凸显实践的取向

随着教育改革的不断深入,人们越来越清晰地意识到,小学教育工作是一项生动、具体的实践活动,具有明显的生成性、经验性和创造性,传统"书斋式研究"所产生的教育理论成果已无法对小学教育实践产生有效的指导作用,关注、指向并改进教育实践逐渐成为小学教育研究者的共识。因而,在研究方法的选择上,就更加凸显实践取向,强调教育研究与实践的紧密结合,其具体表征就是教育行动研究的理念与方法得到广泛运用与宣扬。

行动研究方法可追溯至20世纪上半叶,其产生于社会学研究中,后来扩及教育研究领域。学界一般认为,美籍德裔心理学家勒温最早系统建构了行动研究的基本理念,并公开倡导和推动了行动研究。他将行动研究的过程描述为"计划—行动—观察—反思—再计划……",这成为行动研究方法的最基础模式。此后,英国教育专家斯滕豪斯在20世纪70年代明确提出"教师成为研究者"的观点与口号,极大地推动了行动研究在教育领域的运用,使其逐渐成为教育研究的主要方法。行动研究的概念和思想自20世纪80年代中期传入国内,并在21世纪的基础教育课程改革中得到广泛宣传和运用,现已逐渐成为小学教师开展教育研究的普遍方式与主导方式。

区别于一般的研究方法,教育行动研究不是以建构教育理论体系为目标,而是以揭示与解决教育教学的实际问题为导向。教育行动研究的主体是一线教师,其一般过程是教师在自然的教育情境中,以自身教育实践中遭遇的真实问题为研究对象,通过计划、行动、观察和反思等环节的反复循环进行,逐步地解决教育问题,改进自身教育实践。从这一过程来看,行动研究就是一种"从实践中来又到实践中去"的方法,是一种典型的"实践取向"的研究方法。

在未来的小学教育研究中,行动研究方法的地位和作用将会得到进一步凸显,其不仅可以作为一种独立的研究方法,而且可以作为一种基础的实践研究模式渗透到其他的研究方法之中,成为其他教育研究方法的有效辅助或补充。

案例探析

江老师去年任教两个班的数学课,其中一个班的数学成绩在全年级是倒数第一。为改变这一状况,他在改进课堂教学的同时,也加大了作业量。但学期结束后,该班的数学成绩仍是倒数第一。他深感这与学生的努力程度严重不符,于是打算在现有教学条件下对作业加以改进。

他阅读了相关文献资料,并请教育研究人员指导,确定以改进数学作业的质和量,提高练习效果作为主题进行研究。之后,他广泛收集有关改进数学作业练习的各种资料,从中获知数学作业的目的、形式、数量与练习效果的关系等,接着他将这个班作为实验班,采用观察法、实验法和测验法来进行改进数学作业的研究。通过收集整理学生意见,他发现学生对数学作业兴趣低落的原因有重复练习多、习题缺乏难度和题型单调等。经过深入分析,他推出行动假设——对作业题的结构进行调整,即每次作业模仿性练习和创造性练习的比例为7∶3或8∶2,以提高作业的练习效果。

根据行动方案,江老师开始数学作业的改革实验,并持续记录和分析了学生的作业情况。他发现中等以下学生完成创造性练习有一定困难,就及时调整题的难度。在实验过程中,通过各章单元测验,他发现该班数学成绩逐渐上升,第二学期期末测试,实验班平均分超过其他班7分多,这表明实验确有成效。江老师决定在今后的数学教学中扩大实验成果,精选作业,减轻学生学习负担,不断提高教学效率。

案例来源:李德树《教师开展教育行动研究初探》,《四川教育学院学报》2003年第9期。(略有修改)

五、更加青睐综合的技术

前文曾论述过,在小学教育研究方法的历史发展过程中,其技术手段表现出由单一走向多元的基本特征,而这一基本特征在未来将会更加凸显。当前,技术手段的运用已经渗透到小学教育研究的各个环节,它之于小学教育研究的作用也愈加重要。教育研究者已经不再满足于技术手段在存在层面上的多元性,而是更进一步追求不同技术手段在使用层面上的综合性,因而一些能够融合多种技术手段的综合技术在未来将会受到教育研究者的普遍青睐。

反观当前,教育研究者在选择与运用技术手段时,其视线已经不再局限于教育的技术领域,更是转向更广阔的整个社会的技术领域。近些年来,计算机科学与网络信息技术有了迅猛发展,许多新的综合性技术手段如大数据技术一经产生,很快就被教育研究者引入教育研究之中,运用到教育研究的各个环节。比如,在文献收集与整理环节,文献检索与追踪工具、文献管理软件等已经为教育研究者普遍采用,用于跟踪本领域动态,梳理研究主题的相关研究成果。再如,在研究资料收集环节,教育研究者已经开始采用全新的综合数据收集技术,全面地收集并存储各种资料,这样不仅可以收集到传统文本资料,也可以收集图像、声音和视频等多媒体介质资料,同时还采用全新的数据库建设技术,以结构化的形式将各种数据资料有序地整理存储起来。更为突出的是,在数据分析环节,教育研究者已经普遍采用全新的智能化数据分析软件,对数据资料进行量化和质性的综合分析,实现了对教育现象的立体化的深入揭示与解释。

【思考与练习】

1. 从历史来看,小学教育研究方法有哪些基本范式?
2. 相比其他研究范式,小学教育的"混合研究"范式有哪些优势?
3. 小学教育研究方法历史发展的基本特征有哪些?
4. 历史地看,小学教育研究方法的价值取向有什么变化?
5. 小学教育研究方法的未来发展趋势是什么?
6. 如何理解小学教育研究方法未来发展的实践取向?

本章小结

小学教育研究方法的历史发展经历了思辨研究、量化研究、质化研究和混合研究四个范式阶段,每个范式阶段都是在对上一范式阶段的批判和反思中建立起来的,都具有不同的理论取向和价值立场,也表现出不同的方法特征。

综观小学教育研究方法的演变过程,可以发现以下基本特征:在产生途径上由移植走向创生;在认识程度上由浅入深;在思维基础上由线性走向复杂;在价值取向上由对立走向统一;在技术手段上由单一走向多元。

在研究者的不断反思和重构中,小学教育研究方法仍然在不断拓展和丰富,其未来发展趋势有:更加坚定人本的追求;更加注重融合的视域;更加强调系统的思维;更加凸显实践的取向;更加青睐综合的技术。

【思维导图】

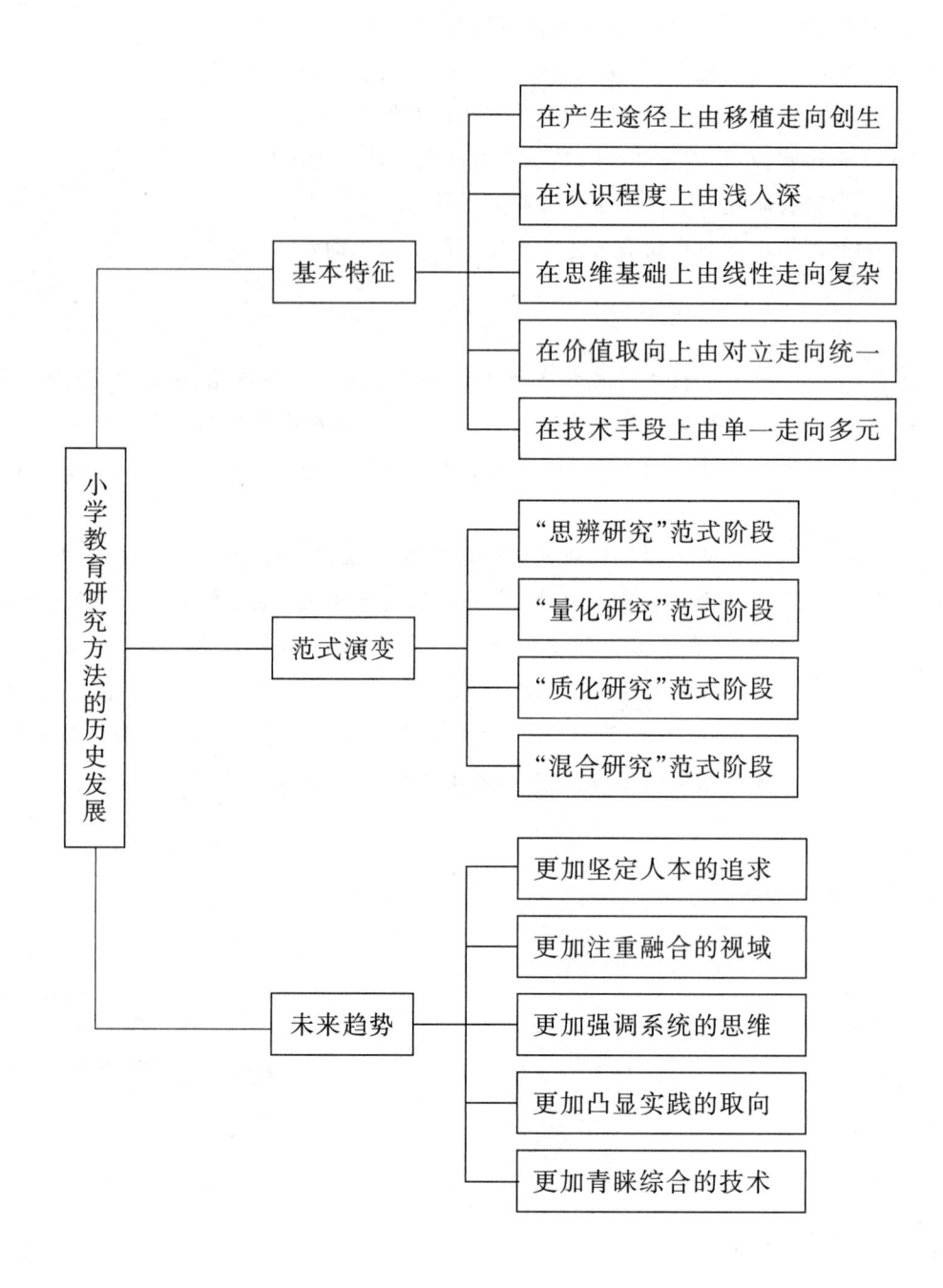

小学教育研究方法的历史发展
- 基本特征
  - 在产生途径上由移植走向创生
  - 在认识程度上由浅入深
  - 在思维基础上由线性走向复杂
  - 在价值取向上由对立走向统一
  - 在技术手段上由单一走向多元
- 范式演变
  - "思辨研究"范式阶段
  - "量化研究"范式阶段
  - "质化研究"范式阶段
  - "混合研究"范式阶段
- 未来趋势
  - 更加坚定人本的追求
  - 更加注重融合的视域
  - 更加强调系统的思维
  - 更加凸显实践的取向
  - 更加青睐综合的技术

【推荐阅读】

[1]裴娣娜.教育研究方法导论[M].合肥:安徽教育出版社,2000.

[2]陈向明.教育研究方法[M].北京:教育科学出版社,2013.

[3]曾继耘,周卫勇.当代教育研究方法论的变革动力与基本取向[J].山东师范大学学报(人文社会科学版),2001(01):12-16.

[4]王枬.20世纪教育研究范式的类型分析[J].教育科学,2000(01):28-31.

[5]李雁冰.试论三种教育研究范式及其转换背景[J].宁波大学学报(教育科学版),2000(01):34-38.

[6]范涌峰,宋乃庆.教育研究科学化:限度与突破[J].教育研究,2016(01):94-101.

[7]周红安.从历史研究到调查实证——20世纪初美国教育研究范式的转型及思考[J].湖南师范大学教育科学学报,2013(02):81-86.

[8]张东辉.美国教育研究方法论的最新进展:混合法研究的兴起与应用[J].教育研究与实验,2013(04):7-10.

[9]陈明选,俞文韬.信息化进程中教育研究范式的转型[J].高等教育研究,2016(12):47-55.

第三章 理论基础

> 能作正确理论的人,也会创造。谁想创造,必须学会理论。
>
> ——[德]莱辛
>
> 一个民族想要站在科学的最高峰,就一刻也不能没有理论思维。
>
> ——[德]恩格斯

第一节 马克思主义与小学教育研究

学习提要

(1)了解中国特色社会主义教育理论的新发展。

(2)明确中国特色社会主义教育理论的新发展为小学教育研究提供了论证的理论依据。

(3)理解中国特色社会主义教育理论的新发展为小学教育研究提供了选题的依据。

(4)明确中国特色社会主义教育理论的新发展为小学教育研究提供了创新的视角。

一、中国特色社会主义教育理论的新发展

党的十八大以来,以习近平同志为核心的党中央立足国际国内发展全局,紧紧围绕坚持和发展中国特色社会主义这一当代中国发展进步的主题,深刻阐述了党和国家发展的重大理论和实践问题,提出了很多新思想、新要求、新论断、新方法,丰富和发展了中国

特色社会主义理论。[1]中国特色社会主义教育理论是中国特色社会主义理论体系的重要组成部分，是我国教育事业改革与发展的指导思想。[2]

（一）始终把教育摆在优先发展的战略位置，发展具有中国特色、世界水平的现代教育

改革开放以来，党和国家始终把教育摆在社会主义现代化建设整体布局的重要位置。邓小平指出，教育是一个民族最根本的事业。[3]习近平高度重视教育的战略地位，提出"中国将坚定实施科教兴国战略，始终把教育摆在优先发展的战略地位"。这也就凸显了教育在我国社会主义现代化建设中的基础性，强化了新时期国家教育优先发展的总体理念，也明确了我国教育发展的根本方向。2018年2月4日，国务院公布了2018年中央一号文件，即《中共中央国务院关于实施乡村振兴战略的意见》，提出要"优先发展农村教育事业"，"建好建强乡村教师队伍"等。2018年9月，中共中央、国务院又印发了《乡村振兴战略规划（2018—2022年）》，提出要加强农村专业人才建设。在这一背景下，农村教育事业的发展也被摆在了国家乡村振兴战略之下。同时，党的十九大从新时代坚持和发展中国特色社会主义的战略高度，做出了优先发展教育事业，加快教育现代化、建设教育强国的重大部署。教育是民族振兴、社会进步的重要基石，是功在当代、利在千秋的德政工程。

2019年2月23日，中共中央、国务院印发的《中国教育现代化2035》提出，推进教育现代化的总体目标是：到2020年，全面实现"十三五"发展目标，教育总体实力和国际影响力显著增强，劳动年龄人口平均受教育年限明显增加，教育现代化取得重要进展，为全面建成小康社会做出重要贡献。在此基础上，再经过15年努力，到2035年，总体实现教育现代化，迈入教育强国行列，推动我国成为学习大国、人力资源强国和人才强国，为到本世纪中叶建成富强民主文明和谐美丽的社会主义现代化强国奠定坚实基础。

资料链接

《中国教育现代化2035》提出推进教育现代化的指导思想是：以习近平新时代中国特色社会主义思想为指导，全面贯彻党的十九大和十九届二中、三中全会精神，坚定实施科教兴国战略、人才强国战略，紧紧围绕统筹推进"五位一体"总体布局和协调推进"四个全面"战略布局，坚定"四个自信"，在党的坚强领导下，全面贯彻党的教育方针，坚持马克思主义指导地位，坚持中国特色社会主义教育发展道路，坚持社会主义办学方向，立足基本国情，遵循教育规律，坚持改革创新，以凝

---

[1] 卢肖文：《十八大以来习近平对中国特色社会主义理论的新发展》，《科学社会主义》2015年第5期。
[2] 中国教育科学研究院：《中国特色社会主义教育理论新发展》，《教育研究》2017年第4期。
[3] 中共中央文献研究室：《邓小平建设有中国特色社会主义论述专题摘编（新编本）》，中央文献出版社，1995，第140页。

聚人心、完善人格、开发人力、培育人才、造福人民为工作目标,培养德智体美劳全面发展的社会主义建设者和接班人,加快推进教育现代化、建设教育强国、办好人民满意的教育。将服务中华民族伟大复兴作为教育的重要使命,坚持教育为人民服务、为中国共产党治国理政服务、为巩固和发展中国特色社会主义制度服务、为改革开放和社会主义现代化建设服务,优先发展教育,大力推进教育理念、体系、制度、内容、方法、治理现代化,着力提高教育质量,促进教育公平,优化教育结构,为决胜全面建成小康社会、实现新时代中国特色社会主义发展的奋斗目标提供有力支撑。

(二)坚持立德树人

培养什么样的人、怎样培养人、为谁培养人,是教育工作必须回答的根本问题,也是我国教育发展和改革的逻辑主线。党的十八大首次把"立德树人"写入会议报告,将其明确为我国教育的根本任务。[1]立德树人是对我国优秀传统德育文化的传承与升华,是对马克思关于人的全面发展理论的借鉴与创新,也是对我国社会主义德育思想的继承与发展。"立德"就是要教育学生志存高远,做共产主义远大理想和中国特色社会主义共同理想的坚定信仰者和忠实实践者。学校要培育和践行社会主义核心价值观,要传承中华传统美德,培养良好个人品德等。"树人"则要求学生要正确看待共产主义的远大目标,立足中华优秀传统文化,增强文化自觉和文化自信,[2]成为人格健全,"情理兼修"的社会主义事业的建设者和接班人。

案例探析

立德树人理念在某小学的实践探索

立德树人作为学校教育的根本目的,其内涵十分丰富,实施途径和方式也多种多样,不同的学校要从学校实际出发,努力探索适合自身的校本育人范式。江苏南通市某实验小学以中国美学精神为引领,探索了立德树人的审美范式。该校倡导以美育德,开发了儿童生命美育课程,使立德树人的理念以具体的课程为载体。同时,坚持把教师发展作为学校发展的重中之重,提出要做以美育德的中国好教师。

讨论:请结合案例来谈谈小学可以从哪些方面来渗透立德树人的理念?

---

[1]中国教育科学研究院:《中国特色社会主义教育理论新发展》,《教育研究》2017年第4期。
[2]戚如强:《习近平立德树人思想的理论渊源与精神实质》,《马克思主义研究》2018年第7期。

(三)建设高素质专业化创新型教师队伍

百年大计,教育为本。教师是立教之本、兴教之源。在新的历史时期,广大教师要努力做"有理想信念""有道德情操""有扎实学识""有仁爱之心"的学生健康成长的指导者和引路人。习近平总书记勉励教师要努力做到牢固树立中国特色社会主义理想信念,牢固树立终身学习理念,牢固树立改革创新意识。他希望广大教师更好地担起学生健康成长指导者和引路人的责任,坚持教书和育人相统一,坚持言传和身教相统一,坚持潜心问道和关注社会相统一,坚持学术自由和学术规范相统一。[1]"四有"、"三个牢固树立"以及"四个统一"思想,丰富了中国特色社会主义教育理论的教师观,对于建设高素质专业化创新型教师队伍具有重要指导意义。同时,为贯彻落实党的十九大精神,造就党和人民满意的高素质专业化创新型教师队伍,中共中央国务院2018年1月印发了《中共中央国务院关于全面深化新时代教师队伍建设改革的意见》,提出要大力振兴教师教育,不断提升教师专业素质能力,实施教师教育振兴行动计划等。在此背景下,同年9月,教育部在其发布的《教育部关于实施卓越教师培养计划2.0的意见》中提出要加强师范教育,到2035年,师范生的综合素质、专业化水平和创新能力显著提升,为培养造就数以百万计的骨干教师、数以十万计的卓越教师、数以万计的教育家型教师奠定坚实基础。

(四)大力推动教育改革发展,扩大教育对外开放

习近平在主持中央全面深化改革领导小组第十九次会议时,审议通过了《关于做好新时期教育对外开放工作的若干意见》,这是新中国成立以来第一份全面指导我国教育对外开放事业发展的纲领性政策,强调教育对外开放是我国改革开放事业的重要组成部分。教育对外开放带动了不同国家间文化成果的交流和科学技术的交互使用,促进了不同国家间人员的交流和沟通,是实现民心相通的有效路径。坚持开放是教育事业改革发展的基本政策,[2]"中国将加强同世界各国的教育交流,扩大教育对外开放,积极支持发展中国家教育事业发展,同各国人民一道努力,推动人类迈向更加美好的明天"。

(五)加快推进教育信息化

当今世界,现代信息技术深刻改变着人们的思维、生活和学习方式,"因应信息技术的发展,推动教育变革和创新,构建网络化、数字化、个性化、终身化的教育体系,建设'人人皆学、处处能学、时时可学'的学习型社会,培养大批创新人才,是人类共同面临的重大课题。"[3]2018年4月13日,教育部印发《教育信息化2.0行动计划》,明确了今后将在八个方面:数字资源服务普及行动、网络学习空间覆盖行动、网络扶智工程攻坚行动、教育治理能力优化行动、百区千校万课引领行动、数字校园规范建设行动、智慧教育创新发

---

[1] 习近平:《把思想政治工作贯穿教育教学全过程 开创我国高等教育事业发展新局面》,《人民日报》2016年12月09日。
[2] 薛二勇、刘爱玲:《习近平关于教育对外开放的思想研究》,《兰州学刊》2018年第1期。
[3] 习近平:《习近平致信祝贺国际教育信息化大会开幕》,《人民日报》2015年5月24日。

展行动、信息素养全面提升行动,来推进信息技术与教育教学深度融合。注重教育和科学技术融合的思想可以说进一步更新了中国特色社会主义教育理论。

二、中国特色社会主义教育理论的新发展与小学教育研究

(一)中国特色社会主义教育理论的新发展为小学教育研究提供了选题的依据

中国特色社会主义教育理论的新发展涉及我国教育发展的方方面面,在小学教育研究领域中,例如,如何在小学教育中加强德育工作,实际上涉及的就是中国特色社会主义教育理论新发展中如何贯彻立德树人的根本任务这个问题。因此,关于立德树人的相关论述就为如何在小学教育中加强德育工作提供了充分的选题依据。同时,对小学全科师范生培养进行研究,也是在积极落实国家乡村振兴行动计划和《中共中央国务院关于全面深化新时代教师队伍建设改革的意见》等。可以说,乡村振兴战略的实施,离不开乡村教育的振兴,而要办好乡村教育,师资是关键,必须把乡村师资队伍建设摆在优先发展的战略地位,对于这一课题的研究也符合从自身出发来选题的策略。

(二)中国特色社会主义教育理论的新发展为小学教育研究提供了论证的理论依据

小学教师在从事教研科研过程中,常常苦恼于提出了研究的问题,却又找不到合理的理论依据,例如针对小学课堂上存在的问题,就可以中国特色社会主义教育理论新发展中的大力推动教育改革发展作为论证中的理论依据来进行阐述。对于小学生的研究,就可以习近平总书记提出的要坚持中国特色社会主义教育发展道路,培养德智体美劳全面发展的社会主义建设者和接班人等论述作为理论依据,尤其是针对小学生的德智体美劳的全面发展的研究。同样,作为一名全科师范生,从关注自身专业成长的角度出发,则可以以"四有"、"三个牢固树立"以及"四个统一"思想以及《中共中央国务院关于全面深化新时代教师队伍建设改革的意见》中的相关论述作为理论依据。对于农村学校的建设与发展的相关研究可以与教育优先发展战略、教育改革与发展等中国特色社会主义教育理论以及《中共中央国务院关于实施乡村振兴战略的意见》《中国教育现代化2035》等文件精神联系起来。

(三)中国特色社会主义教育理论的新发展为小学教育研究提供了创新的视角

中国特色社会主义教育理论的新发展结合了我国教育改革和发展的现状、趋势,蕴含了很多新思想、新要求和新观点等,为我国小学教育研究提供了创新的视角。中国特色社会主义教育理论十分重视教育改革的作用,把教育改革纳入全面深化改革的系统之中,大力推进系统性、整体性和协同性等结构型教育改革。其中,"要深化教育改革,推进

素质教育,创新教育方法,提高人才培养质量",不仅是对我国教育长期以来发展现状的总结,也是对中国教育改革创新的重要突破。[①]这就要求在小学教育领域,教师要积极在教学内容、教学方式、教学手段等方面进行探索和研究,使小学教育既符合教育规律又符合人才成长规律。同时,正如《卓越教师培养计划2.0》提出的,要全面开展师德养成教育,分类推进培养模式改革,深化信息技术助推教育教学改革,提高实践教学质量等,这些都为当前小学教育研究提供了新的视角。

案例探析

农村小学培育和践行社会主义核心价值观的有效途径

在关于农村小学培育和践行社会主义核心价值观的有效途径研究中,有研究者认为,在建设和发展农村小学教育工作上,教师需要重视和发挥社会主义核心价值观对于农村小学的引领作用,在强化小学生自我教育的同时,将社会主义核心价值观与农村小学课堂教学有机结合起来,将其作为指导思想融入小学生的学习方式和社会实践中。具体做法包括:诵读经典,体会爱国敬业;传承民俗,懂得诚信友善;组织社会实践,学会文明和谐;等等。

作为一名师范生,你认为还可以通过哪些途径来丰富农村小学培育和践行社会主义核心价值观的研究呢?

[①] 徐俊峰:《习近平教育思想体系及其理论品格》,《现代教育管理》2019年第1期。

第二节 相关学科的发展与小学教育研究

学习提要

(1)了解小学生心理素质发展的特点。
(2)明确小学生心理素质发展与小学教育研究之间的关系。
(3)了解与教育相关的脑科学研究发展现状。
(4)明确脑科学等相关研究对小学教育研究的影响。

一、心理学发展与小学教育研究

心理学与小学教育研究关系密切,教育史上著名的教育家,如赫尔巴特、杜威、赞可夫等人的教育思想均以相应的心理学思想为基础,心理学的发展为教育研究奠定了理论基础。近年,小学生心理素质研究领域的扩大为小学教育研究提供了新的视角。

(一)小学生心理素质发展

目前国内对心理素质的定义有很多不同的表述,其中,被广泛认同的心理素质的定义是以生理条件为基础的,将外在获得的刺激内化成稳定的、基本的、内隐的,具有基础、衍生和发展功能的,并与人的适应行为和创造行为密切联系的心理品质。[1]心理素质是衡量学生素质全面发展的重要核心品质。从结构上来看,它由认知、个性和适应性三个部分构成。其中,认知包括元认知和创造性两个因素,个性包括抱负、独立性、自制力、自信心、乐观性五个因素,适应性包括情绪适应、学习适应、人际适应、社会适应四个因素。张大均研究团队长期致力于小学生心理素质研究,他们对我国小学心理素质的发展状况进行调查后发现小学生心理素质发展具有如下特点[2]:

(1)小学高年级儿童的心理素质发展呈上升趋势,四年级是心理素质发展的关键期,五年级后发展趋于平缓。

(2)女生心理素质的发展水平显著高于男生。在认知品质方面,由于女生的大脑发育早于男生,所以总体认知能力存在显著的性别差异。在个性发展方面,女生往往具有较好的人格行为表现,在学习和日常生活中能更好地控制、约束自己。在适应性方面,女生在学业适应方面表现更好。

(3)9-11岁左右学生的适应性显著高于12岁左右的学生。可能是因为12岁左右的

---

[1]梁英豪、张大均、梁迎丽:《3-6年级小学生心理素质发展的现状与特点》,《心理学探新》2017年第4期。
[2]张大均、陆星月、程刚等:《小学生心理素质量表全国常模的制定》,《西南大学学报(社会科学版)》2017年第6期。

学生开始进入青春期,个体身体和生理机能开始发生急剧变化,但心理发展速度却相对缓慢,导致身心发展不平衡。

(4)在家庭居住地差异上,小学生心理素质的发展水平从高到低依次为省会城市和地州市(地级市或自治州)、县城、乡镇和农村。这主要由于心理素质的形成机制模型认为家庭与社会文化环境会影响小学生心理素质的形成与发展。

(5)在经济带上,小学生心理素质的发展水平存在显著差异,东部地区的小学生心理素质的发展水平显著高于西部和中部地区,西部地区的小学生心理素质的发展水平又高于中部小学生。这可能是由于不同地域教育的不均衡性造成的。

(二)小学生心理素质发展与小学教育研究

小学生心理素质教育作为当前我国素质教育的重要组成部分,在全面推进素质教育过程中起着重要的作用。当前心理素质发展与教育都受到了研究者的广泛关注,这就要求小学教师要关注心理素质研究,即结合学生心理素质的发展开展教育研究工作。在具体做法上小学教师应明确这两个方面:

第一,现代教育的发展要求教育科学和心理科学相互渗透和联结,二者在课题研究上的共同性、研究方法和研究手段的一致性及研究成果评价的整体性,使心理科学对教育研究发挥极大的影响作用。[1]过去,对学生心理素质的研究多采取编制测量工具的方式进行,近年,通过结构式观察、录像等方法和手段进行。在研究内容上,从过去注重探讨学生心理素质的结构逐渐转向心理素质对于促进学生全面发展和个性成长的教育需要上来。心理素质研究的趋势可以说和小学教育研究发展趋势是基本一致的,二者之间的相互联系有助于提高小学教育研究的科学性,促进小学教育研究的不断发展。

第二,正如学校研究离不开心理学,教育与学生发展的关系研究也离不开对心理素质的研究与认识。小学生良好心理素质的培养是小学生健康发展的需要,有研究表明,心理素质与小学生课堂问题行为、学习成绩等方面均有密切联系。因此,在对小学生课堂问题行为的干预研究和提升学生学业成绩的研究中除了要考虑教师、环境、家庭因素外,还应该考虑学生的内部心理因素。通过提高学生的认知品质、个性品质、适应性来提高学生的心理素质,[2]从而使研究结论能够有效促进学生成长。

---

[1] 裴娣娜:《教育研究方法导论》,安徽教育出版社,2000,第41页。
[2] 武丽丽、张大均、程刚等:《小学生课堂问题行为与心理素质的关系:一项观察研究》,《心理与行为研究》2017年第1期。

二、脑科学发展与小学教育研究

（一）与教育相关的脑科学研究发展现状

脑科学，又称"神经科学"，是研究脑和神经系统的结构与功能的交叉性学科。脑科学涉及的研究范围包括但不局限于探讨大脑的工作原理和发现大脑疾病的异常机制。[①]近年，脑成像技术的兴起和发展，使得观察人脑学习活动的动态过程成为可能。脑科学研究在此背景下迅速发展，目前已成为当前科学研究领域中最前沿、最重要的一门学科。脑科学研究的成果也引起了教育工作者的极大关注，对脑科学与教育之间关系的探讨也成为当今最为活跃的一大新兴研究领域。

教育的发展，在一定程度上是与脑科学的发展紧密联系在一起的。从20世纪苏联生理学家巴甫洛夫的经典条件反射研究到桑代克的联结主义学习理论，再到斯金纳的操作性条件反射学习理论，以及脑发育关键期和可塑性现象等研究成果，都对教育产生了一定影响。进入新世纪以来，人类迎来了"脑科学的时代"，世界各国的脑科学研究也取得了一些突破性的研究成果，而这些研究成果掀起了国际社会从脑科学与教育相结合的视角来探寻学生学习规律的热潮。

1. 国际脑科学研究组织稳定发展

经济合作与发展组织"教育研究与革新中心"启动了"学习科学与脑科学研究"项目。亚洲的"终身学习"网络，美国的"文化素养与阅读技能"网络及欧洲的"计算素养与数学技能"网络的研究成果可对课程设计、教学实践以及学生个体的学习风格等非常重要的教育问题提供决策参考。[②]2017年9月，国际脑实验室成立，来自美国和欧洲的21家国际一流脑科学实验室加入，在建立大脑作用"标准模型"方面开展合作。目前已有多个国家和组织提出大型脑科学计划，如艾伦脑科学研究所的"大脑图谱计划"等。[③]

2. 各国政府大力推动脑科学研究领域的发展

在研究组织的影响下，世界各国都积极关注并推动脑科学研究领域的发展。如欧盟的"人脑计划"、日本的"脑计划"。2013年4月2日，美国宣布启动"脑科学计划"，旨在研发一系列研究大脑活动的工具，在了解人类思维领域实现重大突破。在这种国际背景下，中国也发布了中国脑计划。2016年3月中国"十三五"规划纲要将"脑科学与类脑研究"列入科技创新2030重大项目。中国的脑计划主要有两个研究目标：探索脑认知原理和攻克大脑疾病。[④]在教育研究领域，与脑科学相关的早期研究主要集中在探讨人的知觉、注意等方面对于学校教育的意义。近两年，在大脑和学习方面的一些重要研究工

[①] 刘勋、伍海燕：《心理学与脑科学：进展、思考和展望》，《科技导报》2017年第19期。
[②] 周加仙：《脑科学与教育研究》，《全球教育展望》2007年第4期。
[③] 聂翠蓉：《脑科研里程碑！国际脑实验室诞生 开展人脑建模研究》，《科学与现代化》2018年第1期。
[④] 刘勋、伍海燕：《心理学与脑科学：进展、思考和展望》，《科技导报》2017年第19期。

作也引起了研究者的广泛关注。同时,脑科学和心理学相结合对个体社会行为进行了研究,如脑科学研究表明人类的一些社会行为如共情、安慰、合作等与动物的社会行为具有相似性,其可能在于这些社会行为拥有一个共享的脑机制,即"社会脑"。这种对于社会脑的研究既揭示了社会脑的调节机制,又对儿童社会性性质的行为的发展及教育具有重要意义。此外,随着网络社会的发展,越来越多的研究开始关注人的社交网络、互联网如何影响人的大脑和行为。① 从脑科学研究的视角看,探讨互联网对人类认知的影响对小学生进行网络社交、网络游戏等也有深远的现实意义。

3.教育界积极投入

随着脑科学研究的不断发展,目前,世界上的一些著名大学纷纷开设脑科学与教育研究的硕士、博士学位课程,教师教育课程以及网络课程。② 在我国,随着素质教育和基础教育课程改革的不断推进,也出现了很多与脑科学相结合的研究。例如,有研究基于脑科学对课堂教学模式进行了探究,针对传统教学和基于脑的教学从信息来源、课堂组织、班级管理、成果、考试和评价等方面进行了对比,认为基于脑的学习体验能够使学生体验到高度的自我动机,认可脑整合大量信息的能力。基于脑的学习对学习者而言是有意义的学习,所学到的知识是有意义的知识。③ 也有研究从解剖生理学的角度探讨创造力的培养机制,认为培养学生的创新意识和创造能力,必然要通过适合人的创造性心理特征发展要求的创造性的教育活动来进行,这就需要从脑科学研究上进一步深入探讨儿童的创造性与大脑的发育之间的关系,以及如何借鉴脑科学的研究成果来培养儿童的创造性。研究者提出通过对脑功能的开发来深化素质教育,是现代化教育的必由之路。④

(二)脑科学发展与小学教育研究

1.在现代脑科学研究不断更新的形势下对于小学教育的认识

小学教育领域的脑科学研究不在于理解人脑功能解剖学上的复杂性,而在于了解人脑的巨大、复杂的潜力,从而使我们的教育能够站在更高的平台上,以一种全面、整体、综合的视角去透视诸多脑研究成果背后所蕴含的对学习本质与机制及其对教学、课程乃至整个教育的更新,从而做出更合乎人的生理机制和社会本性的阐释与理解。⑤ 脑科学的研究也使我们从研究者的角度重新认识了"学习",从脑科学的视角来看待、解读、研究儿童的学习。而且,我们要相信,脑科学与小学教育相结合的最终目的是形成基于脑的学校课程,走向基于脑的教育决策。脑科学的研究成果为我们了解不同学习的神经机制,并根据学生学习的自然规律而设计课程提供了一种新的视角。⑥

---

① 刘勋、伍海燕:《心理学与脑科学:进展、思考和展望》,《科技导报》2017年第19期。
② 周加仙:《脑科学与教育研究》,《全球教育展望》2007年第4期。
③ 肖建文、刘锦华:《基于脑科学的新课程课堂模式探究》,山东教育出版社,2007,第30页。
④ 蒋志峰:《脑科学与创新人才培养》,河南大学出版社,2000,第39页。
⑤ 肖建文、刘锦华:《基于脑科学的新课程课堂模式探究》,山东教育出版社,2007,第28页。
⑥ 周加仙:《脑科学与教育研究》,《全球教育展望》2007年第4期。

2. 探索脑科学与小学教育连接的研究模式

有研究认为将脑科学与教育连接起来并直接促进教育发展的研究模式是：选取教育现场的研究问题，采用认知神经科学研究、行为研究和教育实证研究相结合的模式，在这种研究成果的基础上，设计出应用于教育的干预计划，最后在教育现场进行临床验证。[1] 在这个过程中，选择研究问题是关键，它将决定脑科学与教育能否连接起来并最终服务于教育，之后再获取脑科学研究证据，最终将研究成果运用于学习环境。例如脑科学研究表明情感在人类学习中起着不可低估的作用，情感与认识不是对立的两个过程，它们以特殊的方式联系在一起，都是脑神经整体功能的体现。那么，作为研究者就可以借鉴脑科学关于情感方面的研究，来更深入地理解小学生的情感状况会支持或抑制学习，从而来关注学生情绪状态，在学习中为他们提供稳定的情感支持，减轻学生的压力，以保证学习行为的成功。[2]

3. 形成批判性思维意识是提升科研能力的必要措施

在脑科学发展过程中，曾经流传着一些错误的观点，其中影响最大的有"人类仅仅开发了大脑的10%"的论断等。这些错误的观点是由于大众媒体的简单化报道，或者对脑科学研究的原始资料做出错误的解释和推论而形成的。因此，作为小学教师应具有批判性意识，在面对脑科学这一新兴领域时，要不断学习，全面客观地收集资料，要具有判断信息是否可靠的初步能力等。

---

[1] 周加仙：《脑科学与教育研究》，《全球教育展望》2007年第4期。
[2] 丁德成、张伟、师梅梅：《现代脑科学与教育》，《陕西师范大学学报（自然科学版）》2004年第S2期。

第三节　现代教育技术与小学教育研究

学习提要

(1)了解现代教育技术在小学教育中的运用情况。
(2)明确现代教育技术为小学教育研究带来的研究热点。

一、现代教育技术在小学教育中的运用

(一)现代教育技术在小学教育中发挥的作用

在信息化时代背景下,以计算机为基础的信息技术在教育领域已经发挥了愈来愈大的影响,极大地推动了我国教育现代化的进程。《中国教育现代化2035》指出,要"建设智能化校园,统筹建设一体化智能化教学、管理与服务平台。利用现代技术加快推动人才培养模式改革,实现规模化教育与个性化培养的有机结合。创新教育服务业态,建立数字教育资源共建共享机制,完善利益分配机制、知识产权保护制度和新型教育服务监管制度。推进教育治理方式变革,加快形成现代化的教育管理与监测体系,推进管理精准化和决策科学化"。这标志着现代教育技术将会在教育改革、教师专业成长、学生全面发展等方面发挥更重要的作用。

1.现代教育技术推动小学教学改革

在现代教育技术迅猛发展的时代背景下,学校教育正实现着教学内容的数字化、教学媒体的交互化、教材编制的软件化、教学过程的智能化、教学媒体操作的简便化、信息获取的网络化、教学场所的全球化等。[1]可以说,现代教育技术的运用使得学校教育发生了深刻的变革,它为师生提供了先进的学习手段和丰富的学习资源,突破了时间、空间的局限,连通了课堂内外,使学生从学习的目标、意义、内容到学习方式都发生了极大的改变,推动了小学教学改革。

2.现代教育技术促进教师专业发展

现代教育技术的实质就是利用技术手段优化教育教学过程,从而达到提升教学效果的目的。在这个过程中,教师是教育教学的实际实施者、参与者,因而对其专业发展提出了更高的要求。2012年颁布的《小学教师专业标准(试行)》中明确提出教师要"将现代教育技术手段整合应用到教学中"。2014年,教育部又颁布了《中小学教师信息技术应用能力标准(试行)》,要全面提升中小学教师信息技术应用能力,促进信息技术与教育教

---

[1]梁玉清、李妍、刘亚军等:《现代教育信息技术》,安徽大学出版社,2007,第1页。

学深度融合,将信息技术应用能力作为信息化社会教师必备的专业能力,该能力标准也成为推动教师专业发展的重要依据。在应用信息技术优化课堂教学和转变学习方式两种不同的教学情境下教师应采用的教学模式、应用目的、应用形式和代表技术等可见表3-1。

表3-1 不同教学情境的对比[①]

比较要素	教师必须能够	
	应用信息技术优化课堂教学	应用信息技术转变学习方式
技术环境	简易多媒体教学环境、交互多媒体教学环境	网络多媒体教学环境、移动学习环境
教学模式	以授导式、启发式为主	项目学习、基于资源的学习、探究学习、基于问题的学习
应用目的	提高教学效率、支持集体学习	提高学习成效、促进合作交流、提供社会参与的渠道,支持个性化学习与合作学习
应用形式	利用信息技术支持讲解、启发、示范、指导、评价	利用信息技术支持学生开展自主、合作、探究等学习活动
学生行为	观看、思考、模仿、少量人机互动	动手操作、体验、应用、合作、交流、参与
代表技术	办公软件(WPS、MS、Office)、通用工具、学科工具(以展示、呈现为特点)等	社会性软件、思维工具、建模工具、教学平台、学习平台等、学科软件(以体验、交流、分享为特点)等

3.现代教育技术促进学生全面发展

现代信息技术在学校教育的广泛应用将会在教学领域引起革命性的变化,它改变了过去教师讲、学生听的局面,教师的教学方式和学生的学习方式发生了极大的改变,教学内容和教材形式也由于教育技术的融入变得更加现代化,从而充分调动了学生参与的积极性,激发了学生的学习兴趣,使学生成为学习的"主人"。同时,信息技术在教学中的运用还有利于探究式学习方式的开展,这也将使学生的学习能力得到培养和提高,促进学生自主性的发展,而且还能关注到不同学生的个体差异。总之,现代教育信息技术有利于学生素质的全面提高。

(二)现代教育技术在小学教育中的运用

随着信息技术的飞速发展,现代教育技术能力已成为现代教师的必备能力之一。教师不仅要会使用各种信息化的教学媒体,制作和开发符合教学需求的教学课件和资源,更要适应信息时代的要求,利用信息化教学模式开展教学,并且不断拓宽自己的知识面,实现"教学相长"。可以说,现代教育技术的运用涉及小学教育中的方方面面。在此,笔者简要介绍以下两种常用的现代教育技术在小学教育中的运用。

---

①祝智庭、闫寒冰:《〈中小学教师信息技术应用能力标准(试行)〉解读》,《电化教育研究》2015年第9期。

1.云计算在小学教育中的应用

云计算就是用户的计算机不需要硬盘,只需要网卡和浏览器,就可以完成自己需要的所有工作,诸如储存文件、制作文件、发邮件等。[1]云计算辅助教育,也可以称为"基于云计算的教育",是指在教育的各个领域中,利用云计算提供的服务来辅助教育教学活动,包括云计算辅助教学和云计算管理教学。[2]云计算辅助教学在小学教育中,可以帮助学生开展自主式学习、个性化学习,教师则可以进行协作交流式教学。云计算辅助教育可以通过建立大规模共享教育资源库来支持教育教学活动。例如2012年12月28日,教育部"国家教育资源公共服务平台"开通,它依托现有公共基础设施,利用云计算等技术,服务于各级各类教育,为资源提供者和资源使用者搭建起了网络交流、共享和应用环境。该平台包括小学阶段的各学科多版本的教学设计、教学课件、微课、习题等教学资源,用户可以在其平台通过免费实名注册后下载其资源。[3]同时,云计算辅助教育可以使教师和学生在网络学习平台进行学习、交流。此外,还可以通过云计算建设更加快捷方便的教学管理系统。

2.移动技术在小学教育中的应用

移动学习实质上就是利用无线移动通信网络和便携的移动终端设备,如手机或其他便携式工具来获取学习资源,随时随地来进行学习的一种方式。目前,随着WiFi、蓝牙、4G,甚至5G的快速发展,移动技术已经渗透到了学校教育中。它的应用模式主要包括以下几种:(1)基于短信的移动学习服务,短信包括短消息和多媒体短信;(2)在线信息浏览,也就是学生和教师能够随时根据教学和学习需要通过手机或其他便携式设备随时随地浏览、下载和学习各类资源等。

事实上,现代教育技术在小学教育中的应用已非常广泛。表3-2是较为流行的在教学活动中可利用的代表性技术与工具。

表3-2 常用的技术资源[4]

	资源类别	资源
通用软件资源	写作软件资源	Word、Excel
	演示软件资源	PowerPoint、Articulate、Ispring
	会话协作软件资源	E-mail、QQ、BBS、MSN
	思维可视化软件资源	Mindmanager、Ispiration
	图片编辑软件资源	PhotoShop、CorelDraw、美图秀秀
	音频编辑软件资源	Audition
	视频编辑软件资源	Premiere、Camtasia Studio、会声会影

---

[1] 陈斌:《现代教育技术》,北京师范大学出版社,2017,第196页。
[2] 张珑、王建华、张军:《云计算辅助教育初探》,《计算机教育》2010年第12期。
[3] 陈斌:《现代教育技术》,北京师范大学出版社,2017,第204-206页。
[4] 陈斌:《现代教育技术》,北京师范大学出版社,2017,第22页。

续表

资源类别		资源
数字教育资源	基础数字资源	教学素材、教学课件、微课
	拓展数字资源	网络课程、教育游戏、教学案例、数字图书、数字教材、学习网站
学科教学资源	学科教学软件资源	几何画板、在线地图、听力训练软件、虚拟实验工具PhET、Calkwalk、FinalC
	学科评价软件资源	电子档案袋、评价量规、SPSS、Free Quiz Maker、Hot Potatoes

3.智慧教育与人工智能在小学教育中的应用

《教育信息化2.0行动计划》提出,要"以人工智能、大数据、物联网等新兴技术为基础,依托各类智能设备及网络,积极开展智慧教育创新研究和示范,推动新技术支持下教育的模式变革和生态重构"。可以说智慧教育是教育在信息时代的新升华,它不仅是信息手段和平台的智能化,更是教学成果的智慧化。这意味着,在小学教育中,教师要充分利用信息技术环境来促进学生自主学习,培养学生学习的主动性,例如教师可以利用"虚拟现实+教育",在课上或课下留"空白点",让学生主动在网络上进行学习,或者教师用智能交互平板与学生电子书包连接,利用教师端向学生发送问题,帮助学生运用知识等。[1]

随着人工智能的广泛应用,人工智能对小学教育的培养目标、培养模式、教学方式、学习方式都产生了深刻的影响。以培养模式为例,学校可以通过人工智能实现学生的个性化发展。具体地说,可以使用互联网+云资源、大数据等资料,运用大数据课程体系,建立学习平台,使每个学生都能够学习感兴趣的课程,并且在线上和线下互动、课上和课下结合的形式中加强学生学习能力和个性化等。[2]

二、现代教育技术与小学教育研究

随着教育信息技术的发展,尤其是互联网、大数据、云计算、人工智能等技术在教育领域应用的不断深入,智能化校园、慕课、微课、翻转课堂、混合式教学等新型教育模式正在对教学手段、教学方法等教学各方面产生深远影响,这也为小学教育研究带来了新的研究热点。

(一)信息技术与课程整合

信息技术与课程整合,是在移动互联网技术、数字技术和人工智能技术等新一代信息技术支持下,将新技术创造性集成融合于课程和教学,并创成课程形态、创生课程与教

---

[1] 胡艳敏、温恒福:《智慧教育呼唤新的教育智慧》,《中国教育报》2017年9月21日。
[2] 畅肇沁、陈小丽:《基于人工智能对教育影响的反思》,《教育理论与实践》2019年第1期。

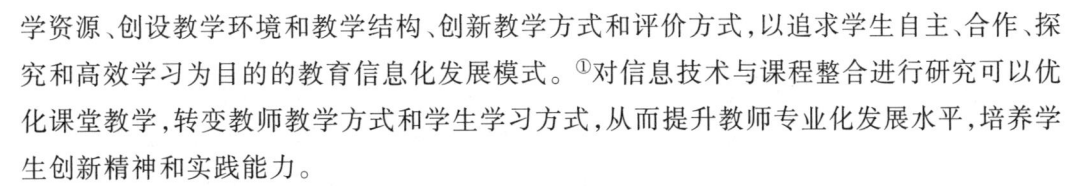

学资源、创设教学环境和教学结构、创新教学方式和评价方式,以追求学生自主、合作、探究和高效学习为目的的教育信息化发展模式。[1]对信息技术与课程整合进行研究可以优化课堂教学,转变教师教学方式和学生学习方式,从而提升教师专业化发展水平,培养学生创新精神和实践能力。

目前,在小学教育领域,信息技术与课程整合研究的主题包括:(1)信息技术与课程整合的理论研究,具体包括对信息技术与课程整合的背景、意义、内涵、整合方式及策略方面的研究;(2)教师信息技术与课程整合能力的提升研究,具体包括发展小学教师信息技术与课程整合能力的策略、途径、方式等方面的研究;(3)信息技术与小学各学科课程整合研究,主要是指信息技术与小学语文、数学、科学、英语、美术、音乐等各门课程进行整合的研究;(4)信息技术与课程整合的教学模式研究,例如慕课、微课、混合式教学模式、翻转课堂教学模式等,以及以学生自主学习为主的探究教学模式等。

(二)信息素养

信息素养作为中小学生核心素养中的一个重要组成部分,正在成为当前基础教育领域中的一个研究热点。它不仅包括使用信息工具和信息资源的能力,还包括选择、获取、识别信息,加工、处理、传递信息并创造信息的能力。[2]对于小学生而言,信息技术就像是一把双刃剑,他们虽可以利用信息技术来助益自己的学习,但也可能会沉迷游戏,受到网络上的一些不良信息的影响。加之目前的信息技术课程内容往往和现实中的信息技术发展脱节,以致难以激发学生的求知欲。而如今,正确认识和提升学生的信息素养是目前小学教育研究领域中的热点之一。同时,教师的信息素养研究不可或缺,它是提升小学教师信息素养能力的相关研究,也是当前需要研究的问题。

(三)互联网环境下的教学方式变革

在互联网时代,互联网因具有无限丰富的学习资源且触手可及,加之它具有多重交互性,能充分调动学习者的主动性、积极性乃至创造性,引发了教育教学领域的一系列教与学方式或教学模式的重大变革。[3]以微课程为例,其作为一种新的课程组织形式,摆脱了时空限制,突出了主题内容,能通过灵活而短小的表现形式,使学生沉浸于动态化、形象化的信息传递中,切实体验学习的意义。[4]因此,在当前互联网背景下,把信息技术手段运用于教学,改变教学方式,丰富教育资源的开发和利用等都是当前小学教育研究领域中非常重要的话题。

---

[1] 蔡宝来:《信息技术与课程整合研究进展及未来走向》,《课程·教材·教法》2018年第8期。
[2] 梁玉清、李妍、刘亚军等:《现代教育信息技术》,安徽大学出版社,2007,第46页。
[3] 何克抗:《深度学习:网络时代学习方式的变革》,《教育研究》2018年第5期。
[4] 李志超、余宏亮:《微课程作为学习方式变革的新路向》,《课程·教材·教法》2016年第4期。

本章小结

中国特色社会主义教育理论的新发展丰富和发展了中国特色社会主义理论,是我国教育事业改革与发展的指导思想。中国特色社会主义教育理论的新发展为小学教育研究提供了选题的依据和论证的理论依据,同时也为小学教育研究提供了创新的视角。

心理素质研究的趋势可以说和小学教育研究发展趋势是基本一致的,二者之间的相互联系有助于提高小学教育研究的科学性,促进小学教育研究的不断发展。现代脑科学研究不断更新对于小学教育的认识,应积极探索脑科学与小学教育连接的研究模式,形成批判性思维,提升科研能力。

现代信息技术正深刻地改变着教学手段、教学方法和教学模式,也为小学教育研究带来了新的研究热点。信息技术与课程整合的实践与理论探索、教师及学生的信息素养的发展以及互联网环境下的教学方式变革都是目前小学教育研究领域需要研究的问题。

【思考与练习】

1. 请谈一谈中国特色社会主义教育理论的新发展如何为小学教育研究提供选题的依据。

2. 中国特色社会主义教育理论的新发展对小学教育研究的影响有哪些?

3. 小学生心理素质发展与小学教育研究之间的关系表现在哪些方面?

4. 脑科学研究表明,脑发育不是由遗传简单决定的,脑发育有着多层面的可塑性,学习的设计应基于脑发育规律。小学阶段是基础认知能力发展的重要时期,超前或额外学习可以促进大脑发育。请判断以上说法是否正确?

5. 某小学六年级信息技术教师在工作中针对现有信息技术课程存在的缺陷,通过研究,开发和构建了该校的信息技术校本课程内容体系。他认为这将有利于激发学生的学习兴趣,培养学生的信息素养;从另一个层面来说,这也有助于信息技术教师的成长,有利于学校形成自己的课程管理体系,进一步提升学校的教学质量。讨论:你如何看待这项研究的意义?

6. 现代教育信息技术为小学教育研究带来的研究热点有哪些?

【思维导图】

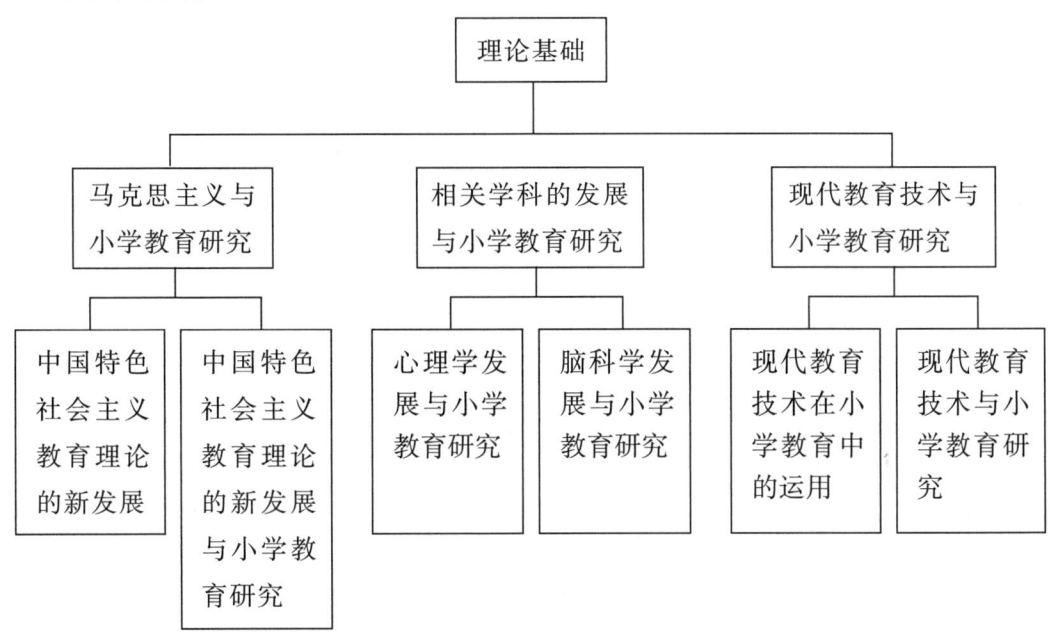

```
                        理论基础
          ┌───────────────┼───────────────┐
   马克思主义与        相关学科的发展       现代教育技术与
   小学教育研究        与小学教育研究       小学教育研究
     ┌────┴────┐         ┌────┴────┐         ┌────┴────┐
  中国特色    中国特色    心理学发      脑科学发    现代教育    现代教育
  社会主义    社会主义    展与小学      展与小学    技术在小    技术与小
  教育理论    教育理论    教育研究      教育研究    学教育中    学教育研
  的新发展    的新发展                              的运用      究
              与小学教
              育研究
```

【推荐阅读】

[1] 中国教育科学研究院.中国特色社会主义教育理论新发展[J].教育研究,2017(04):4-14.

[2] 祝智庭,闫寒冰.《中小学教师信息技术应用能力标准(试行)》解读[J].电化教育研究,2015(09):5-10.

[3] 蔡宝来.信息技术与课程整合研究进展及未来走向[J].课程·教材·教法,2018(08):133-143.

[4] 裴娣娜.教育研究方法导论[M],合肥:安徽教育出版社,2000.

第二编

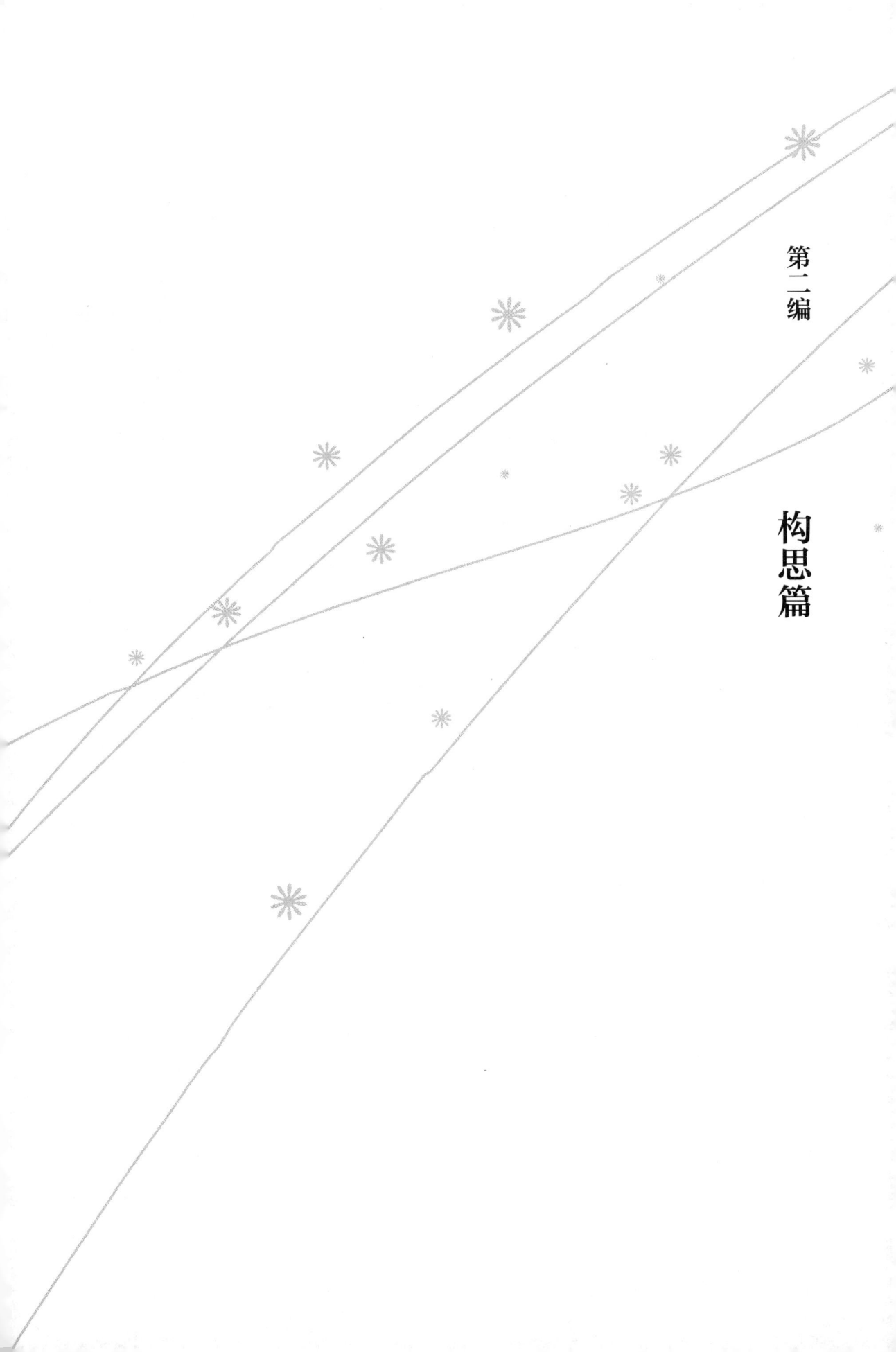

构思篇

第四章
课题选择与文献检索

课题的形成和选择,无论作为外部的经济技术要求,抑或作为科学本身的要求,都是研究工作中最复杂的一个阶段。一般来说,提出课题比解决课题更困难……所以评价和选择课题,便成为研究战略的起点。

——[英]贝尔纳

提出一个问题往往比解决一个问题更重要。

——[美]爱因斯坦

第一节　研究问题的选择

学习提要

(1)了解小学教育研究选题的来源,树立小学教育研究的问题意识。
(2)理解小学教育研究选题的原则,掌握小学教育研究选题的步骤。

小学教育研究同其他科学研究一样,必须经历研究问题的选择、研究资料的收集、研究方案的制订、研究的开展和研究成果的形成几个阶段。研究问题的选择是研究的起点和基础,是小学教师研究能力的直接体现。研究问题的选择简称"选题",在研究的起始阶段是动词,即选择将要研究的主要问题,其包含两个基本的步骤,首先是确定研究的范围、方向、对象等中观层面的问题,其次是在已经确定好研究范围、对象、方向的基础上选择要研究的微观层面的问题。将经过以上两个步骤选择的研究问题用规范的语言表达出来,形成研究的题目,即"选题",这里的"选题"是名词。是否能够恰当地选择适合自己的研究课题,影响着研究方法的选择、后续研究开展的进度及研究的成败。

一、小学教育研究选题的来源

小学教育研究选题的来源十分广泛，大致可以分为以下几个方面。

(一)来源于小学教育实践

小学教师在小学教育实践中必然会遇到很多问题，善于从中捕捉问题并解决这些问题是小学教师实现专业发展、提高教育教学质量的重要途径。

1. 在教学工作中发现问题

教学工作是教师工作的重中之重，也是教师影响学生的最主要的方式，占用着教师的大部分时间和精力，教学中存在的问题也很多。教学包括备课、上课、课后辅导、布置批改作业、评价等环节，这其中任何一个环节还包含着更细微的环节，隐藏着各种各样的问题。例如，广为大家熟知的台湾著名女作家三毛辍学的导火线——"考试"事件，表面上看是一个师德问题，其实何尝不是提醒我们教师应该关注考试命题效度的问题；在课堂上结合教材进行爱国教育的时候，有学生提出来可以"爱美国、英国"等发达国家吗？又何尝不是提醒我们教师应该关注全球化对爱国主义教育的冲击，研究教育应对之策；作业布置的类型、要求、数量怎样处理才能既达成课程三维目标，又能够满足社会对教育的减负需求……可以说教学中无时无刻不产生值得我们去研究的问题。总之，随着时代的发展，新的问题会不断地出现；随着我们认识能力的提高和教育经验的丰富，原来不是问题的问题也会逐渐浮出水面，激起我们研究的欲望。

2. 在班级日常管理中发现问题

班级管理是小学教师的日常工作，作为班主任更是如此。在班级管理，包括班规的制订和执行、学生干部的选拔和培养、班级活动的组织等方面都会产生很多问题。

3. 在与家长或其他教师的合作沟通中发现问题

小学生的健康成长需要教育合力，这就离不开其他教师和家长的参与支持。讨论分析学生问题、沟通学生情况是小学教师的日常工作，教师应时刻树立问题意识，善于从沟通中发现问题。如我们在工作中发现同为留守儿童，其发展却参差不齐，就可以和这些留守儿童的监护人沟通交流，去发现并解决问题，以提高留守儿童的教育质量。

4. 在外出参观学习时发现问题

教育需要交流合作，外出进修、参观、教研等已经成为小学教师继续教育的重要方式。离开熟悉的学校、同事、学生，接触新的专家同行，看到迥异的校园，在感受到差异以及接收大量信息的时候，都容易通过比较发现问题。

5. 在小学教育改革中发现问题

小学教育改革是需要不断深化的，从小学教育改革的方方面面都可以发现问题。如为了加强家校合作，近来不少学校开展了"家长进课堂"活动，在活动的组织过程中必然促使我们思考这项活动的教育目的、组织形式、多方面影响等各方面问题。

在小学教育实践中发现的问题常常以教师小课题的形式出现,如"小学低年级学生语文预习习惯培养研究""小学低年级学生数学学具运用研究""小学班规制订的合理性研究""小学生错题整理习惯培养研究""小学教师指导留守儿童家庭教育的内容和程度探讨""小学生作业完成拖拉的原因及纠正""小学生家庭作业设计与批改的有效性"等,小而具体,针对性强,非常适合小学教师开展。快速发展变化的小学教育实践涌现出了大量新的教育问题,发现这些问题并解决这些问题是非常必要的。同时,随着小学教师教育能力、认识能力在实践中的不断提高,教育经验的日益丰富,原来没有看到的问题也会逐渐浮出水面,引起我们的重视,激发我们的研究欲望。

(二)来源于社会大众传媒

除了电影、电视、广播、报纸杂志等传统的大众传媒外,借助手机这一新兴的大众传播媒介,博客、微博、微信、贴吧等自媒体平台越来越广泛深刻地影响我们的生活和工作。以微信公众号为例,常常浏览一些优质公众号有助于我们发现研究课题。大众传媒中主要有两大类资讯值得我们格外重视,因为它们常常能成为我们发现小学教育研究选题的重要来源。

1. 社会热点新闻

博客、微博、微信以及新兴的视频网站等自媒体平台每天都会推送大量的社会热点新闻,微博、百度贴吧等多如牛毛的家长辅导孩子作业被气崩溃的视频,可以让我们发现家校配合的范围、程度、方式等问题。这些热点新闻,有的本身就是教育问题,有的可以通过分析发现背后的教育问题。在当今这个时代,普通人的喜怒哀乐都可以通过自媒体平台发布,这极大地丰富了我们的见闻,拓展了我们发现小学教育问题的渠道。

2. 文学、影视作品等文艺作品

文学、影视作品等文艺作品是社会现实的艺术表现形式,它们来源于生活又高于生活,当然可以从中发现许多教育问题。如近年热播的电视剧《欢乐颂》《都挺好》中反映出来的家庭教育问题便引发了全民热议,《小别离》《虎妈猫爸》更是直面择校、升学、课外补习等一系列教育问题。

(三)来源于教育学术单位和教育机关

为促进教育科学研究的发展,从中央到地方,各级各类教育学术单位和教育机关每年都会组织教育研究课题申报,这些单位每年都会在官网发布课题申报指南及立项名单。通过分析这些信息,我们不仅可以了解当今教育研究动态,而且还可以从中受到启发,找到适合自己的研究问题。一般而言,我们可将其概括为三大类。

一是教育科学研究院组织的教育科学规划课题申报,从中国教育科学研究院到省、市一级的教育科学研究院,每年都会组织课题申报。查看中国教育科学研究院官网(http://www.nies.net.cn/)公示的全国教育科学"十三五"规划2018年度立项课题名单,如

"家校合作的国际经验与本土化实践研究"等课题赫然在目,该名单涵盖了小学教育研究的方方面面,值得我们关注。

二是教育部,省、市教育主管部门组织的人文社科课题和教育改革研究课题申报。查询教育部社科司网站"中国高校人文社会科学信息网",在2019年度教育部人文社会科学研究规划基金、青年基金、自筹经费项目立项一览表中,小学教育研究项目就有多项,如"乡村振兴背景下小学教师培养路径研究"等。教育改革研究课题往往分为高等教育、职业教育、基础教育几大类,小学教育改革研究课题隶属于基础教育改革研究。查看重庆市教育委员会公众信息网,"基于种植园的小学生实践能力培养策略研究""提高城乡小学教师课程执行力的以城带乡行动研究""基于'学本'的小学课堂诊断与教学行为改进研究"[①]等课题出现在重庆市2019年度教育综合改革研究课题评审结果的公示名单中,这些都能为我们思考教改课题提供参考。

三是教育学术期刊发布的选题指南、征稿启事,常刊登在每年的第一期或最后一期。如《教育研究》杂志2019年第1期上刊登的征稿选题要点,就有涉及小学教育研究的选题,如素质教育发展研究、农村贫困地区儿童早期发展研究、乡村振兴背景下乡村教育发展研究、大中小学教材建设研究等。

(四)来源于理论学习

理论不仅包括已有的教育基础理论和较新的教育研究成果,还包括其他学科理论及其研究成果,它们是小学教育研究的基础和依据。学习和了解相关理论和研究成果不仅可以提高理论水平,也可以启发我们从中发现问题。

1. 来源于对教育理论的深入分析

对教育理论的深入分析可以让我们发现理论的缺陷和局限性。任何理论都是不完美的,没有绝对的真理,再成熟完备的理论都有其解释不了的问题。深入分析教育理论后发现它们的不完美,据此出发可以演绎出研究问题。如理解了它的适用性,就可以思考它不适用的地方有没有其他的解决办法,沿着这个思路研究既可能是对它的补充研究,也可能彻底颠覆它。

对教育理论的深入分析可以发现理论和实践的差异。众所周知,小学教育实践是先于小学教育理论的,其很可能出现和现有的教育理论相矛盾的地方,这些地方可以启发我们发现新的研究问题。

对教育理论的深入分析可以发现教育研究新成果。教育实践和研究的蓬勃发展使得教育研究新成果不断涌现,这将为后续研究提供新的研究生长点和拓展研究空间。如看到其他学者对发达地区基础教育某项问题的研究成果,可以提醒我们关注欠发达地区的同类问题,并开展比较研究;看到小学女生某项问题的研究成果,可以提醒我们关注小

---

① 重庆市教育委员会办公室:《重庆市教育委员会办公室关于重庆市2019年度教育综合改革研究课题评审结果的公示》,http://jw.cq.gov.cn/Item/34382.aspx,访问日期:2019年7月1日。

学男生或其他学段男女生的类似或相反问题,发现研究问题。

2. 来源于对其他学科理论的深入分析

作为社会问题之一的教育问题,它和社会其他领域的问题是密不可分的。学科之间的融合是学科自身发展的需要和必然趋势,小学教育研究作为教育这个大系统中的一员,必然要受到哲学、社会学、心理学、管理学、法学等其他学科的理论和实践的影响。学习这些理论,有助于我们开阔视野,借鉴研究方法和思路,融合研究内容,发现新的研究问题。所有学科的理论都是在不断发展完善的,过去不能解决的问题,随着当前其他学科研究成果的取得却有可能解决。如小学生注意力、观察力、记忆力等方面当前不能开展的研究,完全可以在基础心理学和神经科学的研究取得新进展以后开展。

以上四个方面是我们发现教育研究问题的主要途径,也是小学教师专业发展、个人成长的主要途径。

二、小学教育研究选题的原则

发现研究问题后,其能否成为研究选题,必须用以下的原则去评判。

(一)价值性原则

价值性原则,指开展研究的必要性和重要性,是确定研究选题的首要原则。研究的价值性一般从实践价值和理论价值两个方面来判断。

小学教育研究的实践价值,主要指研究的开展能否促进小学教育实践发展,解决小学教育实践中出现的较为普遍的问题。小学教育研究的实践价值可以从四个方面去考量,一是是否有助于小学一线教师和校长等教育工作者提高对小学教育理论和实践的认识,为他们改革教育教学提高教育质量提供理论依据;二是是否有助于管理小学教育的政务部门了解小学教育理论和实践,为他们制订促进小学教育发展的管理文件、政策措施提供决策依据;三是是否有助于承担小学教师职前和继续教育的单位了解小学教育理论和实践,为他们提高小学教师教育教学质量提供科学依据;四是是否有助于小学生家长了解小学教育理论和实践,为他们提高家庭教育和家校合作质量提供依据。

小学教育研究的理论价值,即学术价值,主要指研究的开展能否促进教育科学本身的发展,完善、修正、创新已有理论,建立更为科学的小学教育理论体系。如华东师范大学叶澜教授提出的"教育起源于人与人之间的交往"的观点,就是对"教育起源论"的进一步补充,它加深了小学教育教学工作者对教育本质的认识,且丰富和完善了教育基本理论。

同时,小学教育研究问题的价值还可以体现在其他学科上,虽然对教育理论和实践影响不大,却可以促进其他学科理论和实践的发展,这同样是有价值的。另外,评判研究问题的价值时,不一定要求理论价值和实践价值同时具备,可以有所侧重。

(二)可行性原则

可行性原则,指根据现有的主客观条件,开展研究的现实可能性,是确定研究选题的现实原则。

研究的主观条件,指研究者本人已有的知识、能力、经验、专长、兴趣、资料等。研究者要客观全面地认识自己,审视自己,选择适合自己的研究问题。研究充满了挑战和不确定性,不可能一蹴而就,尽量选择自己的研究兴趣所在,有利于研究的顺利开展。如果自己对该研究很有兴趣,研究问题也很有价值,但是自己的知识储备和研究能力不能胜任,就应该果断放弃或推荐给其他研究者。如毫无医学背景的一线小学教师因为自己任教的班级有孤独症儿童,从而发现了"儿童孤独症的发病机制、康复治疗"这个研究问题,即使问题很有价值,自己也很感兴趣,它也是不合适自己的。判断研究问题是否适合自己考验着研究者对自己的认识和对研究问题的理解程度。

研究的客观条件,指支持开展研究的经费、设备、实验场所、时间、人力、前期研究、社会和教育发展现实需要等。相比于主观条件,客观条件往往被忽视,因为有的客观条件,如经费、设备、实验场所、时间、人力等这些物质条件,是可以通过研究者的主观努力解决的。但是如果缺乏的是前期研究、社会和教育发展现实需要,研究者也只有望"题"兴叹,抱憾作罢。任何研究都是建立在前期研究基础上的,没有前期研究就没有开展现有研究的理论准备,若想要通过开展前期研究来获得相关理论准备,也极有可能缺乏开展的研究基础。如想要飞上天的愿望,这必须在科学取得突破性进展以后才可能实现。深受社会和教育发展影响的小学教育研究,选题的确立还必须契合社会和教育发展的现实需要,选择恰当的时机开展研究,才能促进社会和教育的发展。如果研究进行较早,社会和教育需要此类研究提供依据时,研究结论和数据已经过时,不能反映当前的社会和教育现实,它就失去了意义;如果研究较晚,则早已时过境迁,该研究已不再需要。

(三)创新性原则

创新性原则,指选题的独特性和突破性,解决前人尚未解决或尚未完全解决的问题,这体现了研究的本质属性,是确定研究选题的根本原则。创新是研究的灵魂,没有创新,研究就失去了目的和意义。

根据研究选题的独特性和突破性针对研究主体的差异,创新可分为主观创新和客观创新。研究选题对研究者个体具有独特性和突破性,是主观创新;研究选题对研究者群体具有独特性和突破性,是客观创新。创新的基础是继承,发现研究问题后通过概括总结已有研究成果,既可以判断研究问题是主观创新还是客观创新,又可以在此基础上开展后续研究。主观创新有助于研究者个体的素质特别是创新素质的培养,具有重要的教育价值,不可小觑。

在研究中所需的客观创新,主要从三个方面来评判:一是研究内容新。这是指研究的问题是在教育领域中出现的新问题,是前人没有提出或已提出但尚未解决、没有完全解决的问题。社会和教育的发展必然会引起小学教育的变革,出现新现象、新矛盾、新经验等,这可为小学教育研究提供新的研究问题。如5G时代的到来对小学教育的影响等。二是研究方法新。这是指用新的研究方法研究已有的研究问题,处理已有的研究资料,验证已有的研究结论。新方法的采用往往可以弥补已有研究的不足,修正或完善已有研究。三是研究角度新。这是指用新的研究观点或新的研究出发点切入已有研究问题。新的研究角度有利于全面客观地重新审视已有研究问题,弥补已有研究的缺陷和遗漏,得出更为科学的研究结论。如对考试重要性的研究常常是从社会公平这个角度出发进行研究的,如今换成从考试分数和考试内容等角度出发,探讨考试与素质教育的关系,仍然可以论证考试的重要性,补充完善已有研究。

在小学教育研究实践中,要同时具备三个方面的创新是很难的,只要有一个方面的点滴创新就是有价值的。不能因为创新不易就认为创新是高不可攀、神秘莫测的。研究的创新性来自研究者研究的意识和能力,尤其是研究意识,因为它促使研究者保持着自觉的问题意识,推动创新的产生。

(四)伦理性原则

伦理性原则,指确定的选题及开展的研究要遵守社会道德规范,有利于研究参与者的身心健康发展,是确定研究选题的前提原则。作为解决社会问题的小学教育研究,必须遵守社会道德规范,尊重研究参与者的尊严和价值,这是对研究者作为一个人的良知和道德底线的考验。不管是研究内容,还是准备采用的研究方法以及研究过程,都要考虑对研究参与者的各方面影响。如果势必要造成对研究参与者的伤害,则不管有多大的价值和创新,都必须坚决放弃。如美国心理学家华生的恐惧情绪形成实验、津巴多的斯坦福监狱实验、哈洛的恒河猴母爱剥夺实验等这些研究,虽然取得了重要的研究成果,却给研究参与者带来了很大的伤害,这些研究直到今天还饱受诟病,为正直的研究者所不齿。

(五)科学性原则

科学性原则,指选题的确立及研究的开展要以科学理论和社会实践为基础,这体现了研究的客观属性,是确定研究选题的基本原则。在小学教育研究中,以教育科学理论为主的科学理论引领着研究的方向。以小学教育实践为主的社会实践既是选题的来源,又为研究的开展提供实践依据,还对最后的研究成果起着验证作用。坚持以科学理论和社会实践为基础,有利于杜绝主观臆造、凭空猜想,确保研究的客观、科学。

在小学教育研究选题确立及后续研究开展中,上述五条评判原则都非常重要,缺一不可,任何一条原则的缺失都将使研究失去意义。同时,这五条原则又是相互联系、相互影响的。可行性是研究的起点和基础,一旦缺失,研究无法开展;科学性和创新性是研究的本质和灵魂,一旦缺失,研究自然不再有价值;伦理性是研究的前提和保障,一旦缺失,将使研究深陷诘难之中,影响研究的顺利开展和研究成果的应用,研究者本人也将终身饱受良心和社会舆论的谴责。

三、小学教育研究选题的确立

研究问题选定以后,要用具体明确的语言表述出来,才能成为研究选题。一般情况下,要明确表述研究问题需要通过三个层层递进的步骤:

第一步,明确研究问题所属的研究领域。根据不同的划分依据可以将小学教育研究划分为不同的研究领域,如:根据小学教育研究成果的主要应用领域,分为小学教育实践研究和小学教育理论研究;根据教育时空的不同,分为学校教育研究、家庭教育研究和社会教育研究;根据教育对象的不同,分为学前教育研究、基础教育研究、高等教育研究、职业教育研究、成人教育研究、特殊教育研究等。这些分类是相互交融的,一个研究问题可以同属不同研究领域。明确研究领域有助于厘清思路,从全局出发去把握研究问题。

第二步,明确研究问题针对的研究对象。小学教育的研究对象是多种多样的,可以是人,如小学生、小学教师等;也可以是物,如某种教学设备、文献资料等;还可以是思想观念、现象、事件等。选择研究对象时,尽量选择自己熟悉和有兴趣的研究对象,有利于加强自己对研究的掌控。

第三步,明确研究问题的具体研究内容。这是确立选题最具体的一步,也是最关键的一步。如对小学生家务劳动方面的问题进行研究,是研究"习惯培养",还是"现状调查",就是对具体研究内容的确立。确立了具体研究内容,研究才有了切实可行的切入点,否则将无从下手。

研究者通过上述三个步骤,将研究问题从整体到局部层层深入地进行拆解,逐渐把研究问题细化、具体化。在对研究选题表述时,尽量采用简洁明了的规范语言,其是研究者学术水平的体现。这个过程不是一蹴而就的,往往需要系统全面地检索相关文献,反复斟酌,才能把研究选题确定下来。

第二节 研究问题的文献检索

学习提要

（1）了解文献的重要性及其类型、我国小学教育研究文献的主要来源，能够应用文献检索的常用途径和方法检索文献。

（2）了解文献综述的分类和结构，练习撰写文献综述。

文献，指记录和保存有参考价值的知识或信息的一切载体。检索就是查找。文献检索就是在文献中查找需要的知识或信息的过程。

一、文献的重要性及其类型

（一）文献的重要性

文献是人类文明成果的载体。任何研究都是对已有研究的继承和创新，都需要充分地使用文献资料。在研究的起始阶段，使用文献概括总结已有研究成果，发现研究问题，避免重复其他学者的研究，有助于发现研究的起点和方向；在研究进行中，使用文献找到研究得以开展的理论、数据等资料，有助于找到研究的依据和支撑；在研究的结束阶段，将自己的研究结论和使用文献找到的已有研究成果融会贯通，形成更为系统科学的研究成果，为后续研究奠基，有助于研究的总结和延伸。文献的使用贯穿着研究过程始终，不可或缺，非常重要。

（二）文献的类型

根据不同的划分依据，可以把文献划分为不同的种类。了解文献的类型，有助于更好地运用文献，全面检索文献，拓展文献的来源。

根据文献应用的主要领域，其可分为政治文献、经济文献、教育文献、数学文献等。

根据记录文献使用的语言，其可分为汉语文献、英语文献、日语文献等。

根据文献加工处理程度，其可分为一次文献、二次文献、三次文献。一次文献，是没有经过加工处理的原始文献，包括专著、论文、会议记录、档案材料、统计报表以及以本人的实践为依据撰写的实验报告、调查报告、经验总结等。它具有很高的参考价值和应用价值，但其保存分散、零碎、杂乱。二次文献，是对原始文献进行加工整理而成的系统化的检索性文献，常以文摘、索引、题要等形式呈现。三次文献，是在对一次文献和二次文献进行分析综合后形成的参考性文献,以综述文章为主要呈现方式。文献越原始,可靠性越高,常常较多地用于研究论证,是保证研究客观科学的重要依据。经过加工整理的二次文献、三次文献,覆盖面宽、信息量大,有助于拓展研究思路,提升研究高度,也有重要的参考价值。

根据文献记录的载体,其可分为纸质文献、音像文献、机读文献、网络文献。纸质文献,指以纸张为载体记录的文献,主要以文字的形式表现,如图书、杂志等。这类文献数量巨大。音像文献,是以磁带、磁盘等为载体记录的文献,主要以视频、音频的形式表现,如电影胶片、幻灯片、录像带等。这类文献直观生动,易于广泛传播。机读文献,是以计算机、智能手机的存储媒介,如硬盘、光盘、U盘、SD卡等为载体记录的文献,以编码的形式将信息转化为机器语言,其储存和提取都需要通过计算机、手机等工具。这类文献易于复制,提取速度快。网络文献,是以互联网为载体记录的文献,通过互联网实现信息的储存和提取。这类文献易于检索,内容广泛,是现代社会应用最广泛的文献类型。

二、我国小学教育研究文献的主要来源

目前,我国小学教育研究文献的最主要来源是国际互联网。互联网是国际计算机网络的最广泛集合,任何广域网、局域网及单机都可以通过计算机信息技术手段,按照一定的通信协议连接到互联网上,成为互联网的一部分,使用互联网资源。随着互联网的普及和互联网资源的日益丰富,它已成为检索教育研究文献的最主要来源,其主要从四个方面检索。

一是学术数据库。中国知网是我国学术数据库的重要代表,是由清华大学等单位建设的国家知识基础设施,可以检索包括教育在内的各类型各层次的学术期刊、会议论文、学位论文、研究报告等中外文文献。中国人民大学书报资料中心是我国最早从事人文社会科学学术研究的文献服务机构,其相继开发了人大复印报刊资料全文数据库、复印报刊资料专题目录索引数据库等六大系列数据库产品。数据信息量大,涵盖范围广,教育报刊方面的文献收集较齐全,服务范围广。此外,教育研究常用的中外文数据库还有:中文社会科学引文索引、维普网、万方数据库、台湾博硕士论文知识加值系统等。

二是各类数字图书馆。数字图书馆是用数字技术处理和存储文献的图书馆,是虚拟的、没有围墙的图书馆,是共建共享的知识网络资源。目前,数字图书馆的建设主要有全国各级公共图书馆和各大高校图书馆两个途径,这些图书馆基本上都开展了数字图书馆建设,如中国数字图书馆就隶属于中国国家图书馆。为了顺应移动阅读的新趋势,国家图书馆联合全国各级公共图书馆,开展数字图书馆移动阅读平台建设。面向全国范围的手机公益阅读服务——数字图书馆移动阅读平台已于2013年9月正式上线,供全国读者免费使用。为了满足中小学教育科研的需要,很多数字图书馆还专门建设了针对基础教

育的中小学数字图书馆,其资源非常丰富。

三是中国教育和科研计算机网。中国教育和科研计算机网(China Education and Research Network)简称"CERNET",是教育部负责管理的全国性学术计算机互联网络,是大型的中国教育信息检索系统。CERNET建成了系统容量为150万页的中英文全文检索系统和涵盖100万个文件的文件检索系统。此外,CERNET还拥有全世界主要大学和著名国际学术组织的信息资源镜像系统和重点学科的信息资源镜像系统。

四是各单位官方网站。与小学教育研究密切联系的单位主要有三类:一是以教育部及省、自治区、直辖市教育行政管理部门为主的国家政务机关,通过政府及教委官网检索的教育文献,特别是研究数据、教育管理文件、教育规划等资料,权威可靠;二是以教育学术研究管理为主的各级各类学术研究管理单位,主要有教育科学研究院、教育学术期刊、社会科学界联合会(简称"社科联")等,通过这些单位的官网检索的教育文献,特别是研究动态、研究成果等资料,全面系统,有助于了解小学教育研究的趋势和前沿;三是各级各类学校,通过各级各类学校官网检索的资料,特别是学校的办学、教改、学生、教师、管理等具体情况的资料,鲜活生动、客观直接。

除互联网外,报纸、期刊、图书等纸质文献、音像文献、机读文献也是重要的文献来源。在报纸方面,教育专业领域影响较大的有《中国教育报》《中国教师报》《教育文摘周报》《现代教育报》等,信息更新快,教育资源丰富。在期刊方面,可以关注入选南京大学中国社会科学研究评价中心组织评定的《中文社会科学引文索引》及其数据库(Chinese Social Sciences Citation Index,简称"CSSCI"或"南大核心")、北京大学的《中文核心期刊要目总览》(简称"北大核心")的期刊,这两大类期刊刊发的论文,学术价值大、学界认同度高。

三、文献检索的常用途径

(一)分类途径

按学科分类体系检索文献。《中国图书馆分类法》(简称《中图法》)是目前我国各级各类图书馆等文献信息机构采用最多的一种图书分类法,教育类文献的标识符号是"G类",从"G类"去查找,就可以找到教育类文献。

(二)题名途径

题名包括书名、刊名、篇名等,通过书名目录、刊名目录、篇名索引或论文索引来检索。在已知文献名称的情况下检索文献,是方便快捷的方式。

(三)著者途径

著者可以是个体,也可以是机构,通过作者、编者、译者的姓名或机构的名称进行检索方便、快捷。中文姓名有按姓氏字顺和汉语拼音检索两种方式,外文姓名以姓氏的第一个字母检索。

(四)语词途径

词语以待查内容的主题词或关键词的字顺或音序来检索。主题词是规范化的检索语言,检索工具是《汉语主题词表》,国内大多数图书馆和数据库均以此作书目主题标引和组织文献。主题词表是对主题词进行规范化处理的依据,也是文献处理者和检索者共同参照的依据。采用主题词检索比较适合专题研究,找到一大批相关文献,满足特定的检索要求。

关键词是根据待查内容的主题、内容、重点自行概括的,往往是使用频率较高的语词,属于自然语言的范畴,有着较多的不确定性。采用关键词检索,检索速度快,容易掌握,但也有重复率较高等问题。

(五)序号途径

序号指专利号、报告号、合同号、登记号等,它可通过文献特有的序号进行检索。一般先查找"专利号索引"等,再在索引里查找文献序号。采用序号检索,方便快捷,准确率高,但序号不易记忆。

以上就是常用的五种检索途径,研究者可根据研究的需要和所掌握的文献信息综合起来灵活地使用。

四、文献检索的常用方法

(一)常规检索法

常规检索法,也叫"直接检索法""工具检索法",指用索引、目录、题录、文摘等检索工具直接检索文献信息的方法,又可分为顺查法、倒查法、抽查法三种。顺查法是按时间顺序由远及近地检索,可适用于检索时间跨度较长、主题复杂的课题,查全率高,但是较费时。倒查法是逆时间由近及远地检索,适用于掌握研究的最新动态及水平时使用,节约时间,但是较易漏检。抽查法是抓住研究主题文献发表较多的一段时间的检索。如果非常熟悉选题的研究动态,就会节省时间精力,反之则检索不到需要的文献。

(二)跟踪检索法

跟踪检索法,也叫"追溯法""回溯法",指以文献后的参考文献为线索检索文献的方法。只要检索到一篇研究所需要的文献,就可以像滚雪球一样检索到越来越多的文献,所以又叫"滚雪球法"。这种方法方便快捷,不需要任何检索工具,但较易漏检。

(三)综合检索法

综合检索法,又叫"循环检索法""交替检索法",是常规检索法和跟踪检索法的综合,即将检索工具检索和利用文献后参考文献为线索检索两种方法综合起来,交替、循环地使用。综合检索法便于利用两种方法的优点,尽可能地克服两种方法的不足,提高查全率和查准率。

五、文献综述

文献综述是研究者将检索到的杂乱无序的原始文献归纳总结概括,以提炼其他研究者的研究数据和主要观点,从而撰写出系统化、条理化的某一时期某一问题的综合性论述文章。通过文献综述,能更清晰地把握某一时期某一问题的发展脉络,更容易抓住研究问题的本质,发现它与其他问题的联系,以拓展后续研究的深度和广度。

(一)文献综述的分类

小学教育研究的文献综述根据不同的划分标准可分为不同的种类,这里主要介绍两种。一是根据文献综述的时空分类,分为纵向综述和横向综述。纵向综述指按照时间发展的顺序对某一问题研究的历史、现状及发展趋势的综述,以反映这一问题的发展速度和脉络。横向综述指对某一时期不同地区、国家的某一问题的研究状况进行综述,以反映这一问题在不同空间上的发展水平。二是根据对原始文献的加工处理程度,分为基本文献综述和高级文献综述。基本文献综述是指对研究问题的已有研究成果整理归纳而成的综合性叙述,述而不评,重在综合,属于三次文献。高级文献综述则是指研究者将自己对研究问题的评论、观点融入对该问题已有研究成果中,整理归纳后形成的综合性述评,重在评论,是一篇新的学术论文。

(二)文献综述的结构

文献综述的编写结构一般包括题目、前言、正文、结束语、参考文献五个部分。

题目,是对综述内容的高度概括,应鲜明直接,一目了然。根据综述的目的和重点,可以选用"综述""进展""动态""发展趋势""概述""述评""评述"等文字。

前言,也称"序言",是对全文的概括性介绍,主要说明写作的主题内容、背景、目的、意义、适用性、资料收集的来源和范围,应力求简明扼要、重点突出。有的文献综述没有明确的前言或序言,而是将一部分内容放在正文的第一部分起前言的作用。

正文,是文献综述的主体部分。根据撰写综述的目的全面系统地整理概括已有文献资料,重在全面系统。正文不仅要归纳某一问题研究的现状,追溯其历史渊源,还要展望其未来发展及目前面临的问题、困难等;不仅要归纳知名度较高、影响较大的学者的观点,还要归纳知名度不太高、影响不太大的学者的不同的、有争议的观点;不仅要归纳发达地区的某一问题研究现状，还要归纳不发达地区的研究现状。只有做到了全面系统，读者才能深入地了解该研究问题，研究者自己也能通过文献综述厘清研究思路，便于后续研究的开展。

结束语，是文献综述的结论部分，是作者对文献综述的主题内容分析研究后做出的总结性叙述，包括主要结论、尚待解决的问题、作用价值及局限性、预测的未来发展趋势等。这部分内容可用结束语的形式单独列出来，也可以直接放在正文的最后面。

参考文献，是文献综述的依据部分。将所用参考文献逐一列出，是对其他学者的尊重，也是后续研究的线索和基础，是文献综述不可或缺的组成部分。

本章小结

小学教育研究包括研究问题的选择、研究资料的收集、研究方案的制订、研究的开展和研究成果的形成几个阶段。研究问题的选择是研究的起点和基础，小学教育实践、社会大众传媒、教育学术单位和教育机关、理论学习是发现研究问题的四个主要途径，能否发现适合自己的研究选题取决于研究者自身的理论水平和实践能力。研究问题能否成为研究选题，必须从选题的价值性、可行性、创新性、伦理性、科学性几个方面去评判。研究问题选定以后，通过明确研究问题所属的研究领域、针对的研究对象、具体研究内容三个层层递进的步骤，将研究问题具体化，并用规范的语言将研究问题简洁明了地表述出来。

文献，指记录和保存有参考价值的知识或信息的一切载体。文献的使用贯穿着研究过程始终。了解文献的类型，有助于更好地运用文献，全面搜索文献，拓展文献的来源。我国小学教育研究文献主要从互联网的学术数据库、数字图书馆、中国教育和科研计算机网、各单位官方网站四个方面检索，主要采用分类、题名、著者、语词、序号五个途径，常规检索法、跟踪检索法、综合检索法三种检索方法。将检索到的原始文献归纳总结概括，形成文献综述。

【思维导图】

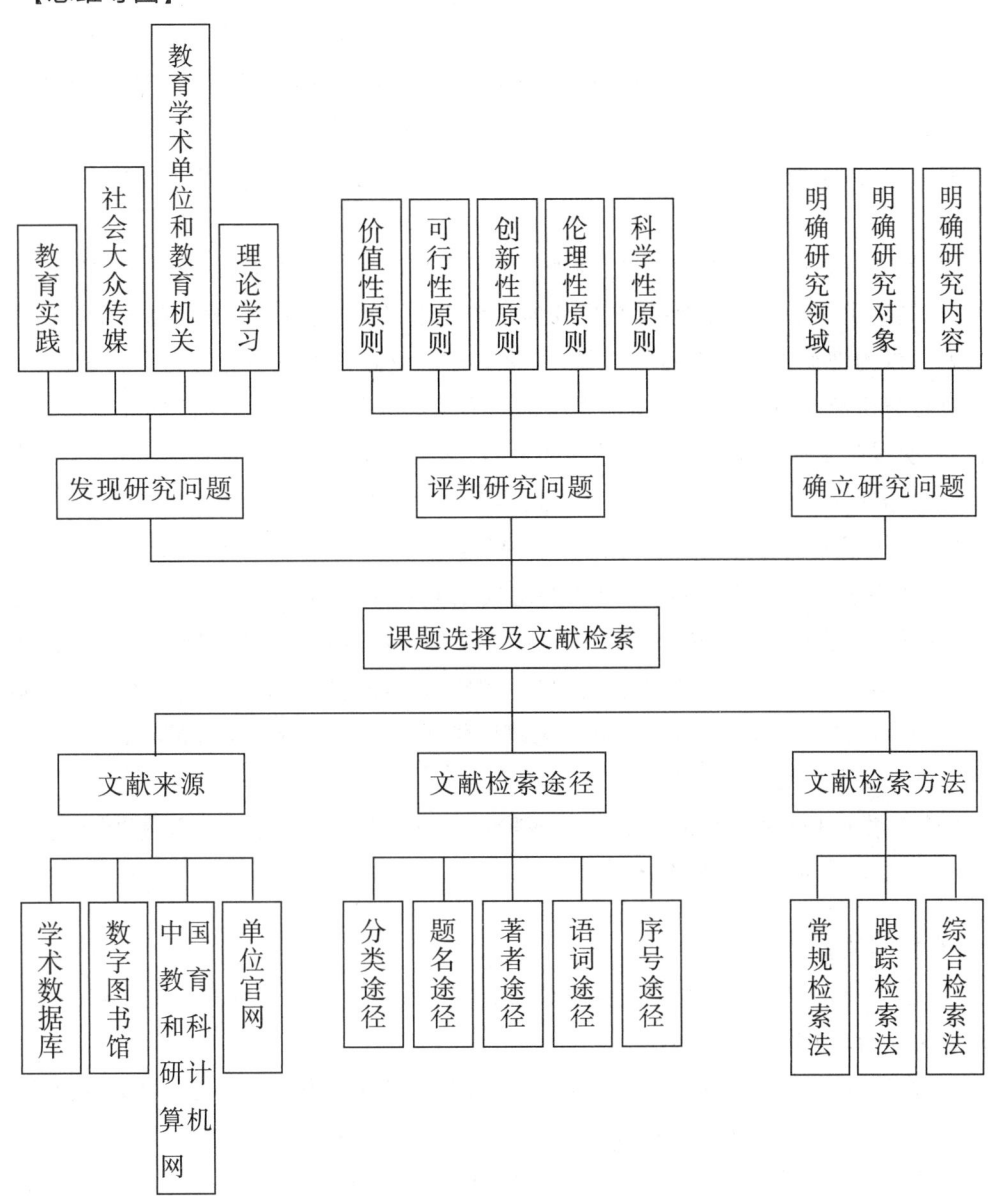

```
                    发现研究问题                评判研究问题              确立研究问题
                    ┌──┬──┬──┐              ┌──┬──┬──┬──┐           ┌──┬──┐
                教育  社会  教育  理论          价值  可行  创新  伦理  科学    明确  明确  明确
                实践  大众  学术  学习          性    性    性    性    性      研究  研究  研究
                      传媒  单位                原则  原则  原则  原则  原则    领域  对象  内容
                            和教
                            育机
                            关
                            │
                    └──────┴──────────────────┴──────────────────────┘
                                              │
                                      课题选择及文献检索
                                              │
                    ┌─────────────────────────┼─────────────────────────┐
                文献来源                  文献检索途径                文献检索方法
                    │                        │                            │
            ┌──┬──┬──┬──┐          ┌──┬──┬──┬──┬──┐              ┌──┬──┬──┐
          学术 数字 中国 单位        分类 题名 著者 语词 序号            常规 跟踪 综合
          数据 图书 教育 官网        途径 途径 途径 途径 途径            检索 检索 检索
          库   馆   和科                                                法   法   法
                    研计
                    算机
                    网
```

【思考与练习】

1.尝试从下面两则小学教师日常生活工作场景中发现研究问题,并用规范准确的语言表述出来。

(1)教师节这天,六年级(3)班的班主任李老师收到了孩子们送的鲜花、贺卡等暖心的小礼物,她非常欣慰。临放学之前,她来到教室,意在对学生们表达感谢、喜爱的同时,借机进行教育。就在她话锋一转,刚刚说出"其实老师最希望得到的教师节礼物并不是这些"时,一个平时挺活跃的女生突然站了起来,大声插话说:"老师老师,我知道,您最想得到的礼物是,今天晚上您买的彩票中了1000万元!"她一说完,全班哄堂大笑。孩子们情绪激动地讨论起彩票趣闻来,又临近放学,李老师只好不了了之。晚上回家以后,李老师在饭桌上聊起这件事时,她在另外一个学校上六年级的女儿笑着说:"您怎么可能在课堂上说希望彩票中奖嘛,要说也是给我爸说说。您要说的无非是希望他们好好学习,天天向上,长大了成为对社会有用的人,对社会做贡献之类的话。"李老师听完,不禁陷入了深思。

(2)李老师是小学二年级的数学教师,为了提高学生学习兴趣,加强学生之间的团结合作,他制定了一个奖励规则:将全班分为几个小组,每一组举手回答问题或上台做题的学生就可以为他们那一组赢得小五星,如果答错了或做错了就不能得到小五星,小组每半个月可将所有小五星拿到老师那里换他们喜欢的礼物。学生们都很想得到老师奖给的礼物,明里暗里比赛哪个组得到的礼物最多,学生们学习兴趣空前高涨。有一次,有个学生上台做错了题,这个小组就没有得到小五星,而其他小组的学生都得到了小五星。这时候,该小组成员就开始责怪他:"看嘛,都是你,因为你做错了题,我们没有得到小五星。""本来就应该让红红去嘛,她是我们组成绩最好的,肯定能给我们拿到小五星的。""你也太傻了,那道题那么难,你还举手,你不会像二组那样,简单的题才举手啊!"不一会儿,那个学生就开始哭起来,责备他的几个学生心虚地看着,不知如何是好。李老师赶紧对伤心难过的学生给予了抚慰,并对全班同学进行了正确看待得失的教育,事后他觉得这件事可以反思的地方太多了。

2.检索最近3年内发表的有关小学全科教师的期刊论文,选取某一问题为研究内容,撰写一篇1500字左右的文献综述。

【推荐阅读】

[1]赵英.回顾与反思:教师教育改革研究三十年——基于研究视角的文献综述[J].教育学术月刊,2012(07):60-63.

[2]姜凡.21世纪以来我国教师教育研究现状及趋势分析——基于《教师教育研究》的文献计量学和科学知识图谱研究[J].教师教育研究,2017(01):109-115.

[3]徐龙,杜时忠.教师教育制度研究文献述评:取向、对象与方法[J].教师教育研究,2015(06):87-92.

[4]焦炜,李慧丽.近十年来我国小学全科教师研究的回顾与展望[J].当代教育科学,2018(10):37-42.

第五章
理论构思

> 科学理论都只是暂时的、尚未被证伪的假设。
>
> ——[英]卡尔·波普尔
>
> 大胆假设,小心求证。
>
> ——胡适

第一节　研究假设的确立

学习提要

(1)了解研究假设在教育研究中的重要性。
(2)理解研究假设的类别。
(3)掌握研究假设提出的步骤。

理论构思,实质是一种有待检验证明的研究假设。针对一项教育研究,在确定研究问题之后,就需要研究者对研究问题提出一种或几种预设性的结论,即研究假设。一个好的研究假设关系着教育研究问题的准确性、有效性,也影响着研究成果的理论意义和实践价值。

一、研究假设的定义及特点

(一)定义

假设是依据现有理论或事实材料,对研究问题的原因、规律等做出一种推断性的结论。假设是在正式研究之前提出的,是对研究问题中研究变量之间关系的预设性的、暂时性的答案。

提出研究假设的思路符合认识一般客观真理或科学研究的过程,在客观真理被发现之前,我们往往需要对某些未知的事实事先提出假设性的解释,这就是研究假设。因此,研究假设不同于个人感性经验的总结和描述,而是通过一系列核心概念形成较严谨完备的理论体系来对需要研究的教育问题做出理论思考,是一个有待研究证实的理论构想。

例如,一个有关"小学四年级学生写作构思技能培养的实验研究"课题,研究者运用心理模拟法提出了写作构思活动模式,认为构思活动是由解析题目、定向联想、分层概括、结构组织、编拟提纲和全面检查这几项动作组织起来的系统。[①]这个模式即研究者提出的理论假设,反映了研究者探讨"小学四年级学生写作构思"这个研究主题所达到的精确性、完备性和深刻性程度。对于该研究假设是否可靠、有效的问题,研究者采用了自然教学条件下非随机实验组对比前后测的实验设计进行了证实,并提出了对写作构思分阶段培养的具体方法。

正是因为在大量教育教学实践中,面临着许多疑难问题,而现有的理论和概念不足以令人信服地解释和回答疑问,新理论产生的需求就应运而生。研究假设就是为了提出科学的理论或概念,因此,形成和确立研究假设是教育科学研究工作的重要环节。

有必要指出的是,并不是所有的教育科学研究工作都需要提出正式的研究假设。特别是在大量的质性研究中并不会预先提出研究假设,由于质性研究采用的是归纳法,它的基本思路是通过观察、收集、分析资料进行归纳和抽象概括,因而质性研究的理论假设往往随着分析资料的过程或过程之后才逐渐清晰、完善和确立。

(二)特点

怎么才算是提出了一个好的研究假设?要注意把握好的研究假设所具备的主要特点,具体表现在:

1.科学性

简单来说,假设是对某种现象或事实的猜测。猜测依据性质的不同可分为两种:一种是以单纯主观臆测或主观感受为依据做出的随意的、虚妄的猜想;另一种是以研究者掌握的科学知识或理论为依据展开的思维推理活动,它能按照一套严谨的科学方法形成结论。前者是愚昧无知的、毫无根据的空想或幻想;后者才是科学假设,是教育科学研究

[①] 伍新春:《小学四年级学生写作构思技能培养的实验研究》,《心理科学》2001年第1期。

中所需要应用的一种假定。研究假设的建立既要与科学材料相印证或符合已经被证实的科学理论,又要以客观事实、科学知识为基础或依据。总之,无论在自然科学领域,还是在社会科学领域,研究假设都必须具备科学性。

2. 逻辑性

研究假设是基于一些变量之间的关系形成的论断,一个假设涉及两个变量,若在涉及多对变量之间的关系时需要提出对应的几个研究假设。但无论需要提出几个研究假设,这些变量关系的形成都不是对经验世界的简单观察和猜测,而是由一套概念、判断、推理形成的科学逻辑体系。比如一项有关小学生主体性教育的研究,研究者提出"主体性"体现为自主性、主动性、创造性三个层面,且自主性具体表现为自尊自信、自我调控、独立判断决断,主动性表现为成就动机、竞争意识、兴趣和求知欲、主动参与和社会适应性,创造性表现为创新意识、创造性思维能力和动手实践能力。这个有关小学生"主体性"层次结构的理论假设从具体到抽象,既考虑了内隐的情感态度,又有外显的行为表现,并且呈现了上一级概念与下一级概念之间的种属关系、构成关系,同一级概念之间的并列和相对独立性。整个研究假设的理论架构逻辑清晰,可操作性强。

3. 多样性

对于某一个教育现象或规律,可能提出两种或两种以上的研究假设。比如:提升小学生阅读水平的方法研究,不同的研究者或不同的研究视角可以提出完全不一样的研究假设。有一种观点提出传统阅读方法更能提高小学生的阅读能力,也有观点基于现代媒介的便捷、生动、丰富等特点,提出现代多媒体手段更有利于提高小学生的阅读能力,还有研究者看到了传统阅读方法与多媒体手段在语文教学不同方面体现的优势,于是提出传统阅读方法与现代多媒体技术相结合最有利于提高小学生的阅读能力。到底什么样的理论假设更符合客观事实,更接近语文教学的规律?研究假设的多样性提供了丰富的比较研究成果,有助于教育科学研究的争论和争鸣,能促进我们认识的深入和准确。

4. 可检验性

研究假设必须是可以被检验的,要么是研究结果证实了原假设,要么是证伪,原假设被否定,因此,无法被检验的假设是不能作为科学的研究假设的。如何才能证实研究假设具有可检验性呢?这就涉及变量的数量化或者操作性定义,只有当一个变量能够以具体数字化的形式或者操作性的方式予以描述时,这个研究假设才能够被检验。比如研究假设:家庭社会经济地位越高的小学生其自我效能感越高,其中家庭社会经济地位就可以通过对"父母的最高学历""父母的职业""家庭收入"这三项指标的量化来界定高、中、低三个等级地位,自我效能感也可以通过专业量表对小学生进行测量,由此,该研究假设中包含的两个变量是可以数量化的,家庭社会经济地位和自我效能感之间的关系就能利用统计方法进行检验。

二、研究假设的分类

(一)按假设的复杂程度分类

依据假设的复杂程度可将假设分为描述性假设、解释性假设和预测性假设,这种分类法也体现了研究假设形成发展的三个阶段。

1. 描述性假设

描述性假设是对研究对象的外部特征和数量关系等方面的描述,并由此推测研究对象的内在性质或外在特点之间的联系。比如通过调查小学高年级男女生在选择课外活动类型的差异,研究男女生在兴趣、需要、动机等方面心理特征差异。

2. 解释性假设

相比于描述性假设,解释性假设是更复杂、更高级的一种假设。解释性假设揭示事物的内部发展机制和内在联系,解释事物的发生、变化缘由。比如,有一项对小学生的尊重观念与其同伴关系的研究,提出越是双向尊重的小学生,越能拥有更多的同伴数和更高质量的友谊。[1]该研究假设提出了"双向尊重"与"同伴数"("友谊")之间的正相关关系,预示了"双向尊重"与"同伴数"("友谊")两者之间发展变化的条件与结果,因此,解释性假设是一种相关关系或因果关系的预设。

3. 预测性假设

相比于解释性假设和描述性假设,预测性假设更复杂、更高级。因为预测性假设是对事物未来发展趋势的一种科学推测,它是基于对现有事物全面、深入了解的基础之上提出的。一般来讲,预测性假设在教育研究的某一学科中极少应用,更多出现在全国范围内的、具有战略性意义的一些综合性研究课题里。比如,预测"当前我国实行二孩政策对今后50年我国教育发展变化的影响",这需要结合人口学、政治学、经济学、社会学、教育学等多门学科进行调查、了解和论证,是相当复杂、难度较高的一种预测。因此,小学教育研究中多涉及与教育教学实际关系密切的现实课题,一般不会涉及预测性假设。

简而言之,上述三类假设呈现了研究假设不断深入发展的三个阶段,从初级的描述性假设"是什么",到高一级的解释性假设"为什么",直至更高级的预测性假设"未来怎么样"。需要指出的是,在某一项具体的科学研究中,特别是在小学教育研究中,并不一定要同时提出几类研究假设,这需要依据研究目的来具体考量。

(二)按假设的形成分类

演绎法和归纳法是科学认识事物的两种推理方法,按照假设形成的逻辑性可以把科学假设分为演绎假设和归纳假设。

---

[1] 周宗奎、张春妹、Yeh Hsueh:《小学儿童的尊重观念与同伴关系》,《心理学报》2006年第2期。

1. 演绎假设

演绎假设是从一般性的教育理论或基础性原理出发推论出新的结论。演绎假设是在抽象的事物特征或基本属性基础之上,通过推理演绎和理论综合而提出的某一特殊场合下的新原理、新理论,这是从一般性到具体性、特殊性的逻辑推理过程。例如,有一项针对小学生创造能力培养的研究,研究者根据"马克思关于人的全面发展学说"、"科学理论"和"创造学与现代学习理论",提出的研究假设是:在创造性教学理念指导下,实施集体教学与小组活动相结合的建构式互动教学,优化课程内容结构,采取不同的教学策略,进行学科创造性思维活动训练,能促进小学生创造性潜能开发和创造能力培养。[1]

2. 归纳假设

归纳假设是基于个别观察、实验或调查的具体事实,通过概括综合提出具有普遍性、共性的定律或规律。这个逻辑推理过程与演绎假设完全相反,即从特殊性、具体性到一般性。

例如,"六课型单元教学法",便是通过深入调查研究一万余名中学生的学习方法,总结出了符合学生心理活动规律的对应六类课程的六种方法,即自学、启发、复习、作业、改错、小结。[2]

此外,研究假设还可以从其他角度进行分类。如按照假设的性质分为一般假设、特定假设和虚无假设,按假设中变量变化的方向分为条件式假设、差异式假设和函数式假设,按假设在表述变量关系的倾向性分为定向假设和非定向假设。[3]

三、研究假设的作用

无论是基础性研究、应用型研究,还是发展性研究,研究假设的确立从根本上决定了教育研究的科学水平和理论价值。

1. 明确研究目标,指明研究方向

有观点以为,只要选定研究主题就可以了,研究假设可有可无,实则不然。确立研究问题是科学研究的第一步,它规定了研究领域和内容范畴。而科学假设进一步确立了研究的具体内容,回答了研究的中心问题是什么?提出了研究内容的推断性结论,从而为科学研究明确了目标,指明了方向。

例如,一项关于"教师职业认同研究"的课题,该研究提出的基本研究假设有5个,分别是:教师职业认同是一个多维度的心理结构,这个结构可以通过对教师的典型职业心理和行为的分析得以提示;教师职业认同在性别、教龄、所学学科类别、学历、职称等个体背景变量上存在显著差异,在学校级别、学校所在地等学校背景变量上亦存在显著差异;

---

[1] 陶文中:《"小学生创造能力培养的研究与实验"研究报告》,《教育研究》2003年第5期。
[2] 裴娣娜:《教育研究方法导论》,安徽教育出版社,2000,第108页。
[3] 郑金洲、陶保平、孔企平:《学校教育研究方法》,教育科学出版社,2003,第67—70页。

不同职业认同水平的教师存在不同的社会认知加工特点;教师的工作价值观能够预测其职业认同的水平;教师的职业认同能够预测其工作满意度和离职意向。[①]上述研究假设,界定了该课题研究具体开展的方向和整个逻辑体系,尤其是进一步具体化了研究目标,同时也限定了研究的具体范畴。

2. 规范研究进程,提高研究水平

教育领域中的研究问题、研究现象及研究对象"人"都是极为复杂和多变的,不能精确地控制在实验室或"无人"的真空中进行,这在一定程度上制约了教育研究的科学性。而科学假设的提出有利于引导研究流程的有序推进,研究方法的合理使用,从而最大限度地保证了研究的目的性和科学性,避免了盲目性和随意性。

例如,一项关于"小学低年级儿童口语词汇知识的发展轨迹及其影响因素"研究,[②]研究者提出采用潜变量增长模型,考察口语词汇知识的发展规律。因此,研究设计以一年级入学儿童为研究对象,每间隔6个月做一次追踪测试,构建线性无条件潜变量增长模型和二次项的非线性增长模型,从而刻画儿童口语词汇知识的发展轨迹,并探讨语音意识、同形意识和复合语素意识及家庭社会经济地位对儿童口语词汇发展的影响。可以看到,有了明确的理论构思和研究假设,研究思路清晰简洁,研究方法更加适切,有利于保证研究工作的顺利达成。

3. 规定研究成果,明晰研究价值

分析研究价值和意义是确定研究课题的必要条件,但这个理论意义或实践价值到底有多大范围的推广性不是课题本身可以决定的。研究假设中明确提出的研究变量、研究对象、研究问题有助于准确地界定研究结果的成效,也有利于研究者合理评价其研究价值。

例如,中央教育科学研究所(现更名为中国教育科学研究院)2006年对全国中西部地区31个区县18600名小学六年级学生进行了一次学业成就调查。该调查研究的核心概念是"学业成就",依据全日制小学(六年级)义务教育国家课程标准(实验稿)和SOLO(Structure of the Observed Learning Outcome,可观察的学习结果)分类理论关于学习结果的分类编制了四门学科的试卷(分别是语文、数学、科学、品德与社会),四门学科评价的基本框架分为内容和能力两个维度。调查结果显示小学六年级学生对语文、数学、科学、品德与社会这四门课程的学习基本达到了课程标准的要求,其中数学合格率最高,综合解决问题的能力比较不足。调查研究的结果被限定在严格规定的范围内,尤其是针对调查结果的教育建议,不能随意推广到其他研究对象或群体,更不能任意夸大研究价值。

---

① 魏淑华:《教师职业认同研究》,博士学位论文,西南大学,2008,第19页。
② 程亚华、伍新春、刘红云等:《小学低年级儿童口语词汇知识的发展轨迹及其影响因素》,《心理学报》2018年第2期。

四、研究假设的提出

(一)研究问题的陈述

1.全面观察研究主题的各个方面

假设是根据事实提出的猜想,事实的概括起始于对经验现象的全面观察。例如有一项对"小学教师职业倦怠"的研究,研究者经细致全面的观察、问卷调查或访谈后发现职业倦怠者有身体、智力、社会、情绪和精神等方面的异常表现,"露重飞难进,风多响易沉"刻画了教师职业倦怠的典型症状。

2.分析主要矛盾,陈述研究问题

研究者观察研究主题的种种现象,综合和分析主要矛盾,从而提出重要的研究问题。例如上述小学教师职业倦怠具有各种表现,包括生理耗竭、情感冷漠、意志消退、交往兴趣减弱、攻击性行为增加等,产生这些现象的原因很多,研究人员分析得出的主要原因之一是教师的社会地位不高,因而信心不足,教学育人动机不强。对此,其陈述的研究问题是:教师社会地位的高低是否影响教师的职业倦怠?

(二)研究问题到研究假设的转化

研究问题描述的是研究什么,研究假设是要对研究变量之间的关系提出确切的表述。所以,研究问题必须转化为研究假设才能进一步推动研究计划的顺利进行。

比如,研究问题是:教师社会地位的高低是否影响教师的职业倦怠?

研究假设是:教师社会地位越高,教师的职业倦怠就越低。

注意,一个研究课题里往往包含多个研究假设,但一个研究假设里只能提出一对可验证的变量,且应清晰地表述这一对变量的关系(比如正相关、负相关、非线性相关等)。

事实上,理论构思的形成就是研究假设的确立过程,体现了从具体到抽象的理论思维过程。小学教育科学的研究工作不同于其他的日常教育管理工作,其目的在于解释、控制和预测。因此,理论构思一般包括研究问题的陈述、研究问题到研究假设的转化、界定研究假设的核心概念、形成初步的研究思路。这里有必要说明的是,本章节侧重关注研究假设的确立及相关变量的操作性定义、指标建立,具体的研究设计将在第六章中阐述。

第二节 研究假设的检验

学习提要

（1）理解确立和检验研究假设的基本方法。
（2）掌握建立指标体系的定性方法和统计方法。

研究假设的提出源于现有理论，或者经验观察、推论，它总是以一定的理由为基础的，但这些理由通常又是不完全充分和准确可靠的，因此，我们需要对假设进行检验。如前所述，理论构思就是一种有待检验证明的研究假设，是由一系列概念、原理形成的某种逻辑严谨的结构系统。虽然我们已经明确了如何确立一个研究假设，但有必要指出，研究假设的确立和检验往往是交织在一起并在同一过程中实现的。实际研究中由于课题特点的不同，我们确立和检验研究假设的方法也有很大差别。尤其是在一些重大的综合性课题研究中，研究假设的确立和检验往往需要多种方法的综合运用。不仅有理论探讨，而且也需要通过调查研究或实验研究的量化方法，将研究假设具体化并在研究过程中不断修改完善。

基于此，我们将探讨确立和检验研究假设的基本方法。

一、理论探讨

理论探讨是建立和检验研究假设的基础，通过理论探讨，初步确立该研究课题的基本概念、内容范畴及研究的基本思路。上一节我们已经探讨了提出研究假设的具体步骤，这里我们将进一步探讨为确定研究假设，如何寻求科学的理论依据。

近年，我国对青少年体育锻炼、体质健康水平的关注加大，学生体质健康测试的相关研究日趋制度化和规范化。国内已有研究发现，《国家学生体质健康标准》中的过程性评估指标缺失，以此导致的评估结果存在决策参考的不全面性。[1]国外研究方面，由单纯推进体质健康测试转向更为广阔的身体活动，并且这已经成为国际儿童青少年公共卫生方面的共识。基于我国少年儿童体育健身测试的问题，结合国内外已有经验，有必要构建一套兼具过程评估与结果评估，利于关注青少年儿童健身全过程的指标体系。上海体育学院国家社科基金重大招标项目"中国儿童青少年体育健身大数据平台建设研究"团队开展了"儿童青少年体育健身评估指标体系构建研究"，在理论探索过程中形成了研究的理论依据，这就是CIPP评估模式和社会生态系统理论。其一，CIPP评估模式包括四种评

---

[1] 任弘：《我国青少年体育锻炼标准的演变及特点》，《中国青年研究》2016年第6期。

估,分别是背景评估(context evaluation)、输入评估(input evaluation)、过程评估(process evaluation)和结果评估(product evaluation),强调了评估的发展性特点。[①]借鉴CIPP评估模式,少年儿童健身评估指标构建了三个维度:体育健身环境、体育健身行为和体育健身效果。其二,社会生态系统理论,强调人的生存系统内不同层次的多种因素都可能影响或相互影响人的健康行为。少年儿童体育健身环境的维度包括家庭环境、学校环境、社区环境、人际环境和制度环境5个方面。

再举一例关于阅读素养研究的理论探讨。国外著名评估项目都关注了阅读素养的评估,大都认可从知识、能力、情感体验上强调阅读素养的综合性特点。我国研究者从语文核心素养、个人素养、社会文明视角探析,认为小学阅读素养是个体运用识、记、读、说、思、写等方式对阅读材料进行阅读感知、阅读理解、阅读评鉴和阅读表达所需具备的知识、能力及品格的综合表现。[②]这里,阅读素养被认为是阅读感知、阅读理解、阅读评鉴和阅读表达四个方面的立体模型(知识、能力和品格三维的立体)。也有对阅读素养研究的不同思路,如以行为主义、认知科学、社会建构主义等理论依据为基础,提出阅读素养是由阅读知识、阅读能力、阅读情志组成的三维要素空间。[③](见图5-1)语文阅读素养关系着语文学科的学习和学生的核心素养,如何构建更科学全面的结构体系至关重要,因此,我们有必要在确立研究假设前进行深入的理论探讨。

阅读知识
(语言知识、文本知识)

阅读素养

阅读能力
(基础性阅读能力、学科性阅读能力)

阅读情志
(阅读兴趣、阅读情感、阅读习惯)

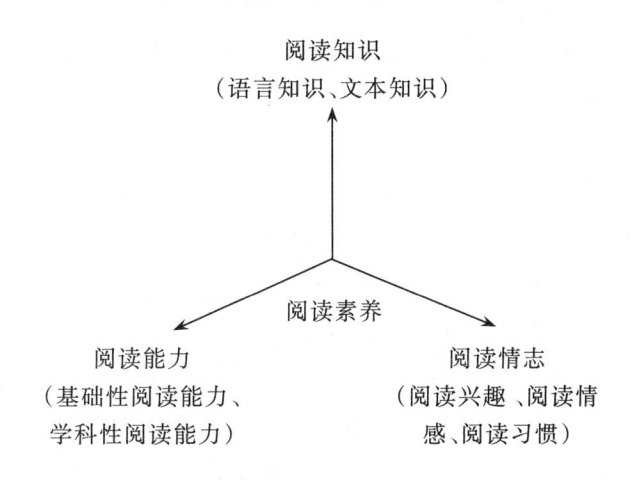

图5-1 语文阅读素养的三维要素空间[④]

[①]胡月英、唐炎、陈佩杰等:《儿童青少年体育健身评估指标体系构建研究》,《中国体育科技》2019年第2期。
[②]罗士琰、宋乃庆、王雁玲:《基于实证的小学语文阅读素养研究:内涵、价值及表现形式》,《中国教育学刊》2016年第10期。
[③]刘晶晶、郭元祥:《小学语文阅读素养:内涵、构成及测量》,《课程·教材·教法》2015年第5期。
[④]同上。

二、建立指标体系,初步验证研究假设

研究假设是由一系列核心概念按一定逻辑关系组成的,在教育研究中,这些核心概念应用广泛,但往往比较抽象,有着较为丰富的内涵和外延,必须对此进行界定,即操作化定义,以进一步细化研究假设。

指标体系一般分为三级,第一级指标是总体目标,如"培养学生的阅读素养",这个概念较为抽象,难以直接去操作。第二级指标是分解目标,如将阅读素养分解为更具体的目标,如阅读知识、阅读能力和阅读情志,这三个二级指标相对一级指标而言更清晰,但仍然比较笼统,不好去直接测量。第三级指标是可以进行具体操作的指标,一般来说,在二级指标之下可以再做更细致、具体的分解。如阅读知识被分解为两个单元:语言知识和文本知识,这两个指标都可以通过设置相应的题目去进行测量,如此,我们就可以获取语言知识和文本知识的确切信息,阅读知识这一指标就可以界定了。

在建立指标体系时,要注意指标体系的上下级是一种充分且必要的构成关系、属种关系,同一层级之间的指标保持着相对独立性,不存在因果关系或包含关系。如"阅读情志"下级的指标是阅读兴趣、阅读情感和阅读习惯,这三者是并列关系,都能独立地测定和提供信息。

建立指标体系的方法大致可以分为两类,一类是定性的综合分析,通过理论探讨提出研究假设;另一类是统计学的方法,进行定量的数据分析。较推荐的做法是将两类方法结合,经过"收集项目—项目筛选—指标检验"过程建立指标体系。下面以"青少年学业情绪问卷的编制"过程为例[①]讲解指标体系的建立。

(1)收集项目。课题组首先对9名中学生进行了个别访谈,之后又分析了39名中学生(以"记忆深刻的一次学习体验"为题)。通过访谈和学生作文的分析,结合相关主题文献,归纳出学生的学业情绪有:生气、无助、难过、羡慕、痛苦、高兴、憎恨等。接下来,结合文献资料编制了半开放问卷,对496名中学生进行调查,以进一步了解中学生的各种学业情绪有哪些具体表现。对半开放问卷的调查结果进行整理分类,包括积极高唤醒学业情绪、积极低唤醒学业情绪、消极高唤醒学业情绪和消极低唤醒学业情绪,这四大类别情绪对应着相应的情绪表现。这样,初步编制的指标体系就由积极高唤醒学业情绪24个项目、积极低唤醒情绪16个项目、消极高唤醒情绪27个项目和消极低唤醒情绪37个项目组成。

(2)项目的初步筛选。项目初定之后,有必要通过广泛征求专家建议或参考一些权威量表进行修订。有关学业或学习的情绪问卷,可以参考SFT(学业失败承受力量表,The School Failure Tolerance Scale,Clifford,1988)中的消极情感(Negative Affect)分量表和MSAI(多维度愤怒问卷,Multi Dimensional School Anger Inventory,Smith,1998)。

[①]董妍、俞国良:《青少年学业情绪问卷的编制及应用》,《心理学报》2007年第5期。

(3)对指标体系的筛选。为了进一步考察指标体系的合理性和项目的适宜性,需要采用预测的方法筛选各项指标。如对学业情绪指标的预测,在浙江杭州、山东烟台、辽宁鞍山三个地点的中学,采用在同一年级中随机抽取两个整班的方式,共抽取346名学生参与测试。问卷计分采用的是李克特5点式计法,从完全不符合到完全符合,依次计1-5分。统计时,先做项目区分度分析,即将问卷总分最高的27%和最低的27%作为高低分组的界限,求出两组学生在每个选题得分的平均数差异,将没有达到显著水平的题目剔除。消极高唤醒学业情绪问卷的题项删除了3个,其他指标项目不变。接着,就要做主成分分析和方差极大旋转变化的因素分析。以积极高唤醒学业情绪问卷为例,对积极高唤醒学业情绪问卷的24个项目进行球形检验,结果呈显著水平,可以进行因素分析。然后对所有指标项进行主成分分析,发现特征根大于1的因素有4个,可解释项目总变异的43.83%。接下来,观察碎石图发现,前3个因素下降趋势明显,从第4个因素开始变化平缓,并剔除负荷值小于0.4且变化较小的8个项目。最后对剩余的16个项目再次做因素分析和极大方差旋转,发现3个因素的特征值大于1,可解释项目总变异的49.24%,旋转后的负荷值均达到0.47以上。对于这16个项目、3个维度进行重新命名,分别命名为自豪(5个项目)、高兴(7个项目)、希望(4个项目),通过因素分析,积极高唤醒学业情绪这个指标下的三个次级指标得以确立,同样的方法可以应用到积极低唤醒学业情绪、消极高唤醒学业情绪和消极低唤醒学业情绪指标体系的建立中。通过统计分析,不仅保障了学业情绪指标体系的结构完整,也对研究提出的研究假设进行了初步验证。

三、通过调查、实验研究,为研究假设提供事实依据

如批判性思维培养,一直是中西方教育比较研究的热点。国内外学者认为批判性思维的培养途径有三种,包括专门设置批判性思维的课程、与各类学科教育相结合和设置隐性课程。[1]有学者运用实验方法进行了批判性思维的研究,实验选取了控制班和实验班,对实验班学生进行批判性阅读的策略分析教学,而对控制班采用常规方法教学,结果发现:批判性阅读策略培训能够增强学生的策略意识,提高学生应用策略的频率;批判性阅读教学可以增强学生的阅读能力,在提高阅读理解准确度的同时提高阅读的效率;批判性阅读对写作有积极的促进作用。[2]可以看到,实验结论可以形成研究假设,如从以上3点实验结论可以得出"设置批判性思维课程有利于批判性思维的培养"。

---

[1]罗清旭:《批判性思维的结构、培养模式及存在的问题》,《广西民族学院学报(自然科学版)》2001年第3期。
[2]刘伟、郭海云:《批判性阅读教学模式实验研究》,《外语界》2006年第3期。

四、吸取国内外相关重要理论成果，为研究假设的合理化奠定基础

通过问卷调查、访谈或实验形成的经验事实是形成研究假设的重要依据，但只有事实，没有理论，也会影响研究假设的科学价值和实践意义。在教育领域更是如此，我们还需要多借鉴国内外优秀的研究成果。以基础教育阶段阅读模式为例，国外阅读教学模式呈现出了多种不同的理论观点：有行为主义阅读观，即强调阅读基本技能的分析与练习，目前多用于辅导特殊学生的日常教学中；有认知主义阅读教学观，即强调阅读过程中的意义建构，美国应用广泛的"阅读小组"模式就是代表；还有社会建构主义阅读教学观，即强调语文学习的自然和整体的特点，以及师生角色的重塑。这些重要的理论成果，对我国阅读教学的科学研究，特别是在阅读教学目标的设计、阅读教学组织的方式、阅读反应方式、阅读评价方法等理论构思上产生了深刻影响。

本章小结

在教育科学研究发展史上，无数的重大教育理论或概念的提出都曾经过一个假设的阶段。研究假设是根据一定的科学原理和事实，对等待解决的教育研究问题提出的猜测性的、尝试性的解释。研究假设必须要明确提出待解决的问题和尽可能地预测未知的新事实，因此，一个好的研究假设要具有科学性、逻辑性、多样性和可检验性。研究假设在教育科学研究活动中的重要作用，具体表现在三个方面：第一，明确研究目标，指明研究方向；第二，规范研究进程，提高研究水平；第三，规定研究成果，明晰研究价值。

任何研究假设都要经历两个重要的发展阶段：研究假设的提出和研究假设的检验。提出阶段要基于对研究主题各个方面的全面观察，进而分析主要矛盾，特别是新事物与旧理论之间的"失谐"所在，然后提出研究问题，最后把研究问题主要变量之间的关系清晰地表述出来，即研究问题到研究假设的转化。研究假设的提出和检验过程往往不是截然分开的，而是几种方法的综合运用，包括理论探讨、建立指标体系初步验证研究假设、通过调查研究或实验研究为研究假设提供事实依据、借鉴国内外优秀理论成果等，在综合运用定性与定量方法时，尽量克服主观、片面地分析问题，力图使研究假设具体化从而得到修改和完善。

因此，研究假设往往不是一经提出就是完善的，而是要经历一个不断被修正、补充，逐步精确化发展的过程。

【思维导图】

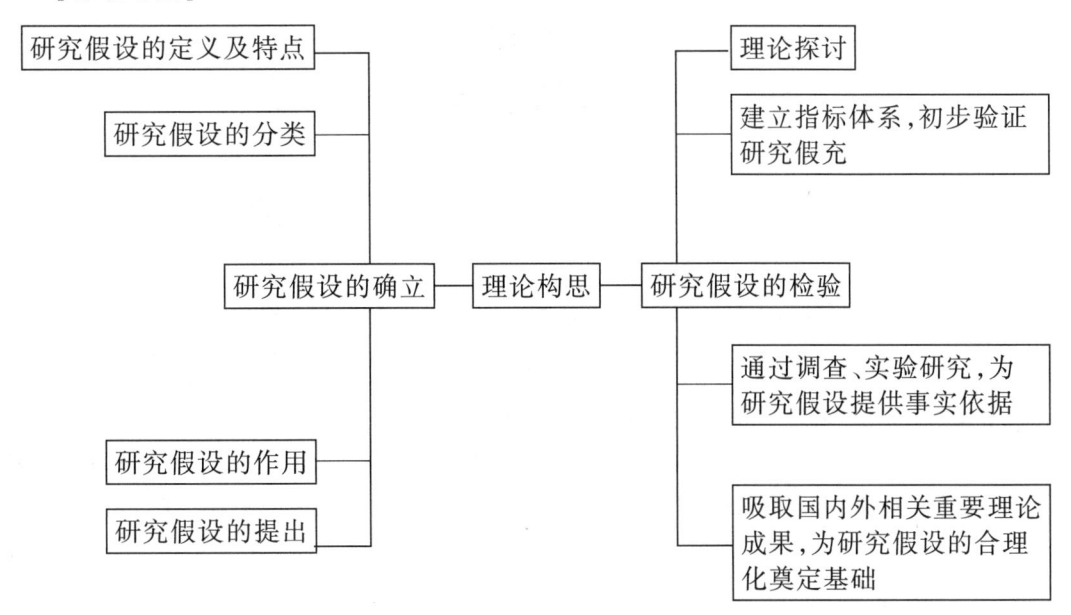

```
研究假设的定义及特点 ┐                      ┌ 理论探讨
研究假设的分类     ├                      ├ 建立指标体系，初步验证
                 │                       │ 研究假充
研究假设的确立 ── 理论构思 ── 研究假设的检验
                 │                       ├ 通过调查、实验研究，为
                 │                       │ 研究假设提供事实依据
研究假设的作用   ┤                       └ 吸取国内外相关重要理论
研究假设的提出   ┘                         成果，为研究假设的合理
                                           化奠定基础
```

【思考与练习】

1. 研究假设是什么？其特点有哪些？
2. 简要阐述研究假设的作用。
3. 举一例说明研究假设的确立步骤。

【推荐阅读】

[1] 马晓春,李爱娟.教育研究方法[M].北京:北京师范大学出版社,2016.

[2] 曾晓洁.小学教育研究方法[M].北京:高等教育出版社,2015.

[3] 阎晓军.教育科研方法案例与操作[M].北京:北京师范大学出版社,2016.

第六章
研究设计

> 如果学习只在于模仿,那么我们就不会有科学,也不会有技术。
>
> ——[苏联]高尔基
>
> 比起任何特殊的科学理论来,对人类的价值观影响更大的恐怕还是科学的方法观。
>
> ——[英]梅森

第一节 研究对象的确立

学习提要

(1)掌握研究对象的确立方法。
(2)学会根据实际问题选取合适的抽样方式。
(3)培养在教育教学工作中发现问题、确立问题的能力。

任何一项研究,都有具体的研究对象。这些对象可以是人,也可以是物,比如文献记载或其他文字资料等;数量可以是一个、几个,也可以是成千上万个。但是作为科学研究的对象,重要的不在于其是何种属性或数量多少,而在于通过对这些对象特征的研究所获取的研究资料是否能够达到科学研究应具有的可能性要求。此外,研究还需考虑现实性和客观性,即实际研究是否可行,研究者是否具有对大多数对象进行研究的能力等。不同特点和不同性质的研究课题及不同的研究者,在确定研究对象的方式方法上不完全相同。而确定的方式方法正确与否,又直接影响到研究效率和研究结果的可靠性、精确性,所以研究对象的确定是研究中不可忽视的一个问题。

一般来说,确定对象的方法主要有总体研究和抽样研究,其他还有个案研究等。

一、总体研究

总体一词含有总数、全体的意思,在统计学中它指的是在规定范围内一切按特定特征所描述的人物或行为反应的集合体。它可以是学生、教师,也可以是学校、家庭等。这里所说的总体研究是指对研究范围内的全体进行的研究,区别于个别研究和抽样研究。我国在1982年进行的全国第三次人口普查,就是典型的总体研究。某一地区对所有中小学生实施体检,调查中小学生各类疾病的发病率,及学校里每学期对全体学生进行的视力普查,也都属于工作性总体研究。

总体研究应根据课题的要求与限定,把总体的范围定出来,即把属于总体的对象和不属于总体的对象的界限清楚地划分出来。例如,对某市中小学生学习方法的调查,某市所有的中小学生都是属于总体的对象,与非总体的对象的界限是明确的。如果某学校要研究初二年级成绩差的学生,则可以用分数线把研究对象范围划定出来。

总体研究虽然具有许多优点,诸如能获取全面的研究资料,获取资料的精确度高,容易得到研究对象的协助等。但是,相对地说,在教育研究中,总体研究特别是大范围中的总体研究,运用还是不多的。这是因为总体研究在研究对象数量很大时,所需时间和所耗精力、人力、物力、财力往往无法满足,获得资料的手段会受到限制,所以会导致研究深度不够。事实上,根据课题的特点和借助教育统计方法,有许多研究没有必要运用总体研究,而可进行抽样研究。

二、抽样研究

在统计学上,抽样就是从一个确定的总体中抽取研究的样本。样本指的是从总体中抽取出来的直接被研究的对象的组合。抽样研究就是研究者按一定的规则从总体中抽取出具有代表性的样本,再根据对所抽样本进行研究获取的结果,来获得对有关总体的认识的研究。

抽样的目的和作用在于科学地挑选总体的部分作为代表,以便通过对局部的研究取得能说明总体的足够可靠的资料,准确地推断总体的情况,从而认识总体的特征或规律性。因此,当总体研究不能实施,或者能够用抽样研究替代总体研究时,就应运用抽样研究。此外,抽样研究还可以用来检查总体研究的正确程度。抽样研究相对于总体研究来讲有许多优越性,比如:省力、省钱和省物;能及时汇总研究资料,及时利用研究结果;研究对象数量有限,获取资料的手段灵活多样,因而较适用于研究对象分散的课题。

(一)抽样的意义

研究对象是通过科学实验要认识的对象,即科研过程中要变革的对象,它是课题的载体。一项科研课题,总是首先体现在研究对象的选择上。一般情况是要求研究对象的总体数量很大,但实际研究的条件又不允许,这就必须从总体中选择一部分作为研究对象。

有些研究对象是不容许选择的,然而绝大多数研究对象是可以选择的,而且必须加以选择。从一个总体中选取一部分作为研究对象的过程叫"抽样"或"取样"。总体又叫"母体",抽取的那一部分叫"样本"。如研究"高二女生学习成绩下降的原因"就要从高二全体女生中抽取部分如200人来作研究对象。高二全体女生是总体,200名女生是样本,这个选择的过程叫"抽样"。

抽样的好处是:减少研究对象,使研究工作易于进行,使研究人员精力集中,把研究工作做得深入些,抽样可以节省人力、物力。

(二)抽样的要求

抽样不是乱点鸳鸯谱,而要按一定要求抽样。

(1)研究者将来打算把研究结果应用推广到哪个范围,必然要在那个范围进行抽样。如编一套适合农村学生使用的教材,在实验时就应选择农村的学校来实验,如果选城市学校或沿海学校则实验意义不大。

(2)从总体中选取的这个部分应该具有广泛性。如重庆市教育科学研究院进行中学目标教学研究,目的是大面积提高一般学校的教育教学质量,研究人员在全市内800多所中学中选取了80所"三普"学校,即普通教师、普通学生(不择优)、普通学校(非重点),这样实验的成果才有说服力。

(3)样本必须有足够的数量。样本过大(多)不利于工作,而且浪费;样本过小(少)又不能有效说明问题,所以必须掌握好分寸。如某实验想说明精讲多练与精讲少练的优劣,只选了男女各3人共6个学生作样本,其结果便很难说服人。

(三)抽样的方法

(1)随机抽样法

随机是针对有意而言。总体中每个对象都有被抽取的可能,而且机会均等,随机抽样纯属偶然。可以用抽签法、投币法、抓阄法、《随机数目表》法等方法操作。如用抽签法从1600人中抽取100人,做法是把1600人编成号,然后随意抽出100个号码。

(2)等距抽样法

先将总体划分为与样本数量相等的组,每组的对象排成顺序,然后在各组中按同样的距离(即数序)抽取样本,这也叫"机械抽样"。如从800名学生中抽取200人检查视力并进行防治的研究,可先将800个学生分成200个组,每组4人,每人依次编号,再按同样距离,如抽每组第四号,这样200名学生的样本就组成了。

(3)类层抽样法/分层抽样法

先把总体分类型和层次,然后按类层,用随机的方法,抽取样本。如要分析学生考试成绩,先把分数按高低划出若干分数段。类层抽样要做到"类层间差别大,而类层中差别小",这样才有代表性。

(4)整群抽样法

这是从总体中以群体为单位进行抽样的方法。可以随机抽,也可按代表抽。如研究"独生子女成绩与家教的关系",某校发现低年级独生子女平均成绩由过去的90分降为70分左右。为证实这一现象,可从一个区的20所小学中的二年级或一年级的平行班里随机抽取一个班,组成样本进行分析,也可以在城市、农村不同类型的低年级平行班中抽若干个班组成样本。

以上四种方法,怎样使用要看具体情况:当研究对象的特征不清楚时,可用随机抽样法或等距抽样法;当研究对象的某些特征将影响研究结果的可靠性时,就应采取类层抽样;当样本不是个体,而是群体时,就用整群抽样。

案例探析

【案例1】某市为了支援西部教育事业,现从报名的18名志愿者中选取6人组成志愿小组。为了保证对每个志愿者的公平性,应如何确定志愿小组的名单?

解:案例1的总体中个体数目较少,运用随机抽样法抽样。简单随机抽样法有两种,分别为抽签法和随机数法,两法皆适合此案例。

1. 采用抽签法

(1)编号:将18名志愿者编号,号码为01,02,…,18。

(2)制签:将号码分别写在纸条上,再将其揉成团,制成号签。

(3)搅匀:将做成的号签放入一个不透明的袋子中,并充分搅匀。

(4)抽签:从袋子中依次抽取6个号签,并记录上面的编号。

(5)定样:所得号码对应的志愿者就是志愿小组的成员。

简记为五步走:编号、制签、搅匀、抽签、定样。

2. 采用随机数法

(1)编号:将18名志愿者编号,号码为00,01,…,17(同抽签法编号一致也可,但号码的位数要相同)。

(2)数表定位:在随机数表中任选一数(此数与数学上的"数"概念并非相同,更类似于号码),如第1行第1列的数00。

(3)读表并录号:从选定的数00开始向右读(读数的方向也可向左、向上、向下),得到一个两位数03(此两位数的概念与数学上的两位数概念不一),由于03<17(03理解为3),说明号码在总体内,将它记录;继续向右读,得到47,由于47>17,将它去掉。按照这种方法继续向右读,直到记录的号码有6个为止。

(4)定样:所得号码对应的志愿者就是志愿小组的成员。

简记为四步走:编号、数表定位、读表并录号、定样。

【案例2】某学校有在编教师160人。其中老年教师16人,中年教师112人,青年教师32人。教育部门为了了解教师的健康状况,要从中抽取一个容量为20的样本。试确定用何种方法抽取。

解:案例2中的总体由差异明显的几部分组成,故采用分层抽样法抽样。抽样过程可设计为以下几个步骤。

1.计算抽样比

计算抽样比:$K=\dfrac{n}{N}=\dfrac{1}{8}$,其中$n$表示样本容量,$N$表示总体中个体的数目(下同)。

2.样本容量的分配

样本中的老年教师人数为$16\times\dfrac{1}{8}=2$;样本中的中年教师人数为$112\times\dfrac{1}{8}=14$;样本中的青年教师人数为$32\times\dfrac{1}{8}=4$。

3.层内抽样

运用抽签法在16位老年教师中抽取2人,运用系统抽样法在112位中年教师中抽取14人,运用抽签法在32位青年教师中抽取4人。

4.定样

把层内抽样得到的教师集合在一起,得到所求的样本。

简记为四步走:计算抽样比、样本容量的分配、层内抽样、定样。

说明:在样本容量分配时,名额一定取正整数。一旦出现小数,要四舍五入,但名额之和要等于样本容量(有时需权衡取整)。

第二节　研究变量的分析

学习提要

(1)掌握研究变量的类型。
(2)学会控制研究变量的方法。
(3)培养在教育教学工作中界定研究变量的能力。

研究者在提出研究课题和研究假设之后，大致的研究目的、范围以及重点内容就基本确定了。为了合理地进行研究设计，便于实证资料的收集，还需要进一步明确所要研究的主要变量，以及有关变量的性质、形式、数量、操纵方式和控制方法。在这一环节中，自变量的确定和操纵与因变量测量指标的选择是研究设计的基本要求，而无关变量的控制则是研究有没有价值的基本保证。

一、确定研究变量

（一）什么是研究变量

变量指在质或量上可以变化的概念或属性，是随条件变化而变化的因素或因个体不同而有差异的因素。研究变量则是研究者感兴趣的，所要研究与测量的，随条件变化而变化的因素。简单地说，变量就是会变化的、有差异的因素。如学生的语言水平随学习时间的推移而有所变化，每个学生在语言水平上也会呈现出个体差异，因此我们把语言水平看作一个变量。

变量是相对于常量而言的，常量是指在一个研究中所有个体都具有的相同的状态或特征，一个概念具有一个值，如"复旦大学"就是一个常量，是指地处上海的一所重点院校，不同的人对此的解释也是相同的。而变量则是指在一个研究中不同的个体具有不同的状态或特征，一个概念具有不同的值，如"教学"这个概念，不同的人对这个词的理解会有差异，尽管用的是同一个词，但教育部部长对"教学"的理解，研究人员对"教学"的理解，老师对"教学"的理解，学生对"教学"的理解，家长对"教学"的理解是有区别、有差异的。例如，我们想比较两种不同的教学方法对小学五年级学生阅读能力的提升效果，在这个研究中，年级水平是一个常量，因为每个被试都是五年级学生，五年级对于每个个体来说具有相同的值，它在该研究中是不变的条件，大家都能理解它的含义，不会产生歧义。因此，研究者不需要对这个概念进行界定。而教学方法则可以按多种价值标准来衡量,不同的教学方法有不同的操作程序,因此它是变量。另外,阅读能力也是个变量,对于每个被试而言,阅读能力有强弱之分,在测量上阅读成绩也会不同,因此,研究者必须对变量进行解释。

在教育研究中,常量不是要研究的内容,研究要探讨的是变量之间的相互关系。一项研究往往会涉及许多个变量及其相互关系,正如不同教学方法效果的比较研究,就被试来说,学业成绩、智力水平、学习动机、兴趣爱好、能力等因素在质和量上都会发生变化,都有差异,而且这些变量互相交织在一起。如果要把一项研究所涉及的所有变量都拿来研究,事实上是不可能的,也没有必要,因此研究者必须事先确定要研究的主要变量,了解研究情境中变量的性质,并厘清变量之间的关系。

(二)研究变量的类型

在一个真实的研究情景中,常常会涉及许多个变量,变量的功能也各不相同,变量之间互相交织,互相影响。其中有些变量是研究者要研究的,有些变量则是研究者不想研究的。另外,变量与变量之间彼此关联,互相作用,在研究中的性质、作用和地位也各不相同:有主要的,有次要的;有主动的,有依附的;有连续的,有类别的。因此了解研究情境中各个变量的性质,区分不同类型的变量,厘清变量在一项研究中的关系,对研究者来说是非常关键的问题。

按形式划分,变量可以分为连续变量和类别变量。凡是在本质上能以连续数值表示其特性的变量,被称为"连续变量"。如"学业成绩"以分数表示,"身高"以厘米表示,"年龄"以岁数表示。凡不能以连续数值表示,而需以类别表示其特征的变量为类别变量,被称为"不连续变量"。如"性别"分男女,"学校规模"分大、中、小,"父母管教方式"分民主、独裁、放任等。这种分类方式,对研究过程中统计资料的分析具有重要意义。

按来源划分,变量可分为主动变量和属性变量。凡可以由研究者主动安排或操纵的变量为主动变量。如"教学方法""奖励方式""噪声"等,这些变量是由研究者主动操作的。而另一类变量代表研究对象的各种属性,包括生理属性、心理属性、社会属性、物理属性等。这些变量研究者无法主动操纵,只能通过观察和测量来得知其特征,被称为"属性变量"。

按变量间的关系划分,可以分为自变量、因变量、无关变量、调节变量、中介变量等。在教育研究中,变量的分类体系很多,其中最重要的,应用最广泛的变量是自变量、因变量和无关变量。

1.自变量

自变量又称"刺激变量",是引起或产生变化的原因,是研究者操纵的假定的原因变量。当两个变量存在某种联系,其中一个变量对另一个变量具有影响作用时,我们称那个具有影响作用的变量为"自变量"。自变量的变化水平完全取决于研究者的操纵与设计。例如,研究学生智力与学业成绩的关系,学生"智力"的高低影响"学业成绩",那么"智力"就是该项研究的自变量,是研究者要操纵的原因变量。

2.因变量

因变量又称"反应变量",也称"依变量",是受自变量变化影响的变量,是自变量作用于被试对象后产生的效应,是研究者要测定的假定的结果变量。因变量的变化不受研究者的控制,它的变化是由自变量的变化所产生。当两个变量存在某种联系,其中一个变量对另一个变量具有影响作用时,我们称那个被影响的变量为"因变量"。在一项研究中自变量好比是原因,因变量好比是结果。例如,我们想研究噪声对学习效果的影响,"噪声"就是自变量,研究者可通过改变噪声产生(持续等)的时间或强度等来操纵这个变量。而"学习效果"则是因变量,它是"噪声"这个自变量作用于被试对象后产生的效应,是研究者要测量的结果变量。

3.无关变量

无关变量有时也称"控制变量",是指与特定研究目标无关的非研究变量,即除了研究者操纵的自变量和需要测定的因变量之外的一切变量,是研究者不想研究,但会影响研究进程的,需要加以控制的变量。例如,研究两种不同的教学方法对学生学业成绩的影响,在这里"教学方法"是自变量,"学业成绩"是因变量,除此以外其他各种因素都是无关变量。在这项研究中,教学时间,教学环境,学生的智力、原有的知识基础,家教辅导等各种因素会干扰自变量和因变量的对应关系。当这些因素与自变量的作用混杂在一起时,往往导致人们难以确定两种教学方法效果的优劣,无法判断最终的研究结果(因变量)是来自教学方法(自变量),还是来自教学时间,教学环境,学生的智力、原有的知识基础,家教辅导等其他各种因素(无关变量)。如果研究者能有效地控制这些无关变量,研究结果就会更加明确可靠。

4.调节变量

调节变量是一种特殊的变量,具有自变量的作用,也称为"次自变量"。在实验中增加这种变量,目的是了解它怎样影响或改变自变量和因变量之间的关系。有时候,自变量与因变量的关系会受到另一个变量的影响而改变,这第三个变量即调节变量。例如,探讨A、B两种教学方法对提高学生学业成绩的效果,结果发现:A法对智力高的学生比较有效;B法对智力低的学生较有效。很明显,在这个研究中,教学方法是自变量,学生的学业成绩是因变量,研究的自变量和因变量的关系却受到了第三因素——学生智力的影响,因此学生的智力水平就是一个调节变量。

当我们把一个因素看成自变量时,我们关心的是它与因变量的对应关系;当我们把一个因素看成调节变量时,我们关注的是它如何影响自变量和因变量的关系。在研究设计时,一定要将可能的、重要的调节变量纳入研究框架中,这样在分析研究结果时才不至于产生偏差。

5.中介变量

中介变量也称"中间变量",即介于原因和结果之间,自身隐而不显,起媒介作用的变量。中介变量是不能直接观测和控制的变量,它的影响只能从研究的自变量和因变量的相互关系中推断出来。

例如,研究兴趣与学业成绩的关系,自变量为对某门学科的兴趣,因变量为学科的测验成绩,结果是学习兴趣浓厚,学业成绩相对要好。当我们自问:为什么学习兴趣浓厚会导致学业成绩良好?原因是什么?这就是在问中介变量是什么?可能的答案是学生注意力的集中,或投入学习的时间增加等。理解中介变量对形成研究结论具有重要意义,因为推断中介变量可引出普遍性结论。兴趣本身是不会增加学业分数的,但兴趣可引起学生的注意力集中,注意力集中则可以提升学习效果。认识到这一点,那么即使不采用激发兴趣的形式,只要采取各种能吸引学生注意力的手段,便可以提高学业成绩。

中介变量通常是用来解释自变量和因变量关系的理论框架,反映研究者如何看待或说明自变量和因变量之间的关系。中介变量的构建在很大程度上取决于研究者对所研究现象采取的理论立场,因此,探讨中介变量对最终形成理论具有重要意义。

二、研究变量之间的相互关系

通常研究要探讨的是自变量与因变量的对应关系,自变量是研究者要安排或操纵的因素,因变量是研究者要观察或测定的因素。自变量的变化能引起或影响因变量的变化,而因变量的变化依赖于或取决于自变量的变化。从这个意义上说,自变量和因变量的关系可以看作某种因果关系,即自变量是假定的原因,因变量则是假定的结果。

在一项研究中,除了自变量和因变量之外,还可能有许多变量介入到研究过程中来,并且干扰自变量和因变量的对应关系,这些变量被统称为"无关变量"。无关变量是研究者要控制的因素,因为如果不排除这些无关因素的干扰,便难以解释自变量与因变量的对应关系。自变量、因变量和无关变量三者之间的关系可用图6-1解释。

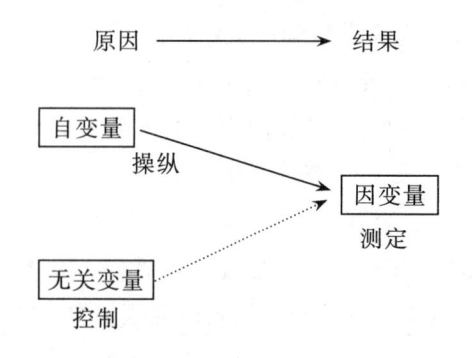

图6-1 自变量、因变量和无关变量三者关系示意图

从图6-1中我们可以看到,研究的目的是探讨自变量与因变量的对应关系,图中用

实线表示,研究的焦点最终集中在因变量的测定上。自变量和无关变量都可能成为产生因变量效果的原因,当自变量和无关变量混淆在一起时,我们就难以判断自变量与因变量的一一对应关系。为了达到研究目的,获得准确的测定结果,必须对无关变量进行有效的控制,尽可能排除无关变量对因变量测定的影响,图中虚线便表示无关变量也会影响因变量的测定结果,是需要加以控制的。

要推断自变量和因变量之间是否存在因果关系,通常要同时满足以下三个条件:一是具有共变关系,即自变量和因变量要共同变化,自变量变化了,因变量也要随之而变化;二是具有时间顺序关系,即自变量的变化必须发生在因变量变化之前,因变量的变化取决于自变量的变化;三是对无关变量的控制,即排除无关因素对自变量和因变量对应关系的影响,使自变量和因变量的关系"凸现""纯化"。

自变量、因变量、无关变量、调节变量都是具体的、可观测的变量,而中介变量则是假设的、潜在的概念变量,它不能直接观测,只能从自变量或调节变量对因变量所产生的作用中推导出来。为了更好地理解各种变量的作用,可用图6-2表示它们之间的关系。

原因 ──────→ 关系 ──────→ 结果

（操纵）
自变量

（纳入）　　　（推断）　　　（测量）
调节变量 ──→ 中介变量 ┈┈┈→ 因变量

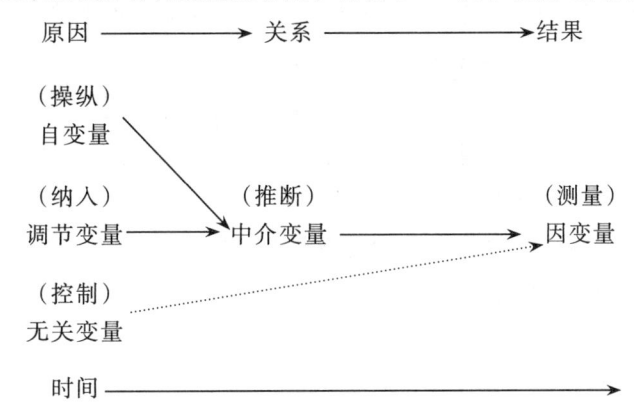

（控制）
无关变量

时间 ──────────────────→

图6-2 研究变量相互关系示意图

在图6-2中自变量、因变量、无关变量的关系照旧,调节变量的作用相当于一个次要的自变量,并与自变量一起作为原因纳入研究。中介变量在原因和结果之间,是自变量和因变量之间的可能中介,它的存在会对自变量、调节变量的效果的解释产生影响。

例如,课堂教学中采用多媒体教学和口头讲授教学效果的比较研究。

假设:采用多媒体教学的效果优于口头讲授教学的效果

自变量:授课的方式(多媒体教学与口头讲授教学)

因变量:学习效果的测量(可以是统一的考试)

无关变量:授课时数、内容、学生原有水平、练习时间等

调节变量:性别、智商等

中介变量:注意力、新颖性等

三、控制研究变量的方法

教育研究中,"控制"这个术语表示研究者对整个研究过程的把握与操纵。从广义上说,控制表示研究者能够操纵或选择自变量的变化水平;选择因变量以及测量因变量的方法;控制研究过程中的无关变量。从狭义上说,控制是指对影响自变量和因变量之间对应关系的无关变量的处理和控制。控制在教育研究过程中具有重要作用,它是决定研究结果是否确实可靠的重要因素。控制研究变量包括三项内容:对自变量的操纵;对因变量的测量;对无关变量的控制。

(一)对自变量的操纵

自变量是研究者主动操纵、直接控制的变量。自变量的变化完全取决于研究者的操纵。按自变量的性质,可分为刺激变量和机体变量两类:

刺激变量是指促使个体产生反应的一切事物。它可以是来自外部环境的能量变化,也可以是来自个体内部的生理变化。如果自变量属于刺激类的变量,那么研究者就能直接操纵这个变量,改变它的数量或强度。例如,探讨噪声对学习的影响,噪声就是刺激类的自变量,研究者可以直接控制噪声的强度等,来研究噪声对学习可能会有怎样的影响。大多数研究中的自变量属于刺激类自变量。对研究变量的操纵往往包括次数、强度、方式、程序、介入时间、延续时间等。

机体变量指个体的生理特征,如个体的性别、年龄、身高、体重、血型、体形等,也包括个体的心理特征,如智力、学历、性格等。当自变量属于机体变量时,由于研究者无法改变个体独有的生理心理特征,因此无法直接操纵该机体变量,只能采取选择的手段来控制自变量。例如,我们想探讨学生的智力与数学能力之间的关系,由于智力是机体变量,我们无法直接对学生的智力进行操纵和控制,用人为的方式将智力中等的转变为智力高的,或将智力高的转变为智力低的。因此,只能采用选择的方法。如进行一次智商测验,从全部成员中选取智力水平高、中、低的被试分别进行研究。

控制自变量需要考虑以下一些具体问题[①]。

(1)要考虑选定的自变量是否可以操纵。可以操纵的自变量是指研究者能够控制、调节、操作并有规律地变化的变量,如实验中的文字、声音、作业难度、时间等可以由研究者主动操纵控制的变量。而不可操纵的自变量是研究者无法控制和改变的变量,如性别、年龄、发展水平等。一般可操纵的自变量可采用实验研究方法处理。

(2)要确认自变量的数量有多少。只有一个自变量的研究被称为"单因素研究",两个或两个以上自变量的研究被称为"多因素研究"。研究中自变量越多,需要控制的因素也就越多,设计的方案就越复杂,而研究结果的内容也就更丰富,意义更深刻。

(3)要确认自变量的水平(层次)。实验研究在操纵自变量时,至少要有两个水平(层

[①] 张一中:《心理学的研究方法与应用》,复旦大学出版社,1998,第87—88页。

次),即自变量"有"还是"没有","出现"还是"没出现",如药物治疗多动症,有"服药"和"没服药"两种水平。有时为了确定最佳治疗效果的用药量,可以将自变量的水平分为多个等级,如分为没有服药的、服1毫克药的、服2毫克药的、服3毫克药的四种水平,然后观察服药后的行为表现。多因素设计涉及自变量的数量和水平,通常以数字表示实验设计模式。如,2×2设计,这是因素设计中最简单的模式。它的含义是实验自变量有2个(有2个"2"),即"×"前后有几个数字,而数值则意味着"×"前的自变量有2种水平,"×"后的自变量也有2种水平。如果是2×3×2设计,就意味着这个实验有3个自变量,第一个自变量有2种水平,第二个自变量有3种水平,第三个自变量有2种水平。2×3×2设计要比2×2设计复杂得多,因为2×3×2设计要组合成12个组,即2×3×2的乘积;而2×2设计只需4个组。因此,因素设计中自变量数越多,研究也就越复杂。

(二)对因变量的测量

因变量涉及研究的最终结果,因此如何选择最佳的因变量以及如何精确地测量它的变化成了研究者最为关心的问题。一般,因变量的测定同因变量本身的复杂程度有关;同研究要达到的精确程度有关;同现有的测量工具、测量手段有关;同研究的定性定量水平有关。

因变量的一个重要特征是它可以通过直接或间接的方式被观察、被测量,并且可以转化为数据形式。如测验分数、考试成绩、评定等级、反应时间、答题正误的百分比等。

因变量的测定关键是要有合适的测量指标,指标通常涉及测量方法、工具、材料、次数、时间、插入点的安排等。确定测量指标时,以下几个方面可以考虑。

敏感性　所选指标对自变量的变化有较高的分辨能力。如用称米的秤作为测量工具去称黄金首饰就不合适,因为称米的秤作为测量因变量的工具灵敏度不高,最好能用精密的天平作为测量工具去称黄金首饰。黄金首饰在质量上的细微变化在天平上会被敏感地感受到,在测量量表上会有明显的变化。又如5分制评分与百分制评分相比,百分制评分的敏感性较高,精确程度也较高。一般而言,因变量的测量工具应选敏感度高的、精确程度高的指标体系。

客观性　所选指标可以被观察、可以被测量,具有可靠性和准确性,对指标的解释不以研究者或被试的主观意志为转移。在教育研究中个体行为错综复杂,一个刺激可能会产生各种各样的反应。例如,巴甫洛夫的经典条件反射实验,以铃声作为刺激物(自变量)观察狗的唾液分泌反应(因变量)。事实上,狗对铃声情景条件会有很多反应:摇尾、抖腿、竖耳、警觉、逃跑、汪汪叫、唾液分泌等。为什么巴甫洛夫选择唾液分泌反应作为测量的因变量而不选择其他指标呢?这主要是唾液分泌具有较高的一致性,即在同一刺激情况下产生的众多反应中,狗的唾液分泌反应的变异程度最小,因此,一致性程度较高,可靠性和准确性也较高。

稳定性　所选指标在重复测验中数值接近,能获得稳定一致的结果。例如,某个智力测验的确能够测量个体的智力,在反复多次测量中所得的数据资料差不多,那么这个智力测验便具有较高的信度和效度。而老师随堂出的测验卷则由于难以重复,缺乏可比性,且稳定性较差。测量工具的稳定性一般要通过求重复测量的相关系数来确定。

经济性　所选指标应观测方便,数据转换容易,能节省时间和精力。例如,用体重作为指标来测量人是否有高血压就不是合适的指标。用称小学生书包质量作为指标来研究学生的负担也不是一个合适的指标。因此,如何选择最佳的因变量以及如何精确地测量因变量的变化是研究者最为关心的问题,这关系到研究成果的精确性和可靠性。

在选择因变量时要注意以下几点。

(1)尽可能采用直接测量。如测量身高、体重用尺和秤,测量血压用血压仪,万不得已才用间接测量,如有研究者想测量学生课堂学习注意集中的程度,一时又难以找到直接测量学生注意力的方法,他就采用间接测量的方法。上课后,研究者在教室外以学生听觉阈限之上的同一音量播放用录音机录下的汽车喇叭声、鸟叫声、钢琴声、哨声、自行车铃声等,每种声音持续时间为10秒,各种声音之间有间隔。课后立即要求学生用再认法和回忆法在问卷上回答上课时所听到的声音。以此间接地测量学生注意力集中程度。[1]

(2)采用权威的测量工具。测量工具多种多样,测验量表各不相同,通常要选择公认的工具和量表,最好是标准化测验,有常模参照。这样可以保证测量的效度。如测学生智商用韦克斯勒儿童智力测验量表;研究学生人格关系用卡特尔人格量表或明尼苏达多相人格量表。

(3)测量指标的合适性。在自行设计如何测量因变量的过程中,要使自变量对因变量的变化影响最大化,使因变量能敏感地显示自变量的变化,使这种变化的范围更宽广、更合适。测量要避免天花板效应和地板效应。例如要研究噪声对学生解答数学问题的影响,噪声是自变量,解答数学问题的成绩是因变量。如果研究者将数学测验设计得非常简单、容易,不论被试对象接受何种水平的噪声,都可轻易解答,获得高分,从而无法区别出不同水平的噪声对解答数学问题的影响。这一结果并不表明噪声对解答数学问题没有影响,而是由于测量指标过于偏窄、集中,没有区分度而造成的。同样道理,如果研究者设计的数学测验特别难,所有的被试对象都得零分或低分,也同样不能显示不同水平的噪声对解答数学问题的影响。

(4)采用多种测验方式。为了保证因变量测量的效度,提高测量的准确性和可靠性,可采用多项测验方式,互相印证自变量对因变量的作用;也可以进行重复测验确认自变量与因变量之间的因果关系。

(三)对无关变量的控制

控制无关变量是教育研究设计中最重要的,也是最复杂的内容。为了避免研究过程

---

[1] 吴瑞华、卢仲衡、陈其弼:《自学辅导教学与常规教学中注意集中问题的比较研究》,《教育研究》中1986年第2期。

中变量的相互混淆,必须对无关变量进行控制。控制的基本原则是尽可能减少无关变量对自变量和因变量的干扰,具体方法有以下几种。

1. 消除

控制无关变量的最彻底的方式是不让无关变量介入到研究情境中去,将其完全排斥在自变量和因变量对应关系之外。例如研究智力与短时记忆的关系,研究者意识到:短时记忆除了受到被试对象的智力影响外,也可能受到被试对象的年龄、性别、教育程度、环境因素如噪声的影响,为了消除噪声这一无关变量的影响,研究者应将被试对象短时记忆的测量放在隔音室中进行。

2. 恒定

对一些无法排除的无关变量,可以使这些变量在研究过程中保持恒常不变,即所有的被试都接受相同的无关变量,把变量变为常量。如要比较两种不同教学方法效果的优劣,当研究者意识到教师的性别、年龄、相貌、语言风格、业务水平等无关变量会对教学方法的效果带来影响时,可以让一位老师负责实验班和对照班的教学,这样教师的性别、年龄、相貌、语言风格、业务水平等无关变量对这两个班来说就变成了常量。

采用恒定方式控制无关变量的通常做法:对实验条件的控制——采用同一时间、同一地点、同一主试进行实验;对研究对象的控制——选择智力、性别、年龄等相同或相近的被试对象进行实验;对实验过程的控制——按照同一的研究程序、同一的研究步骤进行实验。

3. 均衡

当无关变量无法消除,也不能保持恒定时,研究者可以采取均衡的方法来控制无关变量。通常的做法是设置实验组和控制组,让无关变量产生的作用对实验组和控制组都一致,即保持平衡。也就是说,实验组和控制组在实验条件上都相同,唯一不同的是实验组接受实验处理,而控制组不接受实验处理。采用设控制组的方法是控制无关变量常用的方法,它可以控制很多无关变量,而且简单、方便。

均衡控制与恒定控制有相似之处,只是控制手段不同。采用恒定控制时,无关变量在组内以及组间都没有变化;采用均衡控制时,无关变量在组内有变化,但是变化所产生的作用在各组间是相等的。例如,通过随机取样获得被试20人,其中男性12人,女性8人,要分成两组进行实验。由于性别可能会对因变量产生作用,所以需要控制这个无关变量。当然可以采用恒定控制的方法,以男性或者女性为被试对象,但这样会减少样本数量,同时也会限制实验结果的概括性,这时就可以采用平衡控制方法,即将男性12人随机分成两组,一组为实验组,一组为控制组;女性8人也随机分成两组,分别加入实验组和控制组。这样每一组内性别变量有变异(6男4女),而两组间的性别为平衡均等。

4. 抵消

在一些实验研究中,被试对象需要在各种不同的实验条件下接受重复测量,但由于重复测量,练习、迁移、干扰、疲劳、热身等作用会影响因变量的测量效果,这时,研究者可以采用抵消的方式来控制这类无关变量。例如在一项关于比较A、B两种训练方法效果哪个更好的实验研究中,A、B两种训练方法无论哪个先做,都会对后做的效果产生影响。研究者可以采用一组按照A、B顺序安排实验,另一组则按照B、A顺序安排实验,最后将两组A的实验结果相加,两组B的实验结果也相加,再对A、B进行比较,得出结论。通过轮组设计可以抵消实验顺序的影响。

5. 随机

随机是科学研究必须遵循的基本原则。随机化控制是研究者最常用的控制无关变量的方式,也是最有效地控制无关变量的方式。随机化指被试对象的随机取样、随机分组、随机分配实验处理等。通过随机化可以控制大量的无关变量,通过随机化可以把研究中的很多差异平均地分配到每个个体身上去,从而创造均等。只要在研究中采用随机化程序,无论是已知的还是未知的无关变量,无论无关变量会产生什么样的作用,它对实验组和控制组的影响都可以假定是相等的。对无关变量的控制,研究者应该首先考虑采用随机化控制,尤其是在无法确定有哪些无关变量会对研究结果造成影响或不能确定采用什么方法控制无关变量时。

6. 盲法

被试对象之间存在个别差异,这种差异会对研究结果造成影响,当然要严格控制。有时,被试对象在知道自己在实验组或了解实验真实意图后,有可能做出反常行为,如表现出情绪高涨,加倍努力,或设法迎合研究者的口味等,从而影响实验效度。有时主试也是无关变量,也会对研究结果造成影响。如主试的年龄、性别、身份、地位、态度、情绪等都会影响被试对象的学习、记忆、学业成绩、心理测量等。甚至主试的偏见、期望不但会影响作为人的被试,也会对动物的行为产生作用。当主试知道谁在实验组,谁接受了实验处理后,有时就会有意无意地给予其某些暗示,赋予某种期望,从而影响研究结果的客观性。

盲法是指采用隐蔽手段,控制实验参与者的偏差或期待的一种控制无关变量的方法。在实验中,如果被试不知道自己在参与实验或正在接受某种实验处理,则称之为"单盲"。

如果主试和被试对象都不知道哪些人接受了实验处理,哪些人没有接受实验处理,也不知道实验设计者的真实意图,则称之为"双盲"。

在教育研究过程中,无关变量的控制还有很多方法。例如,采用不同的实验配组形式和不同的实验设计模式对无关变量进行控制;采用多主试或电脑主试对实验者效应进行控制;还可以采用统计手段对被试对象的个体差异进行控制;等等。总之,从无关变量的来源上,控制可以从三个方面考虑:一是对研究的外部环境和条件进行控制;二是对被试对象的个体差异进行控制;三是对研究者或主试在实施研究中可能产生的实验者效应进行控制。

四、界定研究变量

界定研究变量是研究从"概念化"至"操作化"的桥梁,是实施研究行动的起点,在整个研究过程中具有重要作用。如何根据已经确定的研究课题来选择合适的研究类型,是研究是否可行、目的能否达到的关键。变量是研究的基本单位,也是资料收集与分析的依据。在科学研究中,变量的功能很不相同;同一个变量在不同的设计中的作用也不相同。因此在定义研究变量前,要确定研究变量的类型,明了变量的不同种类和它们在一项研究中的关系,这是研究者关心的重要问题。

(一)确定主要变量

所谓"主要变量"是指与研究目的直接有关联的变量,是研究者操纵或测量并希望从中获得研究结果的变量。通常研究的主要变量大都在研究题目中显示。如:

小学生一日学习情况的调查;

家庭社会经济地位与学生学业成就的相关性研究。

如果是实验研究,那么研究的主要变量通常为"实验处理"(自变量)和"实验结果"(因变量)。万一研究题目中没有显示主要变量,则可在"研究目的"、"研究主题"、"待答问题"或"研究假设"的叙述中去找到主要变量。如:

课程改革的整体实验研究;

教学中应用"动手做"的实验研究。

在确定研究的主要变量后,还要进一步了解变量的性质。如果是描述性研究,其主要变量可以看作独立的、不相关的个别变量,如:

教师对新教材认同情况的调查研究;

昆明市小学五年级学生语文识字量调查。

如果是相关性研究或因果性研究,则要确定哪个变量是自变量,哪个变量是因变量。如:

昆明市小学生识字量与语文学业成绩的相关性研究;

学习时间与学习内容的关系研究。

(二)确定相关变量

相关变量是指与研究目的无直接联系,但如果将其纳入研究中,会使研究结果更严密、更可靠的变量。通常有两种变量可称为"相关变量",一是背景变量,二是调节变量。背景变量主要指被试对象的一些基本特征,这些特征又与研究的主要变量有关,如学生的性别、年级、年龄、家庭背景、居住地区等。如果是以机构或团体为研究对象,其规模大小、所在地区、成员结构等可以作为背景变量。但并非所有背景变量都要探讨,要将与研究目的联系密切的纳入研究框架。至于调节变量,其本身就是一种次自变量,能影响主要自变量和因变量的关系,因此需纳入研究。

(三)确定控制变量

控制变量指必须在研究过程中加以控制,才能提高研究结果可靠性的变量。在一项研究中,会涉及大量的变量,我们不可能将所有的变量都拿来进行研究,只能研究其中一小部分。对于不研究的变量则要使之中立化,就是不让它们影响自变量和因变量的关系。这些受控制的变量被称为"控制变量"。

例如,要考察周授课时数(自变量)和学习成绩(因变量)的关系时,一定还会涉及其他一些变量,比如:教师的教学质量就是一个重要因素,要使它不影响自变量和因变量的关系,可以让同一位教师教两个组(实验组和控制组),这样教师差异的因素被控制了。同样道理,使用同样的教材,教材因素就是控制变量;采用同样的教法,教法就成了控制变量;采用随机抽样,就是控制样本差异可能造成的影响。

通常在一项研究中可能干扰或混淆研究结果、需要加以控制的变量很多,研究者必须将那些重要的干扰变量和混淆变量找出来,加以控制。即使这样,也肯定会有一些未能控制的变量,一方面是由于我们认识不到,另一方面是对某些变量无计可施。但是,无论如何研究者必须尽量控制这些变量,使这些变量对研究结果的影响最小化。

(四)确定变量名称

在确定研究主要变量、相关变量以及控制变量之后,要进一步确定变量的名称。其实,在研究题目、研究目的、待答问题、研究假设的陈述中,大致已提到各类变量的名称,再次重申变量的名称,目的是要看看它们是否合适、有无修正的必要,并务必使变量的名称简洁、易懂、名副其实。一般学术界通用的名称,文献中惯用的术语,不必生造,标新立异。

(五)确定变量的测量

教育研究中涉及的变量往往是一个抽象的理论概念,是一个深奥的、模糊的,不同的研究者会做出不同理解的概念。这些变量不具有明确的、为大家所公认的定义,以及可以用度量衡单位进行测量的特征。因此,需要界定变量的含义,选择或制订变量的测量工具和标准,这对整个研究来说至关重要,是研究结果有无价值的关键一环。

从确定变量到确定变量的测量工具有相当长的路要走,要把抽象的东西转换成具体可操作的东西,把不可测量的东西转换成可触摸、可观测的东西是不容易的。

(六)确定研究变量需要考虑的问题

不同的研究方法需要控制的条件是不同的,每种方法都有各自的专长和局限,研究者应对课题研究所涉及的变量进行分析,确定变量的类型,控制条件,从而选择采用合适的研究方法。确定研究变量需要考虑以下一些问题。

(1)研究涉及哪些主要因素?属于哪类变量?

（2）能否对这些因素或变量予以控制？控制程度如何？
（3）研究变量中何为自变量？何为因变量？
（4）研究对被试对象的控制程度如何？
（5）能否有效地操纵自变量和测定因变量？
（6）能否有效地控制无关变量？

第三节　研究计划的制订

学习提要

(1)掌握研究计划的基本要求。
(2)学会依据研究计划的内容撰写研究计划的方法。
(3)了解不同的研究计划格式。

研究设计通常表现的是关于一项研究的内在逻辑、结构和研究的思路;而研究计划则是一份对研究设计进行具体陈述的文本。因此,研究计划是在研究设计基础上对整个研究过程的全面规划,对研究的各项主要工作进行的合理安排。研究计划的完成,标志着研究的构思阶段基本结束。

一、研究计划的作用

研究计划在整个研究过程中发挥着巨大的作用,具体表现在如下几个方面。

(一)研究计划是研究内容的细化

课题研究会牵涉很多因素,研究不仅要把握重点,也要顾及细节。研究者通过制订研究计划可以使研究的目标、内容、范围、方法、程序等更加明晰,使课题内容更加具体化、操作化。因此,研究计划也是研究逐步由构想走向实际研究的桥梁。

(二)研究计划是课题申报的必备条件

研究计划是研究者的研究构想,也是课题申报的主要形式,课题申报必须提交研究计划。科研管理部门主要是通过对研究计划的评审来确定课题研究是否有价值,是否具有可行性,是否需要对课题给予一定的资助。

(三)研究计划是研究行动的指南

研究计划中必须制订详细的研究程序和步骤。要合理分配研究的资源,还要设想可能遇到的困难和解决的方案,有了研究计划,行动就有了方向。

(四)研究计划是评价检查的依据

在研究的进行过程中以及研究结束后,科研管理部门通常依照研究计划检查课题研究的进展情况或完成情况,并对课题研究进行评估鉴定。

(五)研究计划是研究成果的重要组成部分

制订研究计划本身就是一个研究的过程,需要对课题的研究价值和研究意义做出论证;需要对研究的目的、内容、对象、方法予以明确;需要对研究的进程和步骤进行规划等。这当中的很多内容都是研究成果中必不可少的组成部分。因此,俗话说,好的开始是成功的一半,这句话同样适用于研究计划的制订。

有时,一个颇有创意的研究构想,只有在写作研究计划的过程中,才会发现某些先天的不足和预想不到的困难,才会促使研究者努力想办法去解决。书面的研究计划还可以作为与同行沟通的依据,把自己的设想告诉别人以征求建议和指导,使课题研究趋于完善。

二、研究计划的基本要求

撰写一份研究计划,首先必须了解研究计划的基本要求。对研究计划的基本要求大致可以分为四个方面。

(一)研究什么

人们阅读一份研究计划的第一个思考可能是:这个课题要研究什么?因此,研究者必须明确地回答这个问题,让人了解,要研究的是什么。要回答这个问题,首先,要有合适的标题;其次,要明确提出研究问题,让别人了解研究问题的性质;然后,要列举研究的待答问题或研究假设,让别人了解研究的重点;最后,要界定研究的变量及关键词,让别人了解研究的范围。

(二)为什么研究

在解决了研究什么的问题之后,人们很自然会继续发问:为什么要从事这项研究?因此,研究者必须在研究计划中解释从事这项研究的理由。要回答这个问题,首先,要说明研究动机;其次,要提示研究的重要性和必要性,揭示研究的意义和价值;最后,要列举研究的具体目标。

(三)如何研究

当了解了研究的理由后,人们顺理成章地想知道研究将如何进行。因此,第三个问题就是如何进行研究?要回答这个问题,首先,要说明研究的方法和实施程序,其中包括研究对象及其取样、研究的方法与步骤、研究工具的选择与编制、收集资料的程序、资料分析的方法等;其次,要表明研究资源是怎样合理配置的,包括研究人员的组织、研究进度的安排、研究经费的预算等。

(四)有何成效

研究的价值体现在研究结果对现实世界的贡献。因此,人们最后总会问:研究最终会获得什么样的研究成果?要回答这个问题,首先,研究者必须在研究计划中具体说明研究的预期成效;其次,要说明成果可能达到的水平和表现形式。

以上四方面的内容,是无论什么类型的研究计划都必须予以说明和回答的。掌握了这四个基本要求,研究计划才不会遗漏必要的信息和内容,才能得到更多的外部支持。当研究计划完成后,我们也可以按是否清楚地回答了这四个问题来评价研究计划的优劣。

三、研究计划的内容

一般来说,研究课题多种多样,研究方法各不相同,撰写研究计划不必拘泥于某一种特定的格式,只要符合前述的四个基本要求,能清楚地表达出必要的信息与内容就是一份合格的研究计划。但是,学术界在研究计划的撰写上还是有某种约定俗成的通用格式的。一般的研究机构和科研管理部门还制订了固定的撰写格式,如研究计划书或课题申报表中的相关部分等。应该说,通用的研究格式适用范围广,有利于研究计划的规范和管理,有很多优点。综合各种不同的研究计划书或研究计划的撰写格式,研究计划大体上涵盖如下一些内容。

(一)课题名称

课题名称要简洁明了,一个好的课题名称要能准确地反映研究的范围、对象、内容、方法,能显示研究变量以及变量之间的关系,使人一看就能大致了解课题内容。如某市中小学学生学习负担的调查研究,中学生学习时间与学习效果的关系研究等,都是较好的课题名称。

(二)研究的目的和意义

课题研究的目的和意义,主要回答为什么要进行这项研究,课题有什么理论价值和实践价值,课题产生的背景,研究的重点等问题。在表述上要明确研究的理由,可以从问题的现状入手,指出问题的重要性,从而表明进行研究的必要性;也可以从前人研究的不足入手,阐述进行研究的价值。总之,这部分内容的写作所遵循的基本逻辑是:由于问题的重要性或严重性,所以有必要进行研究;或者由于以往的研究不足或有错误,所以必须加以完善或纠正。

(三)研究内容

研究内容是研究计划的主体。通常是把课题提出的研究问题进一步细化为若干个小问题,加以列举。必要时,还需提示资料和事实的来源。

(四)待答问题或研究假设

任何研究都以待答问题或研究假设为具体行动的指引,因此无论采用什么格式撰写研究计划,都必须具体明确地列举待答问题或研究假设,明确课题的研究范围。

(五)研究对象和研究变量

教育研究总是指向一定的研究对象的。由于研究对象的多样性和复杂性,研究者在制订研究计划时必须对研究对象和研究的主要变量加以界定,避免不同的人从不同的角度来理解而带来混乱。对研究对象的描述,涉及研究的总体范围、样本数量、抽样的方法等,必要时还需提示研究对象的来源和特征。

(六)文献综述

研究工作必须以有关文献为基础,在撰写研究计划时,应对相关文献做系统的陈述,以展示研究者对该领域研究现状的了解程度。

(七)研究方法与设计

这一部分说明研究采用的途径、手段以及开展研究的步骤。因此要描述得明确详细,凡研究对象、研究方法、研究工具、资料收集程序与分析方法,都应分步予以说明。

(八)研究进度

规划研究进度,可以从两个方面考虑:一是时间,二是工作项目。若研究有时间的限制,则以最终完成时间为依据,倒过来分配每一工作项目的时间;若无明确的时间限制,则可以工作项目为依据,安排每一项工作的时间。通常要给出时间进度表或工作项目进度表,从而保证研究能有条不紊地开展,能按预定要求如期完成。

(九)成果形式

预计的研究成果可以从两个方面说明,一是提示研究的预期成果和成果的表现形式,如研究论文和研究报告、专著和教材、教具、教学仪器、教学软件等。研究周期较长的课题,还应该说明阶段性成果和最终成果。二是说明研究成果可能产生的效益,包括经济效益和社会效益。

(十)课题组成员及其分工

如果研究工作由一个人独立完成,那么在研究计划中只需要填写研究者个人的学历、职务、专业等情况。如果研究是由一个课题组承担,则需列出课题组每个成员的基本情况和具体分工情况。

（十一）经费预算

经费与设备是进行研究的物质条件。经费预算要本着节约的原则，实事求是地估算。研究计划中要把开支的项目、用途、金额一一列出，最好采用经费预算一览表的形式，其中包括的主要项目有：图书资料费、研究人员研究费、小型会议费、交通差旅费、测验问卷编制费、上机费、印刷费、研究实施的劳务费、设备材料费、邮电费、管理费、研究评审费、杂费等。

（十二）参考书目与附录

研究计划本身具有相当程度的学术性，正规的研究计划要求列出参考文献或参考书目，必要时也可将相关的资料，如调查研究中的问卷、访谈中使用的访谈提纲等作为附录。

以上这些内容基本涵盖了正式的、严格的研究计划所应包括的内容。在实际撰写研究计划的过程中，可以根据课题的性质、研究的目的等对此做适当的增删或调整。

四、几种常用的研究计划格式

根据上述介绍，综合教育研究实际中常见的一些研究形式，笔者提供几种运用较多的研究计划格式供参考。

（一）专题研究计划格式

专题研究计划一般包括以下几个方面的内容。

（1）本课题研究的目的、意义。

（2）本课题研究的主要内容。

（3）本课题国内外研究现状，预计有哪些突破。

（4）完成本课题的条件分析，包括人员结构、资料准备和科研手段等。

（5）课题组分工情况。

（6）主要研究阶段及研究成果形式。

（7）经费预算。

（二）教育实验研究计划格式

教育实验研究是以论证某种因果关系为目的的研究，其研究计划中应反映实验研究的特点，特别是研究的假设和收集数据的方法，以及如何论证所提及的假设等。教育实验研究计划一般包括以下几个方面的内容。

（1）问题的提出与假设：包括研究问题及研究假设、已有研究状况的综述、研究的基本理论框架、实验变量的陈述等。

(2)研究的具体方法:包括研究设计、被试的选取等。

(3)实验研究实施过程。

(4)数据分析方法与技术。

(5)时间安排。

(6)实验研究所具备的条件。

(7)预算:包括人力、物力、设备及各种间接费用。

(三)研究生论文研究计划格式

研究生的论文研究计划,也叫"开题报告",是一种特殊的研究计划,其撰写的主要目的是研究者本人明确具体地表述自己的研究问题和方法,使研究生的指导老师了解研究问题的意义、科学性和可行性,由于不同类型的问题所采用的具体方法不同,所以,研究生论文研究计划表述的方式也不完全相同,一般应该包括以下几个方面的内容。

(1)研究问题的表述:包括提出问题的背景、研究的意义等。

(2)相关研究成果的综述:在收集整理与本课题相关的研究成果的基础上,进行分析和归纳,提出与本课题有关的想法。

(3)研究的具体方法:不同的课题可能选择不同的研究方法,有的研究方法需要详细地加以论述,比如实验的方法和调查的方法,需要研究者具体说明设计方式、被试来源、变量的操作方式等。

(4)研究的条件与时间安排。

(5)论文的初步提纲:提出论文的初步框架及其大致包括的内容。由于运用不同的研究方法,有些情况下需要在主要研究资料收集、整理和分析之后才能最后确定论文的完整框架。

研究者在提出研究课题和研究假设之后,大致的研究目的、范围以及重点内容就基本确定了。为了合理地进行研究设计,便于实证资料的收集,还需要进一步明确所要研究的主要变量,以及有关变量的性质、形式、数量、操纵方式和控制方法。在这一环节中,对自变量的确定和操纵及因变量测量指标的选择是研究设计的基本要求,而无关变量的控制则是研究有没有价值的基本保证。

案例探析

小学生数学阅读研究

通过对此题目的理解,确定可研究的具体问题有哪些?

概念界定:数学阅读的内容,一般包括对数学教材的阅读、问题解决中对题目的阅读以及课外数学材料的阅读。数学阅读的心理过程包括内化、理解、推理与反省四个阶段。内化是指个体将外部信息转化为内部信息的过程,主要包括对信息的选择性编码和语言互译。理解是对材料从局部到整体的加工过程。数学材料的阅读总是伴随着推理的。而反省贯穿整个阅读过程,其主要表现为自我提问。

问题分解:

子课题A:小学生数学阅读现状的调查研究。

子课题B:小学生阅读水平与数学学业成绩的关系研究。

子课题C:影响小学生数学阅读的因素分析。

子课题D:小学生数学阅读能力的培养研究。

进一步分解:

子课题A又分为4个子课题:

子课题A1:小学生对数学教材阅读的情况调查;

子课题A2:小学生对数学课外读物的阅读情况调查;

子课题A3:小学生在解决数学问题时审题情况调查;

子课题A4:小学生数学阅读水平发展情况调查。

子课题B又分为2个子课题:

子课题B1:小学低年级学生阅读水平与数学学业成绩的相关性研究;

子课题B2:小学高年级学生阅读水平与数学学业成绩的相关性研究。

子课题C又分为2个子课题:

子课题C1:影响小学生数学阅读的内部行为研究;

子课题C2:影响小学生数学阅读的外部行为研究。

子课题D又分为5个子课题:

子课题D1:加强数学符号直观化教学提高小学生数学阅读水平实验研究;

子课题D2:通过逻辑思维能力训练提高小学生数学阅读水平实验研究;

子课题D3:通过空间能力训练提高小学生数学阅读水平实验研究;

子课题D4:提高小学生审题阅读水平的教学策略研究;

子课题D5:提高小学生数学阅读兴趣的教学策略研究。

第四节　开题报告的撰写

学习提要

(1) 掌握开题报告的基本内容。
(2) 学会开题报告的撰写方法。
(3) 养成文献阅读的习惯和掌握文献阅读的技巧。

开题报告是指开题者为科研课题撰写的一种文字说明材料。这是一种新的应用写作文体,这种文字体裁是随着现代科学研究活动计划性的增强和科研选题程序化管理的需要而产生的。开题者把自己所选的课题的概况(即"开题报告内容"),向有关专家、学者、科技人员进行陈述,然后由他们对科研课题进行评议。亦可采用"德尔菲法"评分,再由科研管理部门综合评议的意见,确定是否批准这一选题。学生开题报告是毕业论文答辩委员会对学生答辩资格审查的依据材料之一。

一、基本说明

开题报告包括综述、关键技术、可行性分析和时间安排等四个方面。由于开题报告是用文字体现的论文总构想,因而篇幅不必过大,但要把计划研究的课题、如何研究、理论适用等主要问题写清楚。开题报告一般为表格式,它把要报告的每一项内容转换成相应的栏目,这样做,既避免遗漏,又便于评审者一目了然,把握要点。

开题报告的内容一般包括:题目、立论依据(毕业论文选题的目的与意义、国内外研究现状)、研究方案(研究目标、研究内容、研究方法、研究过程、拟解决的关键问题及创新点)、条件分析(仪器设备、协作单位及分工、人员配置)、课题负责人、起止时间、报告提纲等。

二、内容撰写

(一) 题目要求

(1) 准确、规范。要将研究的问题准确地概括出来,反映出研究的深度和广度,反映出研究的性质,反映出实验研究的基本要求——处理因素、受试对象及实验效应等。用词造句要科学、规范。

(2)简洁。要用尽可能少的文字来表达,一般不得超过20个字。

(二)立论依据要求

(1)选题目的与意义,即回答为什么要研究,交代研究的价值及需要背景。一般先谈现实需要——由存在的问题导出研究的实际意义,然后再谈理论及学术价值,要求具体、客观,且具有针对性,注重资料分析基础,注重时代、地区或单位发展的需要,切忌空洞无物,只喊口号。

(2)国内外研究现状,即文献综述,要以查阅文献为前提,所查阅的文献应与研究问题相关,但又不能过于局限。与问题无关则毫无价值;过于局限又违背了学科交叉、渗透原则,使视野狭隘,思维禁锢。综述的"综"即综合,综合某一学科领域在一定时期内的研究概况;"述"并不是叙述,而是评述与述评,即要有作者自己的独特见解。要注重分析研究,善于发现问题,突出选题在当前研究中的位置、优势及突破点;要摒弃偏见,不引用与导师及本人观点相悖的观点就是一个明显的错误。综述的对象,除观点外,还可以是材料与方法等。

此外,文献综述所引用的主要参考文献应予著录,这样做一方面可以反映作者立论的真实依据,另一方面也是对原著者创造性劳动的尊重。

(三)研究方案要求

(1)研究的过程。整个研究在时间及顺序上的安排,要分阶段进行,对每一阶段的起止时间、相应的研究内容及成果均要有明确的规定,阶段之间不能间断,以保证研究进程的连续性。

(2)拟解决的关键问题。对可能遇到的最主要的、最根本的关键性困难与问题要有准确、科学的估计和判断,并采取可行的解决方法和措施。

(3)框架要完整。开题报告框架主体部分包含的内容主要有以下几点。

①选题缘由;

②文献综述;

③研究的理论基础;

④研究的主要内容;

⑤研究的目的和意义;

⑥研究的思路和方法;

⑦研究的步骤;

⑧论文提纲。

(4)主体要完美。

①选题缘由,选题缘由,就是要说清楚我们为什么要进行这项研究。第一,要阐明我们的研究人员的整体素质以及综合考察研究人员在这个领域的合作研究情况;第二,要

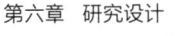

说明该选题具有哪些代表性、典型性、新颖性;第三,要说明该选题的时代背景及意义如何。

②文献综述。在论文的写作过程中,文献是我们文章的理论基础和实践支撑,在理论和实践上都具有一定的价值。我们的文献综述很容易犯两方面的错误:一是只是高度地加以概括和总结,三言两语就结束了;二是把所有的文章和书本都一一罗列上去。文献综述的目的在于帮助我们厘清思路,看前人是如何研究的,已有哪些方面的研究成果;文献综述是我们现有研究的依据。对于文献综述的梳理我们不能马虎或潦草地完成,文献资料查询一定要结合论文的关键词,对大量文献资料进行观点提炼,并在归纳总结中思考自己研究的亮点。

③概念界定。概念界定就是要对论文的关键词下操作性定义,借鉴前人已有的经验和经历在自己的研究领域提出自己的新观点,尤其是要解释清楚本研究中的相关概念的实际含义。我们必须根据论文内容的需要将相关概念界定清楚。

④研究的理论基础。研究的理论基础要基于自己的研究内容进行选择。

(5)研究对象要正确。

根据自己的选题,确定研究对象。首先,一定要介绍清楚你的研究对象的来源;其次,你是如何选取这些研究对象的;然后,你的研究对象主要是哪个年龄段,哪个学历层次等;最后,你的研究对象一共有多少人,男女各多少人等,也可根据研究的需要对研究对象进行分类。

(四)条件分析要求

条件分析突出仪器设备等物质条件的优势。明确协作单位及分工,分工要合理,明确各自的工作内容及职责,同时又要注意全体人员的密切合作。提倡成立导师组,导师组成员的选择要充分考虑课题研究的实际需要,要以知识结构的互补为依据。

本章小结

一般来说,确定对象的方法主要包括总体研究和抽样研究,其他还有个案研究等。

按形式划分,变量可以分为连续变量和类别变量。按来源划分,变量可分为主动变量和属性变量。按变量间的关系划分,可以分为自变量、因变量、无关变量、调节变量、中介变量等。

研究计划的内容包括:课题名称、研究的目的和意义、研究内容、待答问题或研究假设、研究对象和研究变量、文献综述、研究方法与设计、研究进度、成果形式、课题组成员及其分工、经费预算、参考书目与附录。

开题报告框架主体部分包含的内容主要有:选题缘由、文献综述、研究的理论基础、研究的主要内容、研究的目的和意义、研究的思路和方法、研究的步骤、论文提纲。

【思维导图】

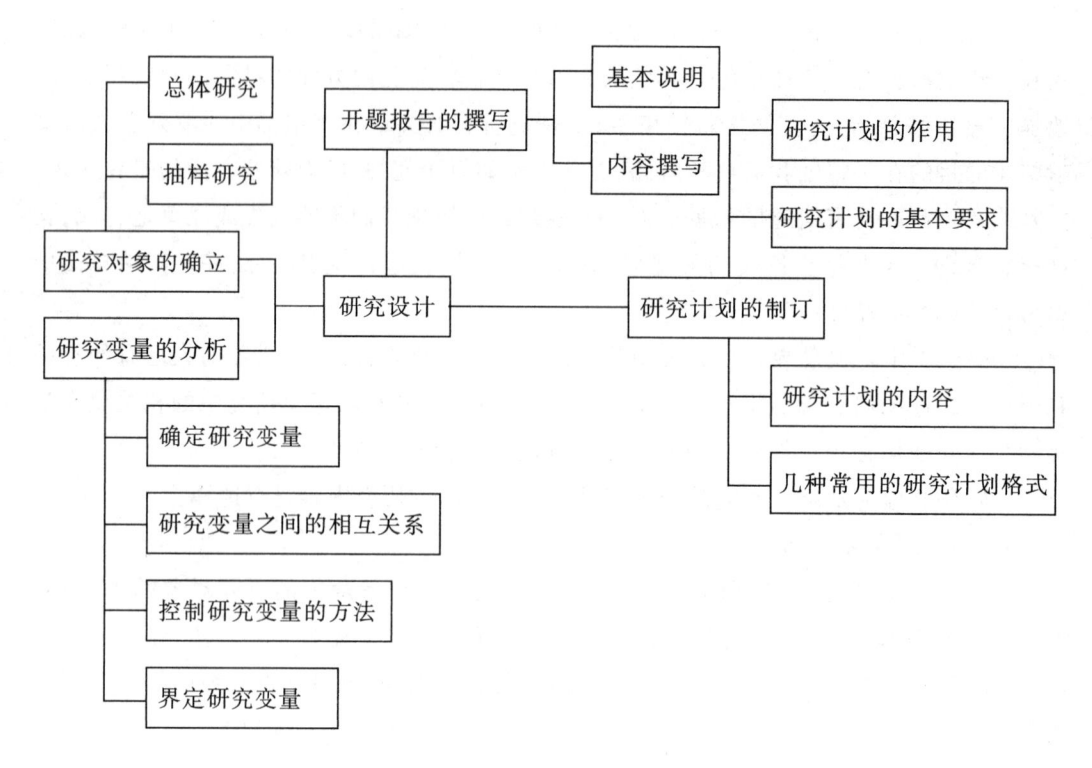

```
                    ┌─ 总体研究
                    ├─ 抽样研究
  研究对象的确立 ──┤
                    │                              ┌─ 基本说明
  研究变量的分析 ──┤   开题报告的撰写 ──┤
                    │                              └─ 内容撰写
                    │
                    │   研究设计
                    │                                      ┌─ 研究计划的作用
                    │                                      ├─ 研究计划的基本要求
                    └─ 研究计划的制订 ──┤
                                              ├─ 研究计划的内容
                                              └─ 几种常用的研究计划格式

  ├─ 确定研究变量
  ├─ 研究变量之间的相互关系
  ├─ 控制研究变量的方法
  └─ 界定研究变量
```

【思考与练习】

1. 常用的研究对象确立的方式有哪些？
2. 控制研究变量的方法有哪些？
3. 研究计划的作用是什么？
4. 开题报告包括哪些内容？

【推荐阅读】

[1] 张一中. 心理学的研究方法与应用[M]. 上海:复旦大学出版社,1998.

[2] 张积玉. 学术论文写作导论[M]. 西安:陕西人民教育出版社,1994.

[3] 裴娣娜. 教育研究方法导论[M]. 合肥:安徽教育出版社,2000.

[4] 徐辅新. 教授谈毕业论文写作[M]. 合肥:安徽大学出版社,1996.

[5] 欧阳周,汪振华,刘道德. 毕业论文和毕业设计说明书写作指南[M]. 长沙:中南工业大学出版社,1996.

第三编

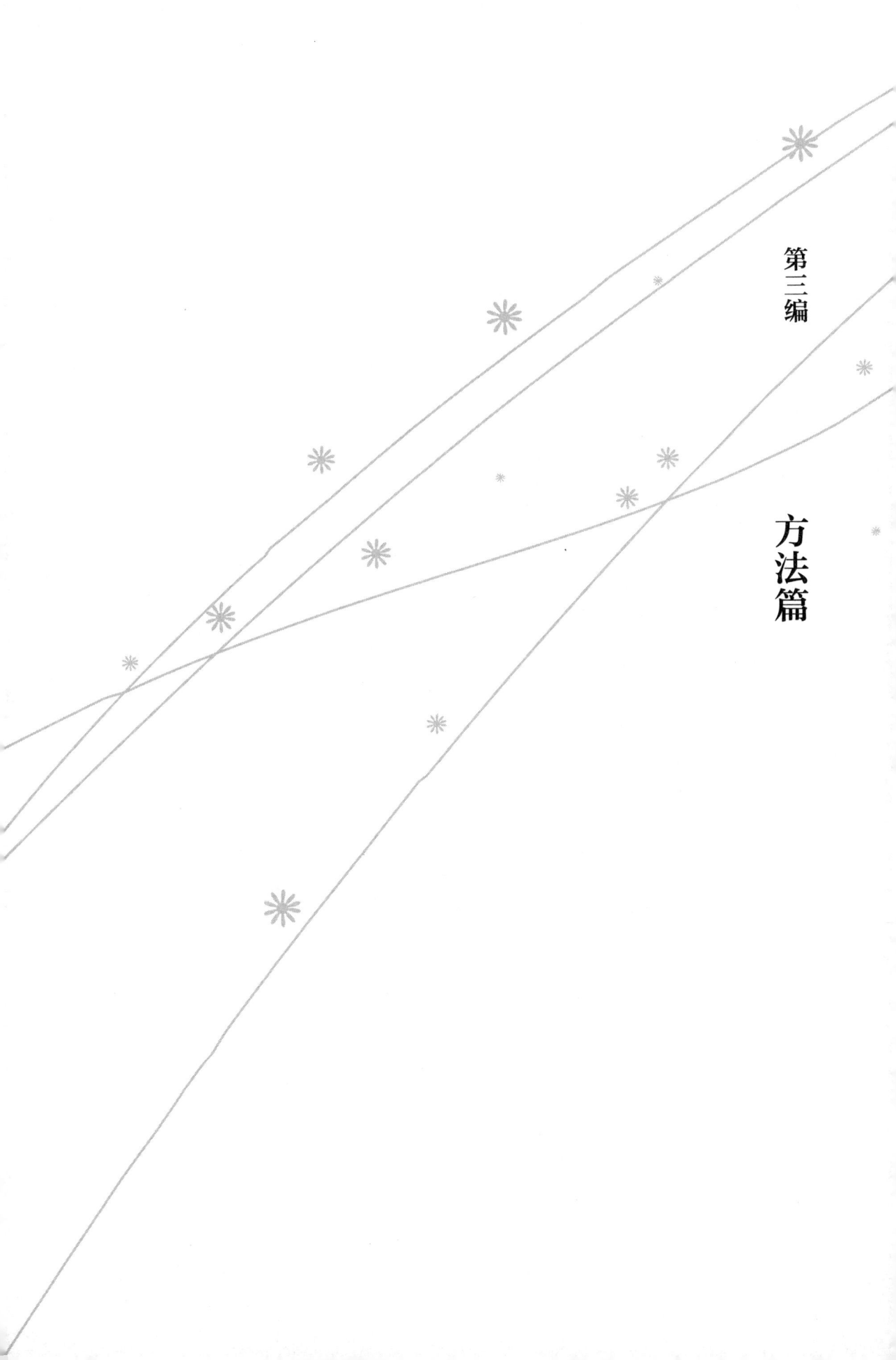

方法篇

第七章 课堂观察

> 应当细心地观察,为的是理解;应当努力地理解,为的是行动。
>
> ——[法]罗曼·罗兰
>
> 我没有突出的理解力,也没有过人的机智,只是在觉察那些稍纵即逝的事物并对其进行精细观察的能力上,我可能在众人之上。
>
> ——[英]达尔文

第一节 课堂观察研究概述

学习提要

(1)了解课堂观察的含义、特点、类型。
(2)知道课堂观察的意义。

课堂与教师成长都是教育改革与发展永恒的主题。随着社会对教师素养提升的要求,小学教师应具有反思性实践、研究的专业素养已成为教师专业成长的一种共识。在教育观察研究中,课堂观察不失为一种促进教师成长的好方法。

一、课堂观察的含义

(一)教育观察

观察是人类从经验世界获得外界信息的方法,任何人都可以借助感官,观察外在的人、事与物,它是人类获取信息最早使用,也是最古老的一种方法。《现代汉语词典》将其解释为:仔细察看。但是日常观察大都随机而为,难以为研究所用。如果要想把观察纳入教育研究之中,那它必须是一种科学的观察。它必须具备以下特征:(1)科学的观察是有计划、有系统、有目的的;(2)观察者须接受相当的训练;(3)科学的观察是客观的;(4)科学的观察是有效的;(5)科学的观察是准确可靠的;(6)科学的观察是有详尽记录的;(7)科学的观察结果是可"数量"的(即观察结果最好能以数量的术语来表示);(8)科学的观察是可以证实的;(9)科学的观察常注意因果的关系。[①]教育观察是一种科学的观察法。在教育研究中,当研究目的是描述对象在自然条件下的具体状态或需要对正在进行的某些过程做出描述时,当研究需要获得研究对象或事态变化过程的第一手资料时,教育观察法是最适合的方法。[②]在教育科学研究中,有不少有影响的成果都与教育观察法有关。诸如,皮亚杰关于儿童认知结构的发生学研究,苏霍姆林斯基关于教育与儿童全面发展关系的研究等。教育观察有许多领域,课堂观察是其中重要的一部分。

(二)课堂观察

课堂观察,简单地说,就是指研究者或观察者带着明确的目的,凭借自身感官(如眼、耳等)及相关辅助工具(观察表、录音录像设备等),直接或间接(主要是直接)从课堂情境中收集资料,并依据资料做相应研究的一种教育科学研究方法。[③]它是一种谋求学生课堂学习的改善、促进教师发展的专业活动。它是教师专业成长必不可少的组成部分,是教师专业学习的重要内容和途径。

课堂观察作为一种研究方法,它将研究的问题具体化为不同的观察点,将课堂中连续性事件拆解为一个个时间单元,将课堂中复杂性情境拆解为一个个空间单元,透过观察点对一个个单元进行定格、扫描,收集、描述与记录相关的详细信息,再对观察结果进行反思、分析、推论,以此改善教师的教学,促进学生的学习。

课堂观察与传统听评课有什么区别呢?一般来说,课堂观察需要课前做好充分的准备,传统听评课没有充分准备;课堂观察需要在课中准确记录各种信息及数据,传统听评课以记录教学过程为主;课堂观察需要观察者的分工合作,传统听评课是个人独立行为;课堂观察是观察者人人参与,有明确的观察任务和目的,而传统听评课,因为任务不明确,有的老师只是为完成任务而听课,为了听课而听课,并没有真正投入,最后反馈时容易形成个别优秀教师的一言堂。

---

① 陈选善:《教育研究法》,福建教育出版社,2007,第83-86页。
② 叶澜:《教育研究及其方法》,中国科学技术出版社,1990,第96页。
③ 陈瑶:《课堂观察指导》,教育科学出版社,2002,第1-2页。

二、课堂观察的发展历史

课堂观察作为一种科学研究的方法,在教育以外的其他学科领域中早已广为应用。在教育领域(主要在课堂研究)中运用观察方法,其发展历史主要经历了这样三个阶段:

第一阶段:探索阶段——20世纪二三十年代,就已经在其他学科领域广为应用,比如自然科学实验中的观察,行为主义心理学实验中行为的分解与观察以及社会学中对特定人群的行为观察等。到了五六十年代,开始有人将观察方法引入教育研究领域并大量使用。

第二阶段:工具发展阶段——从50年代后期到70年代中期,研究者不断探索系统的观察记录体系,开发了众多的观察工具,体现了定量化、系统化、结构化潮流的影响。这种完全依赖观察表、编码量表和项目清单的研究方法来自北美,后在英美普遍运用,其间课堂观察的专业性和技术性获得很大发展。随着电子信息技术产品的开发利用,录音机、摄像机、照相机等设备也逐渐被用作课堂观察的辅助工具。

第三阶段:扩展研究时期——从70年代中期到现在。对教育环境中教学过程观察的深度和广度不断扩展,课堂观察的应用更为广泛。随着对定量方法的"科学性"的怀疑,一种基于解释主义和自然主义的定性观察的方法引起了教育研究者的重视。到目前来看,课堂观察的方法非常丰富,定量与定性的方法趋于结合,优势互补,不断完善。

三、课堂观察的特征

(一)目的性

在课堂观察中,观察者通常要根据自己的研究目的来从事观察活动。比如研究内容的选择、观察对象的确定(包括教师或学生等,本文的被观摩者在不同情境各有所指)、观察方法的设计、观察工具的设计使用等都是围绕研究的目的进行的。特别是研究内容的选择,可以结合教师平时感兴趣的主题或正在研究的小课题,使课堂观察具有明确的方向和目标。

(二)程序性

课堂观察是一个行为系统。它由明确观察目的、选择观察对象、确定观察行为、记录观察情况、处理观察数据、呈现观察结果等一系列不同阶段的不同行为构成。在一次课堂观察中,这些行为的实施分三个阶段,包括课前会议、课中观察、课后反馈。这一程序实质上就是一个"提出研究问题—收集数据或信息—整理信息—分析描述信息—做出结论"的工作流程。

(三)实践指向性

中小学老师的课堂观察不等同于专家的课堂观察。专家所进行的课堂观察一般以认识课堂、揭示规律、建构理论为目标,具有极强的理论指向性。而中小学老师的课堂观察在观察他人的同时更多的是反思自己的教育理念和教学行为,感悟和提升自己的教育教学技艺,因而更多的是指向自己。教师进行课堂观察是以提高实践智慧为目标,有着极强的实践指向性。

四、课堂观察的类别

根据课堂观察仪器的运用、主体、方式、评价方法等不同标准,可以把课堂观察分为直接观察与间接观察,参与观察与非参与观察,结构观察、准结构观察与非结构观察,定性观察与定量观察等多种类型。

(一)根据课堂观察时研究者是否借助于仪器,分为直接观察与间接观察

直接观察就是凭借观察者自身的眼睛、耳朵等感觉器官直接感知外界事物的方法,因此直观具体;而间接观察则是指观察者利用一定的仪器或其他技术手段作为中介对观察对象进行考察,这类观察突破了直接观察人的主观能力的局限,扩展了观察的深度和广度。

(二)根据课堂观察时研究者是否参与观察对象的活动,分为参与观察与非参与观察

参与观察就是观察者参与到观察对象的活动中,通过与观察对象共同进行的活动从内部进行观察。参与观察有两种参与的方式,一种是观察者隐瞒自己的真实身份和研究目的,自然加入到被观察者群体中进行的观察,被称为"完全参与观察"。完全参与观察能深入地了解到被观察者的真实资料,但如果参与过深,又往往容易失去客观立场。但在课堂观察中这种完全参与观察是很难做到的,因为观察者是成年人,被观察对象则是未成年人(在其他情境中有时上课老师为被观察对象),他们(特别小学生)往往对观察者很好奇,或是将其看作老师,而观察者很难被真正当作他们的自己人。参与观察还有另外一种形式——不完全参与观察,观察者不隐瞒自己的真实身份和研究目的,在被被观察者接纳后进行观察。[1]比如有的观察者深入幼儿园或小学低年级去进行长期的课堂观察就属于此类。不完全参与观察避免了被研究者的紧张心理,可以进行自然的观察。但这种方法的缺点是被观察者容易表现出不合作行为,或是隐瞒和掩饰对自己不利的表现,或是故意夸大某种表现,使观察结果失真。课堂观察中,参与观察更多的是一种不完全参与观察。参与观察法的主要优点在于:它可以缩短或消除观察者和被观察之间的心

---

[1] 郑金洲、陶保平、孔企平:《学校教育研究方法》,北京:教育科学研究方法,2003,第103页。

理距离,便于深入了解被观察对象内部的真实情况。但这种方法也有其局限性,即观察者与被观察者之间容易相互影响,其观察的结论易带主观感情色彩。

非参与观察是指研究者不介入被观察者的活动,而只是作为一个旁观者置身于他所研究的课堂情境之外所进行的观察。课堂非参与观察一般适用于观察时间较短、内容较简单的情况。非参与观察的主要优点在于:观察者不易受被观察者的影响,观察结果比较客观、公允。这种方法的局限性主要是:观察的现象易带有表面性和偶然性,观察不易深入。比如学校领导偶尔对教师的教学进行课堂观察就属于这种非参与的课堂观察。

(三)根据课堂观察方式的结构化程度,分为结构观察、准结构观察、非结构观察

按观察方式的结构化程度可将课堂观察分为结构观察、准结构观察、非结构观察三大类。所谓结构化程度就是时间和事件行为被分解的细致程度,结构化程度越高就表明定量化程度越高,反之亦然。

结构观察是观察者根据研究的目的,事先拟定好观察计划,确定使用的结构性观察工具,并严格按照规定的观察内容和程序实施的观察。在结构观察中,一般有一定的分类体系或结构性的较为详细的观察纲要,在特定的时间和地点内,对预先设置的分类下的行为进行记录,往往有较为严格的规则,对观察者和观察对象都有一定程度的限制。所以它最大的特点是观察程序标准化和观察内容结构化。这种观察记录的结果一般是一些规范的数据,还可以根据需要通过计算机或其他设备进行处理。

准结构观察是介乎于结构观察和非结构观察之间的一种过渡类型。这种课堂观察可以有预先设置的分类,即有一定的结构,但其记录不是以数据的形式体现,而是以文字或其他形式体现。比如我们在评价一个教师的教学时,往往先划出一些需要观察的条目:口头表达、讲解、板书、教学结构等,通过一段时间的观察,观察者对这些用文字加以较为详尽的描述,有的往往带有一定的价值判断。

非结构观察,没有预先设置的分类,对事件和行为尽量广泛地做记录,对背景因素很少予以控制,资料收集的规则是灵活的,是基于需要在观察的过程中形成的,事先不作严格的观察计划,不必指定结构性的观察表格或提纲,即使有观察提纲,其结构也是松散的,而且往往只是一些宽泛的指导方针,观察者对观察活动只有粗略的想法,常依照现场情况决定观察的进程。这种观察对观察者和观察对象都不做严格限定,它的最大特点是灵活机动,观察者可以基于自己的理论素养在观察中充分发挥主动性、创造性。这种观察所记录的信息可以以文字的形式(比如田野笔记)体现,还可以辅助以录音、录像等。

(四)根据课堂观察不同评价形式,分为定性观察与定量观察

定性观察是指以质化的方式收集资料,且该资料以非数字化的形式(比如文字等)呈现,有些也可以转化为量化形式。定性课堂观察的记录方式有描述体系、叙述体系、图式记录等。定性课堂观察要求贴近现场、贴近情境、贴近被研究者、贴近事物的真实面貌,

它既是主观的,又是客观而科学的。当然定性观察也有局限性,即它往往只能针对小样本,研究的结论不能广泛推广,并且定性观察记录的水平与观察者个人的经验、描述能力及理论水平有很大关系,观察的效度和信度难于检验。

定量观察是以结构化的方式收集资料,并且以数字化的形式呈现资料的课堂观察。定量观察的记录方式有编码体系、记号体系和等级量表等。定量观察的优势在于可探索正在进行的行为,并且能收获真实可靠的第一手资料。定量观察注重科学、客观、系统的方法与程序,观察的工具可以反复使用,研究的样本可以稍大,可以用统计学的方法分析资料。定量观察的局限性在于方法的封闭性和控制性较强,较少考虑背景因素,只对预定的项目进行记录而忽视其他因素,因此虽然细致,但难免片面。

需要指出的是定性观察和定量观察的划分并不是绝对的,它们并不相互排斥而是互相证明、互相补充的,研究者往往综合运用这两种方法。

五、课堂观察的意义

学者把课堂观察对于教师专业发展的重要价值概括为:(1)提升教师的专业反省知觉能力;(2)促进班级互动品质的提升;(3)发现教室内教学不公平的事实;(4)反省课程设计的成效;等等。通过理论梳理和实践经历,可将课堂观察的价值意义总结为以下几个方面:

(一)课堂观察可帮助教师真正了解学生的学习状况

一堂课的效果如何,最关键的是看学生学得如何,因为所有的教都是为了学。经过教师的教,学生学会了,会学了,又学得愉快,毫无疑问,这样的教师肯定就是好教师,这样的课肯定也是成功的课。平常的听评课也会评价学生的学习情况如何,通常通过板演、回答、作业等方面来考察学生的学习效果。但是这样的评价是比较粗糙的。因为一个人没有精力对那么多学生同时开展观察,而专业的课堂观察不一样,它经过分工合作,可以做到最大限度地细致地观察学生学习的各种状况。课堂观察可以发现学生如何学习、会不会学习以及学得怎样,如学生的投入情况、倾听情况、活动情况等。通过课堂观察汇报,教师可以了解学生的学习过程,特别是可以发现平时自己不容易发现的问题,并采取措施改进学生的学习方式,提高学生学习的效率,从而提高教学的有效性。因此,课堂观察可以帮助教师真正了解学生的学习状况,帮助教师关注学习、研究学习和促进学习,始终紧紧围绕着学生课堂学习的改善。

(二)课堂观察可帮助教师诊断课堂问题,改进课堂教学

课堂教学是一个复杂的系统工程,涉及许多因素,有许多问题需要教师去观察,去发现,并分析现象,正确归因,寻找对策,进而解决问题。观察课堂其实质就是研究课堂教

学问题,有成功的课堂但是没有完美的课堂,往往我们所观察到的课堂成功之处是可以总结经验以供其他教师借鉴之处;更多的课堂观察是发现问题,诊断课堂,可以总结教训,以供其他教师吸取教训,少走弯路。如授课教师对教材内容安排处理是否恰当,有无科学性错误,教师的提问能否激发、调动学生的学习积极性,课堂纪律、课堂秩序问题处置如何,教师如何处理课堂上的突发事件、如何进行课堂管理等都需要我们关注。同时,通过课堂观察,能从大量的问题中找到有价值的研究主题,作为其他研究的起点。课堂观察要解决的问题,是真实的问题,是当时当地发生的问题;是有价值的问题,具有典型性、代表性;是能够研究的问题,观察者的能力和水平足以驾驭。教师可以通过自我的观察,对自己遇到的教学问题,借助观察进行自我反思,并寻找对策;也可以通过对他人的观察,学习他人的成功经验或失败的教训,结合自己的实践,解决问题。

(三)课堂观察可以促进教师的专业成长

医生的本领体现在病床前,教师的功夫体现在课堂上。医生的业务成长必须通过观察病例、研究病理,教师的专业成长也离不开课例的分析、反思和研究。课堂观察就是帮助教师进行课例剖析研究的最好形式和方法。教师的专业素养包括教师的专业品质和专业技能等,教师专业素养的提高一方面是教师通过对自己课堂教学实践的不断反思、积累而逐渐提高和发展起来的,另一方面则是通过对他人的课堂进行观察、感悟生成的。成功的教师必须能够观察和领悟到课堂上所发生的所有复杂行为及其原因并迅速做出反应。课堂观察作为一种具有较高要求的专业研究活动,能锻炼教师的观察、领悟和反应能力,促进教师从普通教师成长为专家型教师。课堂观察对促进教师的专业成长非常有帮助,不仅在教学实践上有明显的诊断、改进作用,同时也能促进教师进一步学习相关教育教学理论知识,让教师从更高的视角来审视自己的课堂,做到理论与实践的有机结合。因此,教师要增强课堂观察的意识性和自觉性,在课堂观察中不断反思教学行为背后潜藏的观念,检视日常教学行为,改进日常教学策略,不断促进自身的专业成长。

(四)课堂观察有利于形成教师之间的合作互助氛围

课堂观察是互惠性的,是一种团队合作,它是由彼此分工又相互合作的团队实施的行动。它不是行政命令,也不是规定性的任务,而是出于自愿和协商的一种专业学习活动、研究活动。课堂观察改变了教师传统的单兵作战的听评课方式,使教师在团队内对话、倾听、讨论等交流中吸取群体的智慧。观察者和被观察者都能受益。在课堂观察的整个程序中,每个阶段都是教师之间的多向互动过程。教师借助于课堂观察的共同体,应对具体的课程教学、学生学习、课堂管理等方面的问题,开展自我反思与专业对话,在改进课堂教学的同时促进共同体中的每一个成员得到应有的发展。同时,对于校研组来说,在开展课堂观察合作活动的过程中逐步营造了一种合作的教研文化。对于整个学校来说,课堂观察增加了教师交往与交流的机会,促进了学校合作文化的打造,增进了教师的责任感和对学校的归属感。

总之,课堂观察,作为教师评价课堂、研究课堂、改进课堂的一种方法与尝试,是对传统听评课形式的改进,有着许多传统听评课无法达到的效果。但是,课堂观察不是万能的,它也有局限性。比如它善于对课堂行为的局部现象进行分析而不善于对课堂现象的整体进行综合的宏观把握;它对参与教师有较高的要求,观察量表的制订、观察数据的分析等需要经过培训;还有,课堂观察往往能发现很多细小问题,反馈时教师更多的是指出缺点,容易对授课教师带来较大打击,影响教师的自信。因此,对于课堂观察我们也要客观全面地看待,根据具体情况和实际需要选择使用。

第二节　课堂观察的运用

> **学习提要**
>
> （1）熟悉课堂观察的内容框架。
> （2）了解课堂观察完整的程序。
> （3）掌握课堂观察记录工具的开发策略。

一、课堂观察的设计

（一）确定观察点

观察点是观察的中心，即需要记录的事件和行为。课堂的丰富性和复杂性决定任何观察者都不可能观察得到课堂的全部信息，这在客观上也要求观察者进入课堂之前，要根据观察点的品质、观察目的和内容等事先确定好观察点，以便观察时能聚焦课堂中的某些问题、现象、行为，从而使观察更为有效，所以确立适切的观察点是课堂观察活动的关键环节。

1. 确立观察点的依据

确立课堂观察点需要对课堂进行科学解构。课堂涉及的因素很多，需要有一个简明、科学的观察框架作为具体观察的"抓手"或"支架"，从中寻找观察者感兴趣的问题，或被观察者的要求，或合作体的共同目标，若没有将使观察陷入随意、散乱的状态。

下文主要介绍崔允漷教授的课堂观察模式，观察者可尝试从学生学习、教师教学、课程性质、课堂文化四个维度进行解构，这样一个四维框架的形成，既有理论依据，又有实践依据。

> **资料链接**
>
> **课堂观察的四维框架**
>
> 1. 学生学习：关注怎么学或学得怎么样。包括：准备、倾听、互动、自主、达成；
> 2. 教师教学：关注怎样教的问题。包括：环节、呈示、对话、指导、机智；
> 3. 课程性质：关注教与学的内容是什么。包括：目标、内容、实施、评价、资源；
> 4. 课堂文化：关注整个课堂怎么样，具有整体性。包括：思考、民主、创新、关爱、特质。

理论依据主要基于对课堂构成要素的认识,即对课堂主要由学生、教师、课程及课堂文化的认识。这四者既各有所指,又相互关联。学生学习维度主要关注怎么学或学得怎样的问题,学生是课堂学习活动的主体,他们是课堂学习的积极参与者、主动建构者,学生的有效学习是课堂成功的决定性因素。教师教学维度主要关注怎么教的问题,教师是课堂教学的组织者、引导者、促进者,教师灵活运用各种教学资源、教学方式等在很大程度上影响着课堂教学的有效性。课程性质维度主要指的是教与学的内容是什么的问题,它是师生在课堂中共同面对的教与学的客体。三者之间,学生学习和教师教学通过课程发生联系;在整个互动、对话、交往的过程中形成了课堂文化。因此,课堂文化具有整体性,关注的是整个课堂怎么样的问题,是课堂中各要素多重对话、互相交织、彼此渗透形成的一个场域。

四维框架的实践依据则是"我观察什么课"这一问题的提出。这是每一个课堂观察都必然要面对的问题。由这个问题可以发散出如下问题:(1)学生在课堂中是怎样学习的？是否有效？(2)教师是如何教的？哪些教学行为是适当的？(3)这堂课是什么课？学科性表现在哪里？(4)在该课堂待了40至45分钟,整体感受如何？这四个问题恰可通过课堂观察的四维框架的使用得到回答。

2.确定观察点的要求

首先,要根据观察点的品质——可观察、可记录、可解释来确定观察点。这是由观察的特点所决定的。不是所有的课堂现象都可以成为观察点,只有遵循可观察、可记录、可解释的原则,才能确定观察点。我们只能观察到具体的行为表现,如师生之间的提问与应答、阐释与分辨、辅导与练习等,而很难观察学生、教师头脑里的东西;同样,所确定的观察点还必须是可记录、可解释的,不可记录等于不可观察,不可解释等于没有观察。譬如,"探究精神是怎样培养的"和"探究能力是怎样培养的"这两个观察点,相比较而言,后者的可观察性、可记录性更强和课后的推论更具可操作性。

其次,要根据观察者和被观察者个体的需要来确定观察点。处在不同发展阶段的教师关心的问题不同、需求不同,因而确定的课堂观察点也就不同。如,教师可以根据自己需要加强的教学领域或某一方面素养来确定观察点,通过观察、研究作为自己改进的参照。实际上,观察者和被观察者的需求往往不相一致,这就需要在课前会议中通过协商决定。

再次,要根据合作体的需要来确定观察点。课堂观察合作体形成的前提之一就是有共同的合作目标,或是研究一个主题,或是形成合作体的教学风格,或是改进课堂教学的某一方面等。因此,在确定观察点时还要考虑围绕合作体的需要,如,就当今最普遍的学科教研组而言,在观察点的选择和确定上,要思考:本学科教研组近3年的课堂教学追求是什么？确定具体的发展目标之后,就需要考虑与所追求的主题最密切相关的观察点,并在这一基础上"设计—观察—反思—改进",从而形成教研活动的跟进链条。

> **资料链接**

课堂观察点举例[1]

（一）学生学习观察点举例

● 准备：

△ 学生课前准备了什么？是怎样准备的？

△ 准备得怎么样？有多少学生做了准备？

△ 学优生、学困生的准备习惯分别是怎么样的？

● 倾听：

△ 有多少学生能倾听老师的讲课？能倾听多少时间？

△ 有多少学生能倾听同学的发言？

△ 倾听时，学生有哪些辅助行为（记笔记/查阅/回应）？分别有多少人？

● 互动：

△ 有哪些互动行为？学生的互动能为目标达成提供帮助吗？

△ 参与提问/回答的人数、时间、对象、过程、质量如何？

△ 参与小组讨论的人数、时间、对象、过程、质量如何？

△ 参与课堂活动（个人/小组）的人数、时间、对象、过程、质量如何？

△ 学生的互动习惯怎么样？互动中，出现了怎样的情感交流？

● 自主：

△ 学生可以自主学习的时间有多少？有多少人参与？学困生的参与情况分别怎样？

△ 学生自主学习形式（探究/记笔记/阅读/思考）有哪些？各有多少人？

△ 学生的自主学习有序吗？学生有无自主探究活动？学优生、学困生情况分别怎样？

△ 学生自主学习的质量如何？

● 达成：

△ 学生清楚这节课的学习目标吗？

△ 预设的目标达成的证据是什么（观点/作业/表情/板演/演示）？有多少人达成？

△ 这堂课生成了什么目标？效果如何？

（二）教师教学观察点举例

---

[1] 参考沈毅、崔允漷：《课堂观察：走向专业的听评课》，华东师范大学出版社，2008，第104页。（有大量改动）

●环节：

△由哪些环节构成？是否围绕教学目标展开？这些环节是否面向全体学生？不同环节、行为、内容的时间是怎么分配的？

●呈示：

△怎样讲解？讲解是否有效（清晰、结构合理、契合主题、简洁、语速、音量、节奏）？

△板书是怎样呈现的？是否为学生学习提供了帮助？

△媒介是怎样呈现的？是否适当？是否有效？

△动作是怎样呈现的？是否规范？是否有效？

●对话：

△提问的对象、次数、类型、结构、认知难度、候答时间是怎样设定的？是否有效或合理？

△教师的回答方式和回答内容如何？有哪些辅助方式？是否有效？

△有哪些话题？话题与学习目标的关系是否紧密？

●指导：

△怎样指导学生自主学习（阅读/作业）？是否有效？

△怎样指导学生合作学习（讨论、活动、作业）？是否有效？（在学生合作的环节设计上，教师也要备好课，目的要明确）

△怎样指导学生探究学习（实验、课题研究、作业）？是否有效？

●机智：

△教学中，教学设计有哪些调整？为什么？效果怎么样？

△如何处理来自学生或情境的突发事件？效果怎么样？

△呈现了哪些非言语行为（表情、移动、体态语）？效果怎么样？

△有哪些具有特色的课堂行为（语言、教态、学识、技能、思想）？

(三)课程性质观察点举例

●目标：

△预设的学习目标是什么？学习目标的表达是否规范和清晰？

△目标是根据什么（课程标准、学生情况、教材）预设的？是否适合该班学生？在课堂中是否生成新的学习目标？新的学习目标是否合理？

●内容：

△教材是如何处理的？（增、删、合、立、换）是否合理？

△课堂中生成了哪些内容？怎样处理？

△是否凸显了本学科的特点、思想、核心技能以及逻辑关系?

△容量是否适合该班学生?如何满足不同学生的需求?

● 实施:

△预设哪些方法(讲授、讨论、活动、探究、互动)?与学习目标适合度如何?是否体现了本学科特点?有没有关注学习方法的指导?

△创设了什么样的情境?是否有效?

● 评价:

△检测学习目标所采用的主要评价方式是什么?是否有效?

△是否关注在教学过程中获取相关的评价信息(回答、作业、表情)?如何利用所获得的评价信息(解释、反馈、改进建议)?

● 资源:

△预设了哪些资源(师生、文本、实物与模型、实验、多媒体)?

△预设资源的利用是否有助于学习目标的达成?

△生成了哪些资源(错误、回答、作业、作品)?与学习目标达成的关系怎样?

△向学生推荐了哪些课外资源?可得到程度如何?

(四)课堂文化观察点举例

● 思考:

△学习目标是否关注高级认知技能(解释、解决、迁移、综合、评价)的培养?(现在大量的课堂教学还停留在记忆和模仿)

△教学是否由问题驱动?问题链与学生认知水平、知识结构的关系如何?

△怎样指导学生开展独立思考活动?

△怎样对待或处理学生思考中的错误?学生思考的人数、时间、水平怎样?课堂气氛怎样?

● 民主:

△课堂话语(数量/时间/对象/措辞/插话)是怎么样的?

△学生参与课堂教学活动的人数、时间怎样?课堂气氛怎样?

△师生行为(情境设置、叫答机会、座位安排)如何?

△学生间的关系如何?

● 创新:

△教学设计、情境创设与资源利用有何新意?

△教学设计、课堂气氛是否有助于学生表达自己的奇思妙想?如何处理?

△课堂生成了哪些目标、资源?教师是如何处理的?

> ●关爱：
> △学习目标是否面向全体学生？是否关注了不同学生的需求？特殊（学习困难、残障、患病）学生的学习是否得到关注？
> △座位安排是否得当？
> △课堂话语（数量/时间/对象/措辞/插话）、行为（情境设置、叫答机会、座位安排）如何？
> ●特质：
> △该课体现了教师哪些优势（语言风格、行为特点、思维品质）？
> △整堂课设计（环节安排、教材处理、导入、教学策略、学习指导、对话）是否有特色？
> △学生对该教师教学特色的评价如何？

（二）开发观察记录工具

无论哪一种类型的课堂观察方法，最终都要落实到记录信息的具体方式上。从某种意义上说，课堂观察方法实际上就是记录信息的具体方法。

课堂观察的记录方式有很多种，应该根据具体的观察内容、观察类型，选择自己擅长的记录方式来进行观察记录。总的来说，课堂观察记录方式可分为定量的记录方式和定性的记录方式两种。

定量的记录方式是预先对课堂中的要素进行解构、分类，然后对在特定时间段内出现的类目中的行为进行记录。它主要有等级量表和分类体系等记录方式。等级量表指事先根据观察目的而编制合理的量表，在课堂观察中，观察者依据对象的行为表现在量表上评以相应的等级。分类体系指预先列出可能出现的行为或要观察的目标行为，在观察过程中以合适的时间间隔取样对行为进行记录。分类体系包括编码体系（如美国课堂观察研究专家弗兰德斯的互动分析分类体系）和记号体系或核查清单。在预设的单位时间内，编码体系对发生的一切行为都予以记录；记号体系或核查清单则只记录不同的行为种类。

资料链接

教师讲解技能等级量表

学科：　　　　　班级：　　　　　　课题：
时间：　月　日　星期：　　　　上午/下午　第　节
观察目标：

讲解技能	评价等级
1.讲解时提供与所讲内容相关的丰富而清晰的感性材料或例子	低　　　　　　高
2.内容难度与学生认知阶段相适应	低　　　　　　高
3.讲解时条理清楚有逻辑	低　　　　　　高
4.用词确切、对重点加以强调	低　　　　　　高
5.运用提问、谈话等方式与学生进行互动交流	低　　　　　　高
6.讲解有感染力	低　　　　　　高
7.讲解速度恰当	低　　　　　　高

资料链接

弗兰德斯的师生言语互动编码系统

分类		编码	内容
教师说话	间接影响	1	接纳学生的感受（接受感情）
		2	表扬或鼓励
		3	接受或使用学生的观点
		4	提问
	直接影响	5	讲解
		6	给予指导或指令
		7	批评或维护权威性
学生说话		8	学生被动说话
		9	学生主动说话
无效语言		10	沉默

弗兰德斯的师生言语互动数据表

	1	2	3	4	5	6	7	8	9	10	11	12	13	14	15	16	17	18	19	20
1																				
2																				
3																				
4																				
5																				
6																				
7																				
8																				
9																				
10																				
11																				
12																				
13																				
14																				
15																				

说明：

1.在课堂观察中，每隔3秒钟取样一次，并在事先设计好的记录表中记下一个编码，以此形成课堂观察记录。

2.1分钟有20个3秒，数据表的每行共有20个方格，可以记录1分钟内20个行为编码。

3.15行代表15分钟内的连续观察。

资料链接

对一名学生每分钟具体活动的观察[①]

观察者：陈瑶

观察时间：2000年4月25日上午

年级水平/科目：高一（2）物理课

观察目标：确定一名学生在上该课时的主要活动

点评：在观察之前，先阅读下表中的各项目。这些项目分别代表了学生每分钟可能的具体活动。观察时，在观察到的项目上画"√"

[①]陈瑶：《课堂观察指导》，教育科学出版社，2002，第49页。

项目	时间/分钟														
	1	2	3	4	5	6	7	8	9	10	11	12	13	14	15
管理															
等待注意															
无关活动															
倾听															
观察															
动手实践															
讨论															
思考															
阅读															
书写															

说明：

1. 表中第一行表示持续时间为15分钟的一段观察，每分钟记录一次学生的具体活动。

2. "管理"是指取出书本、笔等文具，拿资料，做学习的准备工作。"无关活动"指闲聊、捣乱、打瞌睡等。"动手实践"指画画、剪纸、做练习等。

定性的记录方式是以非数字的形式呈现观察的内容的，它包括：(1)描述体系，即在一定分类框架下对观察目标进行的除数字之外的各种形式的描述，是一种准结构的定性观察的记录方法；可以从这样几个角度来描述：空间、时间、环境、行动者、事件活动、行动、目标、感情等。(2)叙述体系，即没有预先设置的分类，对观察到的事件和行为做详细真实的文字记录，也可进行现场的主观评价。(3)图式记录，即用位置、环境图等形式直接呈现相关信息。(4)技术记录，即使用录音带、录像带等电子媒介对所需研究的行为事件做现场的永久性记录。

定量的记录方式和定性的记录方式可以相互补充使用。所获得的数据、信息应尽可能地反映真实的教学环境和课堂活动。

(三)确定观察的时间、地点、次数

什么时候进行观察，以及观察要持续多长时间，对什么样的课堂进行观察等，这些问题是需要事先进行计划的。

二、课堂观察的实施

根据课堂观察的概念可知,课堂观察是一个多方持续合作研究的合作体。组建合作体的需求是基于课堂的丰富性与复杂性,避免课堂观察行为的简单重复。要保障合作体的正常运转,就必须依靠一定的程序,以保障其专业性。

从工作流程来看课堂观察,它包括课前会议、课中观察与课后会议三个阶段。从课前会议的讨论与确定,课堂中的观察与记录,到课后会议的分析与反馈,构成了"确定问题—收集信息—解决问题"的工作流程。它是在个体的分工合作基础上的团队合作行动。在课堂观察的整个过程中,每一个阶段都是教师之间多向互动的过程。教师借助于课堂观察合作体,探究、应对具体的课程、教学、学习、管理上的问题,开展自我反思和专业对话,在改进课堂教学的同时,促使该合作体的每一位成员都得到应有的发展。基于课堂观察,教师认识、理解、把握课堂教学事件,澄清教学实践的焦点问题,并在数据分析的基础之上反思教学行为,寻求新的教学改进策略与方式,被认为是当前教师专业化发展的一种方向。

课堂观察的实施程序大致有以下几个阶段:

(一)课前会议

课前会议作为课堂观察实施的最初程序,其目的是为观察者和被观察者、观察者与观察者之间提供一个交流沟通的平台,让观察者对被观察者的课情有所了解,以便确定观察点,而不是对具体教学内容的研讨。因此,课前会议着重解决以下三个问题。

1. 被观察者说课

主要围绕下列五个方面的问题展开:

(1)本课的内容主题是什么?在该课程中与其他主题的关系、其地位是什么?被观察者首先应向观察者介绍本课的主题和内容,然后应说明本课的内容所对应的课程标准之内容标准或学科教学指导意见,最后简要说明该节内容在本课程或模块中的地位,与前后内容的关联,教材知识的呈现方式,教材的二次开发与处理,使用哪些课程资源等。

(2)介绍一下本班学生的情况,包括学优生与学困生座位分别在哪里。本班学生的情况主要是指学生的思维特征、学习习惯和课堂氛围等。被观察者提供本班学生的座位表,并标明学困生和学优生的分布位置,为观察者确定观察点和选择观察位置提供帮助。

(3)"我"想让学生明白什么?重点、难点在哪里?"我"准备如何解决?简要说明本课的学习目标,最好能表述成表现标准,若与学科教学指导意见不一致,应解释说明与本班学生的适切性;指出本课的重点、难点,并具体说出解决的策略。

(4)本课的大致结构是什么?有哪些创新和困惑?主要介绍本课的教学设计,让观察者对教学环节和流程有个大致的了解。说明创新与困惑之处,以便观察者的观察有针对性。

(5)"我"将如何、何时知道学生是否掌握了"我"打算让其掌握的东西?被观察者应向观察者介绍对学习过程的监控,重点介绍监控的措施与时间,为观察者观察学习目标的达成、结构性陈述等提供帮助。

2.观察者提问与被观察者的进一步阐述

观察者基于被观察者的说课,根据被观察者的要求、教研组任务或自己感兴趣的方面与被观察者进行简短的交流,被观察者作扼要解释的目的是让观察者对本课有更深入的理解,为确定自己的观察点和开发观察工具提供必要的帮助。

3.双方商议,确定观察点

经过观察者与被观察者的商议,观察者最终确定观察点,若观察点需要合作观察,则观察者之间再进行商议,明确合作观察的分工。[①]

一般而言,课前会议的时间:至少在课中观察的前一天举行,耗时约15分钟。

(二)课中观察

课中观察指观察者进入课堂,选择合适的位置,依照事先的计划观察记录所需信息。课堂观察阶段工作的顺利推进得益于准备阶段所设定观察目的、观察工具的准确性和便利性。

对于观察者而言,进入现场要注意四个问题:

1.进入现场的时间与任务

观察者要在上课开始前进入现场,最好提前5分钟进入课堂,同时必须明确进入现场的观察任务以及可用的观察工具。如果没有既定的任务与可用的工具,观察者所获得的只是整体的一般印象或对某个问题表面了解,不可能就所观察的问题做出基于数据或文字实录的深入分析,就有可能使课后会议成为各抒己见的妄议或"空谈"。

2.观察位置

观察者选择有利的观察位置,对观察的顺利开展十分重要。一般而言,要按观察任务来确定观察位置,以确保能收集到真实的信息。如观察4个学生的课堂参与情况,观察者应选择离他们较近的位置,以便随时记录他们参与的时间等;如观察教师情境创设的有效性,观察者应选择便于走动的位置,以便及时移动来了解具体情况。但还应注意,观察者所选定的位置在一节课内通常是固定的,应以不分散学生的注意力为宜,尽量避免与教师的课堂走动发生冲突。

3.记录方式

观察者要如实地记录所看到的与听到的种种,在需要连续记录时,一般不宜当场花时间对现象进行分析或做出判断,以免影响记录的进程,或遗漏一些重要的信息。

4.观察者行为

在观察过程中,观察者的行为表现应不影响正常的课堂教学。观察者的表情不能过于丰富,应保持冷静;观察者不应着奇装异服,尤其是观察位置面对或靠近学生时;观察者不应进行不必要的走动;观察者之间不应相互讨论,发出声音。因为这些行为举动在

[①] 沈毅、崔允漷:《课堂观察:走向专业的听评课》,华东师范大学出版社,2008,第79-80页。

一定程度上都会引起教师或学生的注意,影响教与学的进程。

(三)课后会议

课后会议的目的:让观察者和被观察者根据观察结果进行探讨、分析、总结,形成共识,制订后续行动的跟进方案。

课后会议,主要围绕下列问题展开:

(1)这节课的学习目标达成了吗？被观察者(此指教师)围绕着每个学习目标,就自己所看到的现象逐一分析学习目标的达成情况。分析时应基于学生的表现,基于证据予以说明。

(2)谈谈各种主要教学行为的有效性？一般来说,课堂教学中教师的主要行为有以下几种:活动,如小组合作学习、同伴讨论、动手制作、实验、看听视频录像等;讲解;对话,如提问等;学习指导,如指导文本的阅读,指导图形的阅读,指导书面和口头表达等;以及资源利用。被观察者最好以教学环节为主线,围绕上述几种主要教学行为逐一说明每个教学环节自己采用了哪些教学行为,这些行为对促成教学目标的达成起了什么作用。

(3)谈谈有无偏离自己的教案。如有,请继续说说有何不同？为什么？这个问题实质上是谈预设与生成的问题。在教学实施过程中,偏离教学预设,按照课堂生成的资源改变既定的教学程序、教学策略甚至教学内容,是常常出现的,被观察者有必要向观察者说明改变的原因。

(4)观察者简要报告观察结果。由于课后会议时间有限,这个阶段应遵循4个原则:一要简明,观察者的报告应有全景式说明,但应杜绝漫谈式发言,应抓住核心说明几个主要的结论。二要有证据,观察者发言必须立足于观察到的证据,再作必要的推论,杜绝即兴式发挥。三要有回应,被观察者与观察者,或观察者与观察者间的必要回应是必需的。四要避免重复,各观察者的发言要避免重复性的阐述。

(5)形成几点结论和行为改进的具体建议。结论主要体现三个方面:一是成功之处,即本课中值得肯定的做法;二是个人特色,即基于被观察者本人的实际情况,挖掘个人特色,逐步澄清该教师自己的教学风格;三是存在的问题及建设,即根据本课的主要问题,基于被观察者的特征和现有的教学资源,提出几点明确的改进建议。然后,如有可能,再进行递进式跟踪观察。[1]

三、课堂观察信息的整理与分析

课堂研究需要我们运用科学的方法,收集并驾驭丰富的课堂信息,形成新的观点或

---

[1] 沈毅、崔允漷:《课堂观察:走向专业的听评课》,华东师范大学出版社,2008,第80—81页。

假设，获得有力的论据，展开令人信服的论证，最后使问题得到解决。离开了信息，观察研究无从谈起。课堂观察实施后要首先对资料是否有助于达到观察目的，资料的准确性、完整性进行审核，这对于团队观察而言尤为重要。观察者要想做到各个观察点的资料不重复也不遗漏，可按照一定的标准进行排列。接下来就要对收集到的并经过初步整理的课堂观察资料进行深加工，将资料中真实蕴含的关于研究对象（人、现象、事件、问题）的本质信息识别、提取出来，发现它们之间的联系，并进而运用各种思维方法，形成自己的论点、论据和论证思路，最后使问题得到解决。

课堂观察信息是科学研究的重要证据，对其的甄别和运用直接关系着对课堂本真的认识与问题的解决，也反映着教师的专业化水平。课堂观察资料有两种：定性资料和定量资料。定性观察收集到的资料主要以文字的形式体现，定性资料的分析是进行逻辑归纳，这是一个对观察所得进行逻辑分析的思考过程。定量观察收集到的是以数字为主的量化数据，对量化数据要做数学分析，分析结果以统计学术语形式呈现。

资料链接

定性资料分析过程和量化数据分析过程

定性资料分析过程

步骤：

第一步　观察情境

第二步　从观察所得信息中找到主题

第三步　通过探究从观察数据中发现模式与类目

第四步　从观察到的和最后用文字陈述的内容中推出结论

第五步　运用结论回答待答问题

量化数据分析过程

步骤：

第一步　明确数据的性质与含义

第二步　常用统计技术的运用

第三步　确定样本中得出的结论的必然性

最后要在信息分析的基础上做出适当的推论。课堂观察中的推论是指根据课中观察得到的数据与现象，合乎逻辑地得出结论，给出建议。观察工具记录的只是课堂中的一些信息，为何会出现这样的观察结果，从中可以得出怎样的结论，可以提出哪些有效的教学建议，这些问题对观察者的信息分析能力、教学反思能力、理论素养都提出了较高的要求，也是课堂观察操作中问题频发的关键环节。

在实践中一些观察者的结论与建议没有证据支持，随意夸大或缩小对单个证据的解读，各证据之间无法建立相关性，推论繁琐且重点不突出，推论的针对性和指向性不够等都是常见的问题。所以在对观察信息做出推论时务必注意以下几点：强化证据，遵守规则；由点到面，把握整体；抓大放小，突出重点；留有余地，便于接受。[1]适当的推论有利于保持观察报告撰写的准确性和论证的深度。为了避免文字的重复性，研究报告撰写相关内容在本书其他章节进行介绍。

四、课堂观察的伦理

任何研究都必须遵循科学和伦理两条基本原则。课堂观察是一种现场研究活动，并且以人为研究对象，经常会对被观察者及其课堂情境造成或多或少的干预。特别是由专门研究者进行的课堂观察研究，其伦理问题更为明显。

观察者通常要通过公开协商的途径进入研究现场，并尽快取得被观察者的信任和理解。如被观察者要求了解研究目的，最好如实告知，不要隐瞒，但这也并不等于告诉被观察者所有的事情。

同时研究应避免伤害到观察对象或被观察的团体和机构，而且最好能对其有利。观察者在研究中应当自始至终抱着谦虚、学习的研究态度，观察的结果应当尽可能告知被观察者，并与他们进行讨论，这也显示出观察者对合作教师的尊重。

综上所述，课堂观察的几条伦理原则可以归纳为：开诚布公、尊重自由抉择的权利、信守承诺、避免身心伤害、尊重隐私权、澄清误解和告知结果。

五、教育观察法的研究领域

教育观察法在小学教育教学和教育科学研究的许多领域中得到了广泛的运用，并发挥着作用。教育观察的领域大致范围如下：

(1)学生的学习、生活、娱乐等方面的情况。包括学生的学习时间、学习习惯，学生的生活自理能力、心理状况、消费状况，学生的课外时间、空间的安排，在活动中的表现和感受，对不同活动的选择倾向等。

(2)教师的教育、教学活动。包括教师在课堂教学中的活动情况，教师德育工作，教师作为班主任的教育活动等。

(3)学生与教师的关系。涉及教师对学生的态度(民主、严格、专横等)，学生对教师的态度(亲近、疏远、钦佩、敬畏等)，教师教育行为与学生行为表现之间的关系等。

(4)学生与教师或教师与教师之间的群体氛围。包括凝聚力、离散倾向、人际关系等。

---

[1] 崔允漷、沈毅、吴江林等：《课堂观察Ⅱ：走向专业的听评课》，华东师范大学出版社，2013，第44页。

(5)学校管理。包括学校常规管理、学校办学特色、改革举措等。

(6)其他教育因素的影响。包括不同教材、教学手段、校园环境对学生的影响等。

在具体应用中,教育观察法往往不是单独发生作用,而是与其他研究方法一起协同作用;教育观察法的成果也往往不是单独发挥某项作用,而可以综合发挥出多种功能。

本章小结

随着我国课题研究的深入开展,课堂观察逐渐成为教育观察法的重要问题领域。本章从课堂观察的含义、特征、类型、意义等基本问题进行概述,并在此基础上进行运用的探讨,以期学习者对课堂观察的认识进一步具体化和可操作化。课堂观察的运用从观察的设计、观察的实施、观察信息的整理与分析、观察的伦理、研究领域五个方面进行相关的论述。

【思维导图】

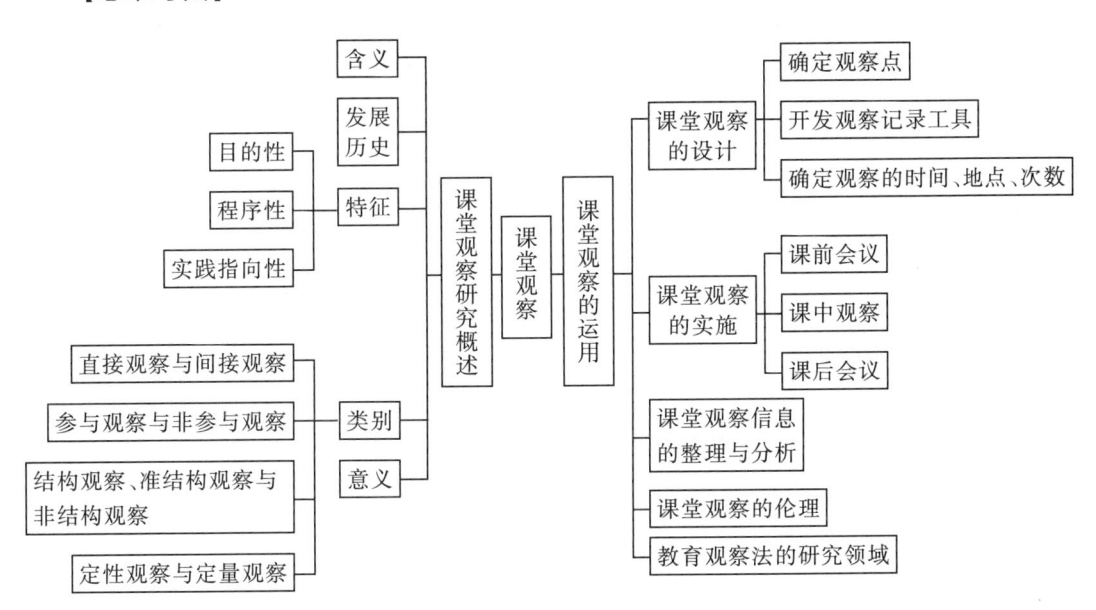

【思考与练习】

1.简述课堂观察的特征。

2.课堂观察有哪些类型,请选择一种类型谈谈它的特点及局限之处。

3.课堂观察的观察点确立可以从哪几个维度展开?

4.简述课堂观察程序。

5.试选择一节课,尝试进行课堂观察,谈谈课堂观察过程中应注意的问题。

【推荐阅读】

[1]陈瑶.课堂观察指导[M].北京:教育科学出版社,2002.

[2]陈大伟.怎样观课议课[M].成都:四川教育出版社,2006.

[3]吴江林,等.课堂观察课例:《基因工程操作的基本步骤》[J].当代教育科学,2007(24).

[4]沈毅,崔允漷.课堂观察:走向专业的听评课[M].上海:华东师范大学出版社,2008.

[5]崔允漷,沈毅,吴江林,等.课堂观察Ⅱ:走向专业的听评课[M].上海:华东师范大学出版社,2013.

第八章 问卷编制

> 只有常常怀疑、常常发问的脑筋才有问题,有问题才想求解答。
>
> ——顾颉刚
>
> 子曰:"敏而好学,不耻下问,是以谓之文也。"
>
> ——《论语》

第一节 问卷的内涵

学习提要

(1)了解问卷法的基本概念和在教育科学研究中的应用。
(2)了解问卷法的优点和缺点,知道在哪些类型的教育研究中可以应用问卷法。
(3)熟悉不同问卷的类型和特点。

一、问卷法的概念

问卷是指"一种为了统计或调查用的问题表格",用问卷来开展调查研究便是问卷法。问卷基本上可以理解为一种以问题为逻辑链的表示方法,问题包含的内容是研究者所要探索的事项,通过填答人回答问题以提供相应的数据和答案,进而通过多项数据的统计和分析得出结论。

可以说,问卷法是调查研究中最常用的一种研究方法,其操作方式也相对简单,能够紧紧围绕研究对象和问题开展研究。问卷法本质上是利用归纳的方法开展数据收集,所获得的不是整体数据,也不是无法利用的零散数据,而是样本数据,其所设计的问题的代表性决定了研究的信效度。随着大数据时代的到来,研究者越来越强调数据的完整性、全体性,但在有限的技术水平下,如教育研究这类普通研究的数据获取依然无法做到"应有尽有",问卷法所能提供的"样本数据"依然具有很高的价值。过去,人们利用问卷开展研究,往往通过邮寄问卷的方式收集数据,随着技术进步,在"互联网+教育"的不断发展下,问卷研究也越来越与时代接轨,很多研究者都倾向于应用网络问卷开展研究,或者以电子邮件、群邮件等方式发送问卷,传统的纸质问卷逐渐被研究者们抛弃,通过纸质信件"邮寄问卷"这种方式已很难见到了。可以说,移动互联网时代和新的网络环境为问卷研究提供了更为便捷的手段和广阔的空间,问卷法也逐渐在互联网的辅助下向大样本、大数据、大研究转变,也因其便捷性、实用性而更为广大研究者所青睐。

二、问卷的特点

(一)标准性

区别于访谈、观察等调查法,问卷有着标准的制式,问题(尤其是封闭式问题)的编制也有规律可循,遵守一定的规范和模式,受填答对象、研究内容等多种因素制约,格式化比较突出。问卷法针对所有的研究对象用同样的问卷开展询问,且发放和填答的时间、方式也相对统一,凡此种种,都决定了它是调查研究中标准性、量化性较高的一种研究方式。从数据统计的角度看,问卷能够反映不同群体、不同地区、不同层次的差异性,其数据比较相对客观,用标准化的工具收集的数据资料,甚至可以用计算机软件进行处理和定量分析。

(二)间接性

利用问卷收集数据采取的是匿名的方式。在网络问卷填答中,调查者和被调查者不见面、不相互知晓,所有问题的回答都可以在"无所顾忌"的环境下自由发挥。这种间接的研究法避开了人与人之间信任的屏障,容易得到最真实的数据,一切敏感性较高或涉及私密领域的问题都可以通过问卷的方式获取数据。问卷法的这种间接性相较于访谈、观察以及行动研究等,是用一张纸将研究者和被研究者隔开,形成了所谓的"安全距离",它为数据的真实性提供了一种可能,当然也为深入研究砌了一堵墙,使其具有足够的广度,却始终难以确保深度。

(三)逻辑性

问卷调查是一种基于问题逻辑的社会调查,这集中体现在多个相关性问题在同一张问卷的编排上。问卷常常需要设置10个以上的问题,问题的排列一般由浅入深,层层递进,问题之间有着逻辑上的相关,被调查者对前后不同问题的回答可以做统计学上的分析,并整理出相应的因果关系和逻辑链条。利用问卷法中的样本数据进行逻辑推理,得出一定结论,与利用大数据进行各种预测具有同理性,这也是普通调查研究法所不具备的特点。

三、问卷的类型

传统的问卷一般按照问题格式分为开放式问卷、封闭式问卷和综合性问卷三种。

(一)开放式问卷

开放式问卷又称为"无结构式问卷",包含了有多种答案的问题。所谓"开放":一方面是问题的设置和语言相对自由,没有标准制式;二是回答格式相对自由,没有固定答案。没有固定的回答格式和要求,被调查者可以自由回答,这有利于研究的深入开展。开放式问卷一般包含了多个日常所谓的"问答题",如:"你认为教师培训应该以什么形式开展?""你对学校开展校外拓展课持什么样的态度?"等。

开放式问卷多数用在问题尚不清楚的探索性研究中,且调查对象人数不宜过多,由于没有标准答案,资料的整理和统计分析相对困难,常由于填答者不配合、惰性以及因填答时间较长而产生心理逆反等因素,容易出现较多无效问卷,如"不清楚""无所谓"等无效回答会出现较多。因此,开放式问卷的填答必须做好研究前的铺垫工作,如制造相对紧张的氛围,给足时间让被调查者集中填答,通过发送礼品等方式诱导其认真填答。网络问卷还可进行一些技术上的创新,使问卷填写变得有趣。

(二)封闭式问卷

封闭式问卷又称"结构性问卷",其对问题的回答有相对固定的格式和答案,一般给定备选项或者判断是否即可,多以选择题、判断题的形式出现,研究者须事先对问题的答案有一定的预判并进行相关设定,填答者根据自己的实际情况进行选择。结构性问卷用于一些比较明确的问题情境,研究者所面对的问题已经形成了若干个现象类别,只需要加以总结、分类,同时设置备选项,并通过问卷做出分析研判。封闭式问题一般包括:是否式问题、选择式问题、评判式问题、划记式问题等类型。[1]如判断类题目:你是否参加过国培项目? 备选答案:A.是;B.不是。选择类题目:你通过哪些途径参加教师培训? 备选答案:A.网络;B.集中面授;C.观摩听课。排序类题目:你是否能按时完成备课任务? 备选答案:A.不能;B.很少能;C.有时能;D.能。

封闭式问卷由于答案已经给定,不需要填答者过多思考,填答的时间成本低,调查对象更容易接受,因此被广泛使用;同时,由于答案相对固定,便于做整理和统计分析,能够有效辅助定量研究,提升研究的信效度。但封闭式问卷也存在研究深度不够、研究结论浮于表面以及研究者主观倾向难以控制等缺陷,因此更多时候需要与开放式问题放在一起使用。

---

[1]马云鹏:《教育科学研究方法导论》,东北师范大学出版社,2002,第147页。

（三）综合性问卷

顾名思义，综合性问卷就是封闭式问题与开放式问题共有的问卷形式，一般以封闭式问题为主，附加2-4个开放式问题。也就是说，研究者将比较清楚的问题设置为选择题或判断题，将尚不明确的问题设置为问答题，在确定性基础上探索更多可能性，采集被研究者的智慧结晶，集思广益，拓展研究的深度。

目前，教育研究普遍采用综合性问卷，通过封闭式问题做定量分析，通过开放式问题拓展研究深度，使得研究更加全面、深入，以体现问卷多维度、多视角、多种方式综合的特点。

资料链接

问卷法的历史与今天

问卷是社会研究中用来收集资料的一种工具。问卷的历史可追溯到经验社会调查广泛开展的19世纪。例如，马克思曾精心制作过一份工人调查表，它分为4个方面，包括近百个问题，以全面了解工人的劳动、生活和思想状况。民国时期国外问卷研究的方法被大批留学归国的学者引进国内，最初便是应用于社会学研究，例如，清华大学的社会学家、优生学家潘光旦先生就善于运用问卷开展优生学、人类学调查，其所著的《中国之家庭问题》《近代苏州的人才》等都设计了调查问卷，其问题编制设计水准令人叹服。20世纪以来，结构式的问卷越来越多地被用于定量研究。

今天，社会学科研究中的调查问卷又称调查表或询问表，是以问题的形式系统地记载调查内容的一种印件。问卷可以是表格式、卡片式或簿记式。设计问卷，是询问调查的关键。完美的问卷必须具备两个功能，即能将问题传达给被问的人和使被问者乐于回答。要完成这两个功能，问卷设计时应当遵循一定的原则和程序，运用一定的技巧。

四、问卷法的优缺点

（一）问卷法的优点

（1）节约研究成本。研究者采集数据信息需要花费时间、资金、精力，问卷法可以说是所有调查方法里最为省时、省钱、省力的方式。问卷同时发放给多个人，比单个访谈要便捷得多；问卷设计和打印的成本实现了最低控制，也是实验研究、观察研究等所不能比拟的；网络问卷填答甚至实现了无纸化操作。当然，在特殊的情况下，有偿填答、发送礼品等也需要投入一定成本。研究经费充裕的情况下，问卷的回收、整理和统计分析等也可以聘请专人操作,但这些都可以控制在研究者能够接受的范围之内。相较于观察法、访谈法和行动研究,问卷调查中的研究者是一个相对独立于被试的研究主体,不需要亲自参与和面对面交流,无须亲自体验备课、上课等教育过程,始终处于一种抽离的视角开展研究,这也极大地节省了研究者的精力。

(2)研究范围不受限制。问卷研究选取样本发放问卷,样本量大小决定了研究的范围。根据实际研究条件,可以自行调节研究的"幅宽"。如关于"教育满意度"的调查,目前既有中国教育科学研究院组织的涉及30多个省、自治区、直辖市上万人,涵盖教师、学生、教育管理者多个层次的调查,也有各个地方开展的"教育质量满意度"调查,很多学校内部还有教师群体开展的"分学科教育满意度"研究。当然,样本量越大、样本代表性越高、层次越多,研究的结论也越科学。

(3)研究结论相对客观。问卷法是科学研究中归纳法在调查研究中的具体表现,问题设置的科学性、问题排列的逻辑性、统计分析的技术性都表明了其在研究客观性方面所做的努力。研究者只要能最大化控制主观偏见,设计出科学合理的调查问卷,科学选取样本,问卷发放和填答的过程中实现无效问卷的最大化控制,采取科学的统计分析法对问卷进行整理分析,研究结论就能做到相对客观。在这一方面,问卷研究有效地弥补了人文社科研究长期以来主观性强、理念先行等缺陷,让社科研究走上了更科学、更规范的道路。

(4)操作简便易行。问卷法目前已经成为所有学科领域的研究者耳熟能详的研究法,从中小学生到研究生,从初学者到专家学者,都习惯于运用问卷来解答困惑和开展研究。可以说,问卷法的门槛非常低,能提出问题且形成问题系列,呈现在纸上就是一份问卷,只不过有程度不同、深度不一的区别。问卷法的操作也极为简单,参照了学生时代伴随大家成长的"考试"这一学习形式,"分发、答题、回收"这一系列的动作与"发试卷、答卷、收卷"如出一辙,只不过试卷变成了问卷,阅卷变成了答案的整理分析,且形式更为自由宽松,易被大众接受。

(二)问卷法的缺点

(1)研究的深度不够。问卷法的缺陷也是极为明显的,其最主要的一点就是"形制限制了内涵":规定的题面与固定的答案让研究者很难找到深入研究的突破口,很多问卷研究都会陷入"现象—问题—现象"的死循环,研究结论仍然在讨论现象,难以展开对原因的分析和对策的思考,研究浮于表面、流于形式的情况比较普遍。从根源上思考,这也是量化研究根深蒂固的缺陷所在,过分追求方法论的科学性,导致研究者自身的主观能动性发挥受限,主体思考和判断被逐渐淡化,追求科学性和量化的问卷法自然无法避免这一困境。

(2)研究的效度难以把控。问卷法的间接性决定了研究者对填答者的控制相对较弱,问卷填答完全看被调查者的态度和心情,在不能充分引导和正确控制的情况下,会出现胡乱填答、拒绝回答等情况,这些问卷若数量过多,就会严重影响研究的效度,甚至导致整体判断偏失,所有的工作都会沦为无用功。这一方面需要研究者的有效控制,尽量减少不答、乱填、乱答的情况,另一方面对不可避免的无效问卷要有效识别和剔除。此外,在以往邮寄问卷时代,问卷的回收率低也是一个突出问题,回收率低导致样本的代表性受到严重限制,也严重影响研究的效度,现场发放问卷和网上填答同样存在此类问题。

(3)易受制于"工具"。问题设置和样本选择的质与量左右着研究的质量。问卷法的精髓在"问",问题的好与坏、多与少,都会轻易影响一系列研究动作,并左右研究结论。问题过多,容易使填答者疲厌以致胡乱填答,问题过少又不能形成逻辑体系,达到研究目的;问题本身的含糊不清、层次不明、含沙射影、主观臆断等都会影响研究结论的推断。此外,样本的选择失当也会影响研究的代表性,在不同类型的群体中开展的研究,其结论难以向其他群体推广,小范围的问卷研究也就不具备普适性和推广性。可以说,问卷法是一种受制于"工具"而非"受制于人"的研究法,人们对此类研究的控制性体现在工具这一中介上。

第二节 问卷的设计

> **学习提要**
>
> (1)掌握问卷编制的基本步骤、基本要求和基本结构。
> (2)掌握问卷题目设置和编排的技巧和要求。
> (3)能够将问卷法熟练运用于教育科学研究中。

在问卷法中,问卷作为研究者的有力"武器",其设计的科学性直接决定着研究的科学性,一份"好问卷"是研究成功的必要条件。因此,问卷的设计是问卷法的核心,问卷的编制需要遵循一定的步骤。而问题是问卷的核心,问题的编写与编排更需要研究者精妙构思,做到恰如其分、上下衔接、自成一体。

一、问卷编制的基本步骤

(一)根据研究目的,确定研究假设

只有根据研究问题确定研究的目的,进而提出研究假设,问卷的设计才能有的放矢。要提出研究问题先要研究大背景,如农村教师流失的问题、乡村学校"空巢"现象、城市学校大班额问题、城乡教育质量差异问题。这些大背景所引发的一系列思考,包括原因分析、关系建构、对策建议、发展趋势预测等都会形成一些假设,这是研究的大前提。关系建构和原因分析能推导出相应的研究假设,如教育质量与师资队伍素质直接存在正相关,学校环境建设与师资流向不存在直接的关系,大班额不必然导致教育质量下降等。可以发现当这些假设确定以后,一系列的问题就会迎面而来,研究者就会围绕假设寻找出若干个问题线索用以支撑和佐证自己提出的观点。综上可见,确定研究目的和研究假设是编制问卷的前提条件,问卷编制前研究者必须知道自己要做什么、证明什么。问题不明,假设不成立,问卷编制必然无从下手。

(二)根据研究内容,确定行为样本

研究目的、研究假设确定以后就可以大致确定研究的对象。例如,围绕"学校环境建设和师资流向不存在直接的关系"这一假设,研究对象基本可以确定为:环境较好的学校及其教师,环境较差的学校及其教师。研究对象确定之后,就需要根据实际研究条件和研究需要确定行为样本,即选取哪一所或几所学校的哪些教师,是否分年级、分学科,是

否按照地域、城乡、大中小学等分层次选样等。确定行为样本的关键在于抓住研究问题的特质,"所谓行为样本,是指代表研究问题特质各方面内容的具体行为表现取样"[①],了解的途径有两条,一是查阅文献资料,收集相关的论述和前沿观点;二是现场调查,通过观察、访问等获取基本的认知和判断。例如,目前流行的教育评价指标体系中所列的各级指标,就属于研究特质,就教师评价而言,学历水平、执教年限、工资水平、课时数、学生成绩、所获奖项、职称级别、态度情感、品德习惯……凡此种种,构成了教师的行为特质,也决定了研究问题的基本方向。

(三)根据样本特征,确定问卷形式

样本的行为特点决定着问卷编制的基本方向和问题形式,如前所述,教师的流动因素有很多,如工资待遇、地域环境、家庭、劳动强度、学校环境等,只有通过资料查阅、实地调研之后才能详细了解,并将其作为比较项设置在题目中;同时,不同层次的教师理解程度、行为模式不同,设计问卷也应因人而异,因此,应尽量与填答者的认识水平趋同。例如,从问卷表述上看,施测对象如果是文盲或者儿童,问卷最好以图画形式表述;高年级学生则可以使用图文结合的问卷;样本如果是教师,纯文字或表格式问卷即可;如果是专业水平较高的老师,可以适当使用专业词汇。从问卷类型上看,如果预计样本配合度较高,样本的知识层次较高,可以适当增加问卷长度并设置开放性问题,即综合性问卷;如果预计样本配合度低且知识层次低,则需要缩减问卷的答题时间和降低问卷理解难度,使用封闭式问卷;如果样本量较少且为专业领域人员,则可考虑使用开放式问卷,挖掘研究深度。从问卷的载体上看,目前有网络问卷和纸质问卷两种形式,在样本具备相应网络环境的情况下,可以考虑使用网络问卷开展填答,或者网络与纸质相结合。

此外还要关注样本群体的地区、民族、性别、家庭等特征,问卷设计要尽量面面俱到,取样本身也应该考虑样本的多样性和代表性,与研究相关的不同层次、不同类型的人群都应该选取一定的人数作为代表。因为行为样本是否具有代表性,也是决定研究成败的关键因素,研究者要尽量使样本面面俱到并具有全体性,这样才能确保研究的外在效度。

(四)综合所有要求,编制测试题目

综合研究目的、研究假设、样本特征、问卷形式、资料统计分析要求等各要素,就可以编制测试题目。问卷研究中,一个问题可以设计多个题目进行表达,以便从不同角度进行分析;但是一个题目不能包含多个问题。很多研究者都会遇到编制题目时无从下手的难题,或者胸中没有问题,或者问题太多无法厘清,抑或遭遇语言文字上的表达困境难以正确表述。这些困难,可以说是问卷法的难点所在。要克服题目编制的难题,一是在没有问题的情况下,要结合研究目的、研究假设寻找问题,如关于"城市学校大班额问题调查研究",大班额作为问题核心,围绕其可展开的点有:大班额产生的原因、大班额导致的

[①] 孟庆茂:《教育科学研究方法》,中央广播电视大学出版社,2001,第136页。

后果、师生对大班额的态度等,由此形成多个假设,如大班额产生的根源是家长对优质教育资源的追逐,根据这一假设,便可以编制如"你认为你所在班级的代课教师教学水平如何""你校有下列哪些硬件教育资源"等题目。根据样本的特征,还可以设置一些直接用以了解样本自身情况的客观题,如"你所任教的班级人数在什么范围之间""你使用多媒体设备上课的频率如何"等。二是在问题太多的情况下,要学会分解问题,将一个问题从不同层面、不同角度进行分化,从而产生多个题目线索,如关于"农村师资流失"的问题,其发生原因、过程、后果评价都相当复杂,涉及社会学、经济学、心理学等多种学科,不能做非黑即白的评判,这时就需要加以分化,这里可以使用头脑风暴法,将与之相关的线索尽量列出,分化之后就会产生很多问题。三是如何正确表述问题,这关系到答题者是否能够合作、是否能正确理解题目的意图,问题的表述至关重要,需要注意的方面非常多。

(五)修改和编排测试题目,形成问卷

问卷的长短要有一定的限制,但题目编制一定是越多越好。研究者应尽量编写较多的题目,并学会用不同的题型表述同一个题目,这样就可以在编排问卷时有更多的选择,择优选用,重点修改。一般来说,比较正式的课题研究在题目编制以后,研究者都需要广泛征求课题参加人和相关学科领域专家的意见,从而避免个人的主观臆断和独立经验影响研究的客观性,一些不尽如人意的题目可以在征求意见的过程中修改或删除,且较大的题目量也能引发其他人的思维火花,对一些没有考虑到的方面进行补充,从而使题目的逻辑体系更加完善。

题目修订完成后,要按一定的顺序和规则对题目进行编排,一般遵循先易后难、层层递进、环环相扣、先结构后开放的原则。此外,从问卷统计整理的角度考虑,要使问题的数量、排序、答案设置尽量利于统计和比较分析。

二、问题编写的基本要求

(一)题目的格式要求

根据前述,问卷的题目大体上分两类:封闭式问题和开放式问题,两类问题各有利弊,封闭式问题更容易回答和做统计分析,开放式问题对回答者要求较高,但能拓展研究的深度。一般而言,开放式问题主要以问答题的形式呈现,如"请谈谈你对教师交流轮岗的看法"等,放置在问卷的最后;封闭式问题在格式上不尽统一,可以分为是否式、选择式、评判式、划记式等。

所谓是否式,要求答题者做是否判断即可,备选项一般只有两个,如"你是否参加学校组织的夏令营活动",这类事实类问题答案只能有两个。需要注意的是,有些态度类、情感类问题,如"你是否觉得教师应该多参加集中培训",还应当设置不置可否的答案,如

"不清楚""不了解"等,以供部分人作答。

所谓选择式,是提供多个备选项,供答题者选择。根据备选项关系不同,可以分为并列式选项、序列式选项,前者如"你所在学校在职学习的途径有:a.集中研修;b.网络培训;c.观摩学习;d.听课评课",此类题目大部分为不定项选择题,答题者从中其中选出一个或多个选项即可;后者多为单项选择题,需要答题者对某件事、某个行为的程度、频率等做出选择,如"你是否能按要求完成寒假作业:a.不能;b.有时能;c.通常能;d.完全能",答案只能"四选一"。

评判式与多项选择类似,只是由于可能涉及的答案过多,一些时候设计为排列、编序号的格式,又被称为"排序式"。如"请将你喜欢的科目进行排序:(1)语文;(2)数学;(3)英语;(4)化学;(5)物理;(6)地理;(7)历史",答题者需要将给出答案的顺序按照自己喜欢的程度对序号进行重新排列。

划记式类似于考试中的判断题,一般在题目前或题目后给出括号,要求答题者根据自己的判断画上记号,可用于是否判断,也可用于有无选择,如"根据你对教师培训的看法,请在你认为比较符合自身情况的答案前打'√'",随后罗列选项即可,也可制作成表格,供答题者选择。

随着各学科研究方法的创新,问卷中问题设置的格式也在不断推陈出新,但基本的趋势是朝着越来越简洁明了,方便填答者作答的方向发展。实际问卷设计中,问题应该一目了然,答题方式应该尽量简化,这样才能得到被调查者的配合。

(二)题目内容方面的要求

问卷的科学性决定于问题编写的科学性,就单个问题而言,其内容设定遵循一定的要求,并非天马行空的"胡编乱造",具体而言,可以总结出以下几个方面的要求:

(1)题目内容要与研究对象、内容和研究假设直接相关,如"中小学生校园欺凌问题研究",题目"你认为大学生打群架是否属于校园欺凌事件"中题目主体与研究对象无关,不能采用。

(2)一个题目中只能包含一个问题,如"你参加校外夏令营活动和兴趣拓展活动的频率如何",一个答案不能对应两个问题对象,不能采用。

(3)常规研究应避免设置填答人反感的敏感性、隐私性问题,如"你是否曾被异性教师猥亵或性骚扰"。

(4)避免让填答人回答无法回答和感到巨大压力的社会性问题,如"你在校期间是否有过偷窃他人财物的行为",这类涉及道德评价甚至法律法规的问题,填答者会比较反感,只能进行否定性回答,为无效问题。

(5)防止使用有价值判断导向性的问题,如"你是否赞同对教师实行打卡签到,或者认为打卡签到对提高教学效率和教学质量有多大帮助",这一问题中暗含着出题者所期望的结果和偏向性的回答——赞同,问题的前半句被后半句消解。

（6）避免与答题人基本信息不符或超出答题人认知范围的问题，如问小学生对某教育政策的态度等。

（7）对一些已经形成社会基本价值判断的问题，不再设问，如"你认为师德在教师工作评价中非常重要吗"，这一设问只能作肯定性回答，为无效问题。

（8）题目中避免对事实进行先入为主的判断，如对象为大学教师的题目"收入低是否对你的生活造成巨大的困难"，研究者事先判定填答者为低收入群体，会让中高收入的填答者无从回答。

（9）题目的答案可以是排序式、选择式、判断式等，无论何种答案，都必须穷尽所有的可能，且不同选项之间须具有排他性，如关于"你是否经常参加夏令营活动"的答案："从未/偶尔/经常"三者缺一不可，而答案为"从未/偶尔/不经常/经常"时，"偶尔"与"不经常"很难区分和界定，容易造成答题者的困惑。

（10）为避免答题人不愿进行态度或是否判断，大部分态度类或判断类题目都需要设置中立的答案，如"没有明确态度""不确定"等。

（三）用语方面的基本要求

问题的表述影响着答题者对题目的理解和判断，也牵动着答题者的情绪，题目的用语需要考虑两个方面：一是被测是否能正确理解这句话，二是被测是否能心情愉悦地进行回答。问卷回答要花费被调查者一定时间，研究者要考虑让其花费尽量少的时间进行回答，更重要的是，不能因为表述的问题让被测产生不良好的情绪，从而影响答题效果。具体而言，问题表述需要注意以下几个方面：

（1）题目的表述要清楚，避免含糊不清，如"对于可能存在的校园欺凌事件，你认为是什么原因导致的"，题目中校园欺凌即已成为研究对象，其必然存在，"可能存在"在此多余。

（2）尽量避免用"平均数""总和"这些需要答题者计算才能得出的问题，如"你平均每个月帮孩子做几次作业"。

（3）题目表述要尽量减少使专业术语和行话，如"你认为集团化办学是否能够促进优质教育资源的集中"。

（4）题目表述宜短不宜长，尽量使用短题目表述一个问题，避免引起填答者理解上的困难，对必须使用长句表述的题目，可以拆分成多个题目。

（5）题目的用语应尽量使用柔和的词语，避免用词生硬，如提问教师"你认为教师五次以上连续迟到，应给予什么样的惩处"，其中的"惩处"太过生硬，用"惩戒"更妥当。

（6）题目表述应尽量主谓宾明确，不能因范围模糊、概念不清引起答题者的猜测，如"你喜欢哪几门课"应更具体地表述为"你喜欢初二的哪几门课"。

（7）避免使用多重否定句、反问句等繁难句型。

（8）对一些比较敏感的态度、情感类的问题，要学会间接发问，如"你是否讨厌老师布置寒暑假作业"可以改为"你认为布置寒暑假作业有没有必要"。

三、问卷编排的基本结构

问题是问卷的核心,问题的设计、编排决定了问卷的质量乃至整个研究的成败。

(一)总题目、卷首语与卷尾

问卷的总题目一般采用"×××调查问卷"的格式,其中的"×××"应当涵盖研究的对象和内容,如"全国中小学教育满意度调查问卷""中小学生学业成绩评价调查问卷"等。题目不宜过长,也不能太过笼统,如"教师调查问卷""学生调查问卷"等,一般用大号醒目的字体,让填答者一目了然。

卷首语是问卷的"眼目",类似于一封简短的信,用以向被访问者简单介绍开展研究的基本情况,包括课题的名称、研究队伍、研究目的和意义,更重要的是要以恳切的语气向被访问者提出需要配合的事项。此外,还需要写清楚问卷调查关于匿名的保障。卷首语不宜过长,一般占首页的3—5行即可,用区别于正文的楷体。一篇典型的卷首语示例如下:

尊敬的老师:

您好!

我们是××××课题"××××农村教师队伍建设研究"课题组成员,此项研究致力于探究××××农村地区教资薄弱的原因,并研究提升队伍素质的途径。在此,恳请您配合填答下列问卷,我们向您保证问卷为匿名填写并仅用于该项课题研究。在此,全体课题组成员对您表示诚挚的感谢!

此外,问卷的卷尾一般也要写上"再次致谢"的话,其中应该包括关于不要漏填和复核的请求,一两句话即可,与卷首语用同样的字体,与正文相区分。一些情况下,卷尾还可设置一两个针对问卷调查本身的题目,如"您对本次问卷调查有何感想""您还有没有要补充的内容?如有,请您进行补充"[①]。

(二)基本信息

为了便于统计分析、做比较研究或使研究更加具有针对性,在条件允许的情况下,问卷可以设置基本信息栏,放在正文之前。基本信息是问卷中可能涉及隐私的部分,需要充分考虑填答者的配合度,以及与研究的契合度,如果该项研究对填答者基本信息的需求不大,可以考虑不设基本信息栏,节省填答时间。为了打消问卷调查中填答者关于隐私泄露的顾虑,基本信息设置应该选取一些对研究者重要而对被测不太私密的信息,如教育研究中常常需要统计的年龄、年级、科目、性别、职称、地域等信息,而对姓名、出生日期等私密信息加以规避。在填写方式上,可尽量采取勾选式,规避填写所留下的笔迹,减轻填答者负担。

基本信息不需要统计太多,统计步骤也不能太复杂,根据统计分析和比较需要,选取重要的即可。教育研究因涉及的比较研究和分类研究比较多,基本信息的收集在一些情

[①] 郑金洲、陶保平、孔企平:《学校教育研究方法》,教育科学出版社,2003,第154页。

况下非常重要,是统计分析的重要量尺,因此,在问卷设计时需要充分考量、有的放矢。

(三)题目的编排顺序

问题编制完成后,接下来就是问题的编排。一堆散乱的题目如何将其按照内在逻辑排列有序,是问卷编制中的难点。顺序的安排是否合理,对答题者会产生不同的效应,题目错乱会影响其对问卷的态度,引起不良情绪,干扰答题。针对不同类型的题目,其编排应当遵循以下几个原则:

按时间顺序编排。针对有时间序列的问题,应该按时间序列从前往后或从后往前依次编排,以免干扰答题者的记忆。如在关于某学科学业成绩的发展性研究中,不同阶段的学习状况应该有序排列。

按理解顺序编排。题目的设计有难易、总分之别,应该按照题目的难易程度和逻辑关系进行编排,这在教育研究中非常普遍。一般而言,较容易回答的题目放在前面,较难回答的放在后面;属于普遍性、总论性的问题放在前面,属于专门性、特殊性的问题放在后面;比较熟悉的常见问题放在前面,比较陌生的问题放在后面。这样编排的目的是让答题者由浅入深,不至于一开始就产生畏难情绪和排斥心理。

按内容顺序编排。在一项研究中,根据研究假设,问卷题目可以针对不同的内容,如关于"教师轮岗交流"研究中,"工资待遇"是一个方面,"教育资源优化配置"是一个方面,"教学质量"是一个方面,不同方面对应多个题目,相同内容指向的题目应该编排在一起,不应相互混淆。

按类别顺序排列。按不同类别划分,题目一般而言有基本信息类题目、事实类题目、情感态度类题目等类别。问卷编排时,题目应该区别放置,基本信息类题目放在最前面,事实类题目放中间,情感态度类题目放在最后,使整个问卷形成一定的逻辑体系。

当然,题目的排序遇到的实际情况往往比较复杂,研究者需要根据不同题目的类型,综合运用以上四种编排方法进行编排,先对问题进行分类,再进行难易度排序,排定初稿后再对题目进行微调,反复琢磨,最后才能形成一份合格的问卷。

(四)题目的体量和时间控制

问卷调查不同于考试,是有求于人的一项工作,在题目的体量和测试时间估计上,要充分考虑到被访问者可接受的范围。

一般而言,一份问卷的题目量控制在30-40个比较合适。题目太少,不能满足研究者收集资料的需要,会导致很多内容和方面难以统计到数据;题目太多,则容易引起填答者的厌倦,填答者不配合,拒绝作答或胡乱填答,反而会影响问卷的效度。开放性题目一般不能超过3个,否则填答者拒答会适得其反。

总体上,普通问卷研究中,一份问卷需要占用填答者的时间应该在20-30分钟,问卷所有题目不应超过2个A4版面,也就是一张A4纸的正反两面,要尽量避免一份问卷几张纸的情况。

第三节 问卷的检验

学习提要

（1）学会甄别问卷的优劣，对问卷进行自检验，优化问卷设计。

（2）能够区分和理解问卷检验中信度和效度的概念，并针对问卷的信效度开展问卷的试测。

（3）了解问卷检验在教育科学研究中的应用与意义。

一、好问卷的标准

通过上文论述，一份好的问卷关键在问题，其次是问卷的编排设计。就问题本身而言，有以下几方面的标准：

1. 有明确的研究目的

问题能够清楚且全面地反映研究者的目的和提出的假设，具有明确的指向性，能够进行有效的统计分析，且分析结果能够很好支撑研究假设，得出有一定可行性的意见和建议。

2. 有良好的语言表述

良好问卷有两个标准，一是符合研究的目的，二是符合受测者的实际情况。[1]所谓"实际情况"，主要指被测对问卷的可接受度，这就对问题的表述有比较细致的要求，表述要准确明了，没有歧义，没有双重性，没有生僻词汇，没有过长的语句，语言通俗易懂，被测在最短时间内就能读懂题意。

3. 坚持科学客观的出题立场

题目编制忌讳研究者个人的主观判断。研究者心里有了"自己想要的答案"，设计问卷只是想从被测那里得到相同的回应，题目中就不可避免会掺杂自己的价值判断，误导答题者的回答，这与真正的科学研究精神相背离。因此，还要避免题目中主观情绪、主观判断以及误导性用语的干扰，保证题目的客观性、科学性。

格式和形制的设计也是判断一份问卷优劣的重要标准，一份好的问卷从卷面上看，应该有以下几个标准：（1）模块完整：良好问卷应具备总题目、卷首语、基本信息、正文、致谢这几个基本的板块，且每个板块用语恰当、结构合理，正文部分一般应包括封闭式问题和开放式问题，且题量安排恰当。（2）编排顺序合理：题目的编排符合研究内容本身的

---

[1] 郑金洲、陶保平、孔企平：《学校教育研究方法》，教育科学出版社，2003，第158页。

逻辑结构,符合被测的答题习惯,遵循从易到难、从前到后、同类并置、逻辑贯通的规定。

(3)题量合理:问卷的题量安排充分考量被测的可接受度,题目不能太少,也不宜过多,能满足研究者采集资料的需要,同时确保答题者的高配合度即可。

"教育满意度"优秀问卷示例
高中学生对学校的满意度调查问卷

同学:

您好!

为了全面真实地了解您对学校学习生活的满意程度,从而为我们的研究提供科学依据,请您回答这份问卷。在问卷中,不需要写上您的姓名,您的回答将得到课题组最严格的保密。您的真实回答是我们进行科学研究的基础。本问卷由18个选择题和2个简答题构成,恳请您如实地回答每一道问题,不要遗漏问题。如果被选答案不完全符合您的实际情况,请您选择最接近的一项。我们诚挚地感谢您的信任、支持和无私奉献!

基本信息(请根据个人实际情况在括号内打"√")

年级:一年级(　　)二年级(　　)三年级(　　)

性别:男(　　)女(　　)

你的学校所在地:城镇(　　)乡镇(　　)

你是否为寄宿生:是(　　)否(　　)

1. 你对学校的卫生状况满意吗?(　　)
　　A. 非常满意　　　B. 满意　　　C. 不太满意　　　D. 不满意

2. 你对学校所处的地理位置满意吗?(　　)
　　A. 非常满意　　　B. 满意　　　C. 不太满意　　　D. 不满意

3. 你对学校足球场的大小满意吗?(　　)
　　A. 非常满意　　　B. 满意　　　C. 不太满意　　　D. 不满意

4. 你对自己班级所在的楼层满意吗?(　　)
　　A. 非常满意　　　B. 满意　　　C. 不太满意　　　D. 不满意

5. 你对教室里课桌的摆放方式满意吗?(　　)
　　A. 非常满意　　　B. 满意　　　C. 不太满意　　　D. 不满意

6. 你对教室墙壁的布置满意吗?(　　)
　　A. 非常满意　　　B. 满意　　　C. 不太满意　　　D. 不满意

7. 你对教室里清洁工具摆放的位置满意吗?(　　)
　　A. 不满意　　　B. 不太满意　　　C. 满意　　　D. 非常满意

8. 你对教室里的多媒体设备满意吗？（　　）

　　A. 不满意　　　　B. 不太满意　　　C. 满意　　　　　D. 非常满意

9. 你对老师上课讲的内容，接受起来困难吗？（　　）

　　A. 不困难　　　　B. 不太困难　　　C. 困难　　　　　D. 非常困难

10. 你对老师上课的环节安排满意吗？（　　）

　　A. 不满意　　　　B. 不太满意　　　C. 满意　　　　　D. 非常满意

11. 你对老师上课时的精神状态满意吗？（　　）

　　A. 不满意　　　　B. 不太满意　　　C. 满意　　　　　D. 非常满意

12. 老师上课有没有过浓妆艳抹？（　　）

　　A. 经常有　　　　B. 偶尔有　　　　C. 基本没有　　　D. 从来没有

13. 你考试不理想时，老师是鼓励居多还是批评居多？（　　）

　　A. 批评多　　　　B. 一样多　　　　C. 鼓励多　　　　D. 只鼓励不批评

14. 你有没有觉得老师偏心眼？（　　）

　　A. 经常有　　　　B. 偶尔有　　　　C. 基本没有　　　D. 从来没有

15. 你有没有觉得自己是一个好相处的人？（　　）

　　A. 总是有　　　　B. 经常有　　　　C. 偶尔有　　　　D. 基本没有

16. 你觉得自己在同学中受欢迎吗？（　　）

　　A. 非常受欢迎　　B. 比较受欢迎　　C. 一般　　　　　D. 不太受欢迎

17. 你更喜欢和同性同学在一起玩吗？（　　）

　　A. 只喜欢和异性同学玩　　　　　　B. 都喜欢

　　C. 只喜欢和同性同学玩　　　　　　D. 都不喜欢

18. 你更喜欢和学习成绩好的同学玩吗？（　　）

　　A. 只喜欢和成绩好的同学玩　　　　B. 喜欢和所有的同学玩

　　C. 只喜欢和成绩一般的同学玩　　　D. 不喜欢和同学玩

19. 你希望学校的哪些设施有改进？

20. 你觉得你的老师离你理想中的老师还有什么差距？（可以从老师的教学能力、仪容仪表、对学生的态度等方面提出）

全体研究人员再次对您表示诚挚的感谢！

二、如何进行试测

为了确保问卷的信效度，问卷编制完成后一般不能立即开始发放测试，而要进行试测。通过试测,征求意见、发现问题,对问卷进行修改完善。

试测对象一般选择与被试相似的小样本,如被试为某个县域地区的初中二年级全体学生,试测则可任选城乡两个初二班级。试测时发放的问卷应该是完整的,与正式问卷具有同样的编排。与正式测试不同的是,试测时,可以增加向答题者征求意见的环节,可以书面填写,也可以口头询问。征求的意见包括文字的表述、问题的安排次序、答案的设置等方面的建议。试测时的意见收集对问卷修改具有极大的指导作用。通过反复修改完善,才能提升问卷的内在效度。此外,为了检验问卷的可靠性、稳定性,还需要分不同时期,向同一对象发放问卷,让其填答,看前后的填答结果及分析结果是否一致。抑或选取多个相似群体进行测试,看测试结果是否一致。如果不一致,则要考虑问卷设计是否存在让填答者反感、不配合的地方,抑或存在哪些外在因素干扰填答结果,如组织填写的方式、时间,填答者的自身认识发展等。

三、问卷的信度与效度

上文多处提到问卷的信效度——信度与效度,除了问题编制和问卷设计本身的问题,问卷的检验主要就是围绕这两个方面。信效度的概念在很多研究类型中都广泛涉及,尤其是实验研究。那么,什么是问卷的信度和效度?

在实验研究中,信度是指采取同样方法对同一对象重复进行测量时,所得结果的一致性程度,也就是可靠性、稳定性。问卷作为一种测量工具,其本身也存在可靠性和稳定性的问题。所谓问卷的信度,是指在相似群体之间或同一群体反复施测,问卷测试结果的一致性程度。影响问卷信度的因素有很多,如题目表述不明确导致填答者理解前后不一致,题目备选答案的层次不清晰导致填答者前后判断不一致,题目编排顺序不合理引起填答者思维混乱,问卷设计不合理引起填答者反感以及填答者主观上的不配合、捣乱等。其中,属于问卷本身的原因,需要通过试测和征求修改意见,对问卷进行修正完善;属于被测的原因,则需要在施测过程中采取措施,加以控制。

所谓效度,是指有效性,即测量工具和手段能够准确测出所需测量的事物的程度,一般可以分为内在效度和外在效度。问卷作为一种测量工具,其内在效度大致可理解为其问题编制能获取与研究目的、研究内容、研究假设有相关性的资料的程度,也就是题目内容的有效性。在实验研究中,内在效度被认为是自变量与因变量之间关系的明确程度,例如问卷研究中,题目与研究假设之间关系的明确程度即决定着问卷的内在效度。问卷的外在效度是指问卷题目在样本以外群体中的可推广性,例如,一份关于教师交流轮岗的问卷选取某西部民族地区县域内学校作为样本,题目编制也针对"西部""民族"这些特征进行编制,那么它在所有学校中的外在效度可能不够,其问卷调查结果就不能应用于如以"我国教师交流轮岗制度研究"为题目的研究报告中。问卷的外在效度外延即整个研究结论是否具有普遍适用性。相比于信度而言，问卷的效度多被研究者重视和反复提及，因为其关系到整个研究的成败，若题目内容与研究目的、研究假设本身的相关度较低，便可视为无效研究。

综上，可以认为问卷的信度与问题的表述和编排有关，而问卷的效度与问题的内容有关。提高一份问卷的信效度，必须双管齐下，在坚持"内容为王"的同时不忽视形制，要做到既实用又美观。

第四节　问卷的发放与回收

> **学习提要**
>
> (1)学会运用问卷法开展研究时,科学界定样本和总体的方法。
> (2)了解并能够熟练运用几种抽样方法确定问卷研究的样本。
> (3)能够科学开展问卷的发放、填答、回收和整理等一系列工作。

一、确定总体和样本

问卷发放的第一步是要选取发放的对象,即抽样。在教育研究中,样本的选取至关重要,决定着研究的代表性和外在效度,这一点在以大样本为特征的问卷研究中表现尤为突出。

发放对象——样本的选取决定于研究对象——总体。总体的范围有大有小,决定于研究的支撑条件和可选样本的代表性。以中小学教育满意度调查为例,如果研究的人力、物力、财力充足,能支撑大范围乃至全国性的问卷调查,那么总体可确定为全国中小学的学生和教师,其样本选取必须涵盖全国不同区域、不同省份、不同民族,且跨城乡、跨年级,这样才能确保样本的代表性。此类研究如中国教科院开展的全国教育满意度调查问卷。如果研究的支撑条件有限,只能选取西部某县域的中小学作为样本,那么在该县在西部地区具有一定代表性的前提下,研究题目才可设定为"西部地区教育满意度调查",否则只能是以县域中小学为总体,选取样本学校,开展小范围研究。

事实上,在教育叙事和行动研究备受推崇的时代,教育研究并非总体范围越大越好,越小范围的研究越能够深入和具体,也可能具备更高的实践价值。问卷研究要着眼于研究实际条件,不能贪大求全,在可选样本有限的情况下,尽量去深挖研究的内在效度,牺牲一些外在效度是必要的。在一些情况下,很多研究者采取倒推法:根据可选的样本性质和样本量推定研究的总体,从而确定研究题目和研究结论的适用范围。如果既定样本的代表性有限,在推广使用时要更加谨慎,避免使用"全国""所有"这样的概念。

二、确定抽样的方法

样本确定以后,就要根据研究的需要和样本特征进行抽样,教育研究中常用的抽样方法有简单随机抽样、分层(随机)抽样、系统(随机)抽样三种。

简单（随机）抽样是按照随机原则，从总体中抽取若干个单位作为样本，总体中每个单位都有均等的被抽到的机会，具体方法有抽签法和随机数表法。问卷研究很多时候涉及的样本量较大，使用简单随机抽样法存在编号困难的问题，但是在针对学生开展问卷调查时，为了确保样本的代表性，应该在一个年级或班级的全部学生中采取简单随机抽样法确定答题对象，而不是随意选取一小部分人进行答题。

分层（随机）抽样是先将总体按一定标准分成若干类，再根据不同类型的总体数量比例计算出每一类型的样本量，然后按照随机抽样的原则在各层次中进行抽样，不同层次的样本最后汇总形成样本总体。问卷研究涉及的样本量大、范围广，有针对不同年级、不同学科的研究，有不同地域、校际的比较研究，在这些研究中分层抽样被广泛使用。例如，某地区关于"教育满意度的调查问卷"需要访问教师、学生、家长三个群体，样本量确定为 N，教师、学生、家长的总体分别为 A、B、C，通过分层，三个群体的样本量应分别为 $N\cdot A/(A+B+C)$、$N\cdot B/(A+B+C)$、$N\cdot C/(A+B+C)$。如果分层后的各类总体依然存在层次性，则可以进行二级、三级分层，这样选择的样本代表性更强。

系统（随机）抽样也称为等距抽样、机械抽样，先将总体各个单位按照某种标志顺序排列、编号，分成数量相等的组，使组数与取样数相同，再从每组中按照规定的机械编号抽取样本，每组抽取一人，汇总为全体样本。例如，一个单位量为100的组，需要抽取10个样本，那么分组数就是100÷10=10，对每个组的10个单位进行1-10编号，再从每组抽取编号为5的个体，最后汇总起来形成10个样本。系统抽样涉及分组、编号，程序相对比较烦琐，问卷调查时一般应用于从数量较多的班级或者自然组中抽取样本的情况，同时还要注意避免组内存在周期性规律的情况，组内男女单双数交替排列，系统随机抽样选定的组内序号很可能出现性别同质化的现象。

问卷法由于涉及样本量大、层次多，在抽样时往往以上三种方法放在一起使用，这就要求研究者要熟练掌握抽样方法，科学选取样本。

资料链接

知识拓展：非概率抽样

事实上，简单随机抽样、分层抽样、系统抽样都可以称为概率抽样，社会研究中非概率抽样事实上也被广泛应用，其包括偶遇抽样、主观抽样、定额抽样、滚雪球抽样等几种。

偶遇抽样：又叫自然抽样、方便抽样或便利抽样，是调查者将在一定时间、一定环境里所能遇见到或接触到的人作为样本的方法。具体说就是调查者根据自己的方便，任意抽取偶然遇到的人或者选择那些离自己最近的、最容易找到的人作为样本。偶遇抽样的优点是方便省力，缺点是没有保证使总体中的每一个成员都具有同等的被抽中的机会，那些最先被碰到的、最容易见到的、最方便找的对象具有比其他对象大得多的被抽中概率,所以样本有很大的偶然性,代表性差,一般不能依赖偶遇抽样得到的样本来推论总体。偶遇抽样常用于探索性研究中的试调查。

主观抽样又叫目标抽样、判断抽样或立意抽样,是调查者根据研究的目标和自己主观的分析,来选择和确定样本的方法。它又可分为印象判断抽样和经验判断抽样两种。印象判断抽样,就是纯粹凭调查者的主观印象抽取样本;经验判断抽样,就是根据调查者以往的经验和对调查对象的了解来选择样本。主观抽样省略了编制抽样框等前期程序,直接抽取样本,可以节约人、财、物力,大大提高了工作效率。但能否采用主观抽样,主要取决于调查者的主观条件和调查的总体规模。在总体规模较小、调查所涉及的范围较窄的情况下,如果调查者对总体的情况比较熟悉,分析判断能力较强,调查研究方法与技术掌握得非常好,经验比较丰富,主观抽样就能够达到既节约又效果好的目的。但如果主客观条件不具备,主观抽样所抽出的样本就会产生极大的误差,没有代表性。所以,在调查的总体规模较大或调查者的主观条件不够时,一般不会采用主观抽样。有时调查的总体规模较大,但调查者的时间和设备有限而无法进行概率抽样,也用这种方法,但无法保证质量,根据其样本所调查的结果只能说明某些具体问题,不能用来推论总体。

定额抽样:又叫配额抽样,是先根据总体各个组成部分所包含的抽样单位的比例分配样本数额,然后由调查者在各个组成部分内根据配额的多少采用主观的抽样方法抽取样本。定额抽样注重的是样本与总体在结构比例上的表面一致性,目的在于抽出一个总体的"形似物",各类间的异质性与同类中的同质性不一定高。定额抽样方法的缺点很明显。由于它注重的是样本与总体在结构比例上的表面一致性,而且是从方便出发进行主观的抽样,所以往往照顾不到总体单位之间的差异性。对于那些单位众多、错综复杂、情况不断更新的调查总体而言,定额抽样的样本很可能出现较大的误差,因此,根据定额抽样样本调查的结果是不能推论较大总体的,即使在较小的调查研究中,要用定额抽样调查的结果推论总体,也应谨慎从事。

滚雪球抽样:它是指先找少量的、甚至个别的调查对象进行访问,然后通过他们再去寻找新的调查对象,依次类推,就像滚雪球一样越来越大,直至达到调查目的为止。滚雪球抽样适用于总体的个体信息不充分或难以获得,不能使用其他抽样方法抽取样本的调查研究。对于诸如球迷、歌迷、戏迷、收藏家、同性恋者、乞丐、吸毒者等特殊群体的调查尤为适用。滚雪球抽样用于某一特殊群体的调查往往可以收到奇效。但是,当总体规模较大时,有许多个体就无法找到;有时调查对象会出于某种考虑故意漏掉一些重要个体,这都可能导致抽样样本产生误差,无法正确反映总体状况。

在社会调查研究中,抽样主要解决的是调查对象的选取问题,即如何从总体中选出一部分对象作为总体的代表的问题。取样的偏差将导致研究结论的无效。1936年,美国全国新闻杂志联合会就总统候选人进行选民民意测验,取样对象是各州交通登记处登记在案的汽车主人和各城市的电话用户两类人,正式开票的结果是罗斯福当选总统,而罗斯福在民意测验中的得票率非常低,这表明民意测验的结果失误。分析其原因,取样时将多数没有汽车、电话的选民排除于调查对象之外了。一项社会调查研究若能采用普查的方式,对总体的全部元素都进行了解,那当然最好,但实际上绝大多数调查研究常常会因为条件限制,而不得不在庞大的总体与有限的时间、人力、经费这三者之间寻求平衡。以现代统计学和概率论为基础的现代抽样理论,以及不断发展、不断完善的各种抽样方法,正好适应了社会调查研究的发展和应用的需要,成为架在研究者(人力、财力和时间很多时候十分有限)与庞杂广阔、纷繁多变的社会之间的一座桥梁。有了它的帮助,研究者可以方便地通过较小的部分认识很大的整体。正是因为如此,抽样才与问卷方法、计算机技术、统计分析方法相结合,形成了社会调查研究的抽样调查类型,在现代社会中大放异彩。

三、问卷的发放与填答

问卷发放的方式有三种:邮寄、现场填答、线上填答。邮寄的方式目前通常采用电子邮件发送电子版问卷,这种方式必须事先知晓对方的邮箱账号,并与填答者进行充分沟通,否则问卷的回收率会非常低,这种方式适用于样本量较少、样本范围小而可控且样本特征突出、层次单一的问卷调查中,如某教师针对学生家长开展的"关于学生寒暑假作业布置的调查问卷",某学者对教育研究工作者开展的"教育学研究的元研究调查问卷"等。

现场填答是目前应用最广泛的问卷发放和填答方式,教育研究开展的场所大多在学校,因此,在校方支持配合的情况下,组织现场填答是填答效果最好、回收率最高的问卷填答方式。尽管如此,现场填答在问卷设计不合理、组织不当、填答者不配合的情况下,依然存在回答率低的问题,如何提高回答率一直是众多研究者苦苦探索的问题。一般来说,提高回答率的方法可以从三个方面入手,首先在于问卷本身,"我们有理由认为,一张富有吸引力的,看上去很专业化的问卷能提高回答率"[1],除了上文中关于问卷设计的种种要求,问卷的打印和排版也要尽量做到美观、简洁、大方。其次,组织填答的方式也很

---

[1] 袁振国:《教育研究方法》,高等教育出版社,2000,第120页。

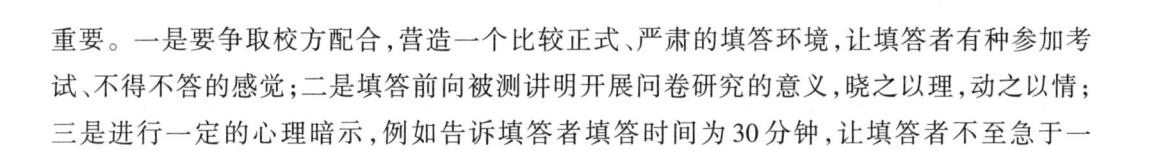

重要。一是要争取校方配合,营造一个比较正式、严肃的填答环境,让填答者有种参加考试、不得不答的感觉;二是填答前向被测讲明开展问卷研究的意义,晓之以理,动之以情;三是进行一定的心理暗示,例如告诉填答者填答时间为30分钟,让填答者不至急于一时,胡填乱答;四是在条件允许的情况下,发给礼品或一定的填答费。

随着移动互联网的飞速发展,线上问卷填答目前越来越广泛地运用在了教育研究中。在开展一些大型的调查研究时,研究者可以将问卷植入门户网站,填答者进入网站按照提示便可作答,还可以通过研发App,放在移动客户端,这样填答者在手机上就可以随时作答。线上填答也可分为现场组织填答和分散自由填答,现场组织填答需要利用学校机房等设备,同样具备回答率、回收率高的优点;条件限制无法组织集中填答时,也可要求填答者利用闲暇时间自行填答。线上填答的优势在于其数据资料不需要人工整理、二次统计,通过系统软件可直接进行统计分析,且出错率低。

四、问卷的回收与整理

问卷的发放方式不同,回收率不同,一般来说,现场发放问卷回收率基本能超过90%,通过邮寄或者自行线上填答的方式发放问卷,回收率能超过70%就算是比较理想的,且对样本的代表性影响不大。如果问卷回收率低于50%,所收集的资料将无法作为支撑研究结论的依据,而只能作为参考。不论何种研究,问卷的回收率都应该控制在70%以上。之所以要求较高的回收率,还有一个问卷整理中存在无效问卷的因素。对回收来的问卷,研究者要做初步的整理,从中剔除无效问卷,这样实际有效问卷的比例将会更低,若有效问卷的比例达不到60%发放的问卷的及格线,研究的信效度将会受到一定影响。

问卷的整理一般分为三步。一是鉴别和剔除无效问卷。其中最明显的是未作答的问卷,此外还包括回答与事实明显不符且涉及题目较多的问卷等,此外对开放式问题未作答的问卷也应做分类统计。二是按问题进行分类统计,在数据表或统计软件中登记不同题目的答案,对于开放式问卷,要进行详细阅读和分门别类的统计。三是开展统计分析,在统计分析的基础上发现问题,得出结论。统计分析过程中,要注意对问题回答的偏斜估计——由于问题涉及社会性期望、隐私等,被测未回答或未真实反映事情的客观情况。要鉴别不完全的和可能不真实的回答,分析不回答的原因,确保分析结论的科学性。

本章小结

问卷法作为调查研究法的一种，在教育学研究中被广泛应用。所谓问卷法，就是运用问卷开展资料收集工作的研究法，大致上分为封闭型问卷、开放型问卷和综合型问卷三类，完美的问卷必须具备两个功能，即能将问题传达给被问的人和使被问者乐于回答。问卷质量的高低，将直接影响到调查资料的真实性和实用性，影响到问卷的回收率，进而影响到整个调查的结果。一切问题都必须在正式调查前考虑好，一旦问卷发出，就难以更改和补救。所以，问卷设计在调查过程中有着重要的地位。基于此，问卷的设计必须遵循一定的原则，要有明确的主题，根据主题，从实际出发拟题，问题目的明确、重点突出、结构合理、逻辑性强、通俗易懂、长短合适，问题的内容和表述都要遵循一定的规范，问题的排列应有一定的逻辑顺序，符合应答者的思维程序，一般是先易后难、先简后繁、先具体后抽象。合理的问题设计和编排才能保证问卷的信效度。

除了问题设计，问卷发放的样本选择也关系到研究的代表性，总体的确定和样本量的大小应与研究的支撑条件相契合。此外，样本确定以后，问卷发放过程中的组织也有利于提高回答率和回收率，从而确保整个研究的顺利进行。

【思维导图】

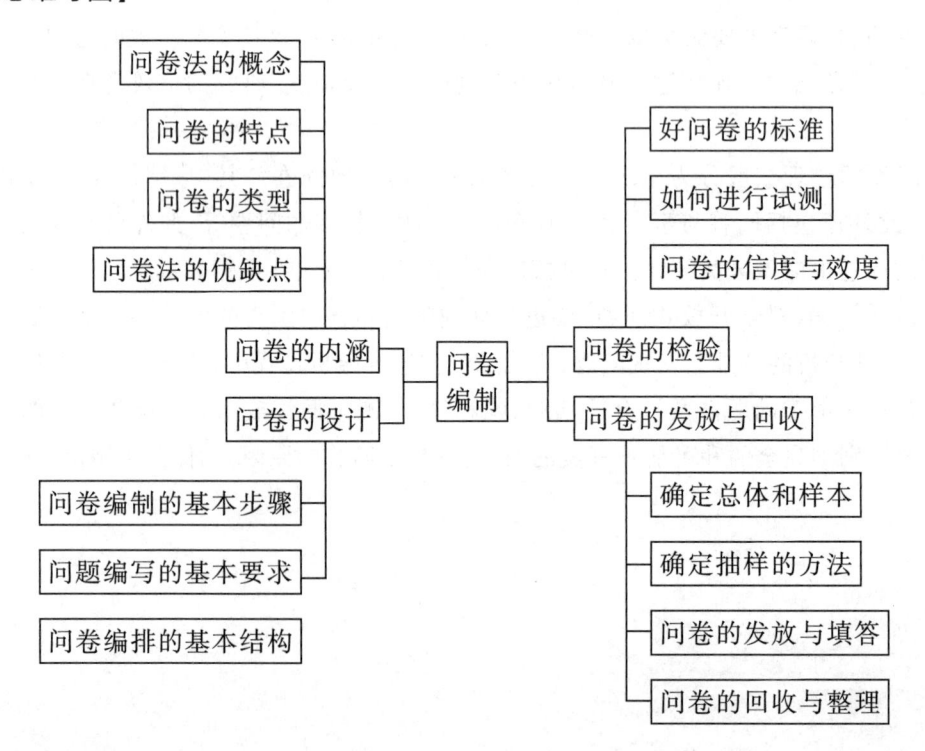

问卷编制
- 问卷的内涵
  - 问卷法的概念
  - 问卷的特点
  - 问卷的类型
  - 问卷法的优缺点
- 问卷的设计
  - 问卷编制的基本步骤
  - 问题编写的基本要求
  - 问卷编排的基本结构
- 问卷的检验
  - 好问卷的标准
  - 如何进行试测
  - 问卷的信度与效度
- 问卷的发放与回收
  - 确定总体和样本
  - 确定抽样的方法
  - 问卷的发放与填答
  - 问卷的回收与整理

【思考与练习】

1.(单选题)以下哪一项不属于问卷法的特点(　　)

　　A.标准性　　　　B.间接性　　　　C.逻辑性　　　　D.独立性

2.(单选题)下列哪一个题目符合问卷题目的要求(　　)

　　A.你是否参加过羽毛球和乒乓球比赛

　　B.你认为教师轮岗交流难道会提高薄弱学校教学质量吗

　　C.你是否参加过校园集体斗殴等

　　D.你对学校开展的夏令营活动满意吗

3.(不定项选择)根据问卷的题目特点,问卷的类型一般有哪些(　　)

　　A.结构型问卷　　B.开放式问卷　　C.综合型问卷　　D.测量问卷

4.(不定项选择)问卷题目编排遵循的原则有(　　)

　　A.按时间顺序　　B.按内容顺序　　C.按理解顺序　　D.按类别顺序

5.如何区分和理解问卷的信度与效度?

6.分层抽样与系统抽样有什么共性和区别?

7.根据所学的知识,以"××地区小学阶段教育满意度调查"为主题,自行设计一份问卷。

【推荐阅读】

[1]梅瑞迪斯·高尔,乔伊斯·高尔,沃尔特·博格.教育研究方法(第六版)[M].北京:北京大学出版社,2016.

[2]袁振国.教育研究方法[M].北京:高等教育出版社,2000.

[3]郑金洲、陶保平、孔企平.学校教育研究方法[M].北京:教育科学出版社,2003.

[4]马云鹏.教育科学研究方法导论[M].长春:东北师范大学出版社,2002.

[5]裴娣娜.教育研究方法导论[M].合肥:安徽教育出版社,2000.

[6]孟庆茂.教育科学研究方法[M].北京:中央广播电视大学出版社,2001.

第九章
深度访谈

良好的方法能使我们更好地发挥天赋的才能,而拙劣的方法则可能阻碍才能的发挥。

——[法]贝尔纳

第一节　教育研究中的深度访谈

学习提要

(1)了解深度访谈在社会研究方法中的地位与作用。
(2)理解访谈法的定义及其分类,深度访谈的定义与特点。

在讨论深度访谈之前,首先有必要对社会研究方法作以简要回顾,了解社会研究的方法体系和层次,以帮助我们更清晰地认识深度访谈在整个社会研究中处于怎样的地位;其次,通过对访谈法的介绍和分类,更加深入地理解深度访谈的属性和特点,以更好地把握深度访谈在具体教育研究中的运用。

一、社会研究方法与深度访谈

社会科学研究是一种复杂的人类认识活动,需要人们采取相应的研究方式与研究程序对复杂化的社会问题加以分析和解释。社会科学研究方法本身是一个具有不同层次和方面的综合化体系。

按照社会研究过程的不同层次,学界一般将社会研究的方法体系划分为三个部分[1],即方法论、研究方式、具体方法和技术。方法论通常是规范一门科学学科的原理、原则和方法的体系。实证主义方法论和人文主义方法论就是社会研究中两种基本的方法论。研究方式指研究所采取的具体形式或研究的具体类型,我们一般将社会研究的具体方式划分为四类,即调查研究、实验研究、实地研究和文献研究。具体方法和技术指在研究过程中所使用的各种资料收集方法、资料分析方法,以及各种特定的操作程序和技术。它们处于社会研究方法体系的最基本的层面,具有专门性、技术性、操作性的特点。一般包括问卷法、访谈法、观察法、量表法、抽样法、测量法、统计资料分析等具体方法。本章所要讨论的深度访谈即属于社会研究方法体系第二个层次中的实地研究,同时又是社会研究方法体系第三个层次——访谈法的具体运用。

一般来说,在综合性的社会学方法图书中,对深度访谈介绍的一节通常会出现在定性研究方法的一章中,如风笑天的《社会学研究方法》(2009)与邱泽奇翻译的艾尔·巴比的《社会研究方法(第11版)》(2009);在国内质性研究的专著中,对深度访谈的介绍更加详细和具体,通常会用单独的一章来阐述,如文军和蒋逸民所编著的《质性研究概论》(2010)与陈向明的《质的研究方法与社会科学研究》(2000)。[2]由此可以看出,深度访谈作为质性研究的重要方法,在社会研究中越来越受到重视。

二、访谈与深度访谈

访谈是研究者寻访、访问被研究者并与其进行交谈和询问的一种活动方式,是教育研究中一种重要的研究资料收集方法。[3]访谈与日常生活中的谈话很不一样,前者是一种有特定目的和一定规则的研究性交谈,后者是一种目的性比较弱的、形势比较松散的交流方式。

社会科学研究中的访谈,依据不同的分类标准可分成很多类型。

调查访谈又称为调查研究中的结构访问法,是指调查者依据结构式的调查问卷,向被调查者逐一提出问题,并根据被调查者的回答在问卷上选择合适的答案的方法。[4]结构访问法是调查研究的重要方法之一,与其相对应的是自填式问卷法,也就是我们在习惯上常使用的"问卷调查法",它是指调查者将调查问卷发放给(或邮寄给)被调查者,由被调查者自己阅读和填答,再由调查者收回问卷的方法。结构访问法和问卷调查法,都属于结构式的调查问卷,都是调查研究收集资料的重要方法,只不过前者侧重于以口头提问的方式要求被调查者按照预先设计的问卷格式和要求来回答问题,后者则是以书面

---

[1] 风笑天:《社会研究方法(第四版)》,中国人民大学出版社,2013,第7—10页。
[2] 孙晓娥:《深度访谈研究方法的实证论析》,《西安交通大学学报(社会科学版)》2012年第3期。
[3] 朱德全、李姗泽:《教育研究方法》,西南师范大学出版社,2011,第111页。
[4] 风笑天:《社会研究方法(第四版)》,中国人民大学出版社,2013,第160页。

形式获取研究资料。与之形成鲜明对比的是,深度访谈适合于非结构性问题的研究,因而它是实地研究中非常重要的资料收集方法。因此,调查研究中的调查访谈与实地研究中的深度访谈在方法的运用上有较大差异。

根据对访谈结构的控制程度,访谈可以分为三种类型[①]:封闭型访谈、开放型访谈、半开放型访谈。这三种类型也分别被称为"结构型"、"无结构型"和"半结构型"访谈。

在封闭型访谈即结构型访谈中,研究者对访谈的走向和步骤起主导作用,按照自己事先设计好了的,具有固定结构的统一问卷进行访谈。在这个意义上,调查研究中的结构访问法即指这种结构式访谈。

开放型访谈即无结构型访谈,即没有固定的访谈问题,研究者鼓励受访者用自己的语言发表自己的看法。这种访谈的目的主要是了解受访者自己认为重要的问题、看待问题的角度、对意义的解释,以及使用的概念及其表达方式。因此,在开放型访谈中访谈者只是扮演着辅助者的角色,尽量让受访者根据自己的思路自由联想。

半开放型访谈即半结构型访谈,指研究者对访谈的结构具有一定的控制作用,同时允许受访者积极参与。半开放型的访谈对访谈本身既有一定的引导和控制,又能对访谈的内容和程序进行灵活调整,因此这种访谈在教育研究的田野考察中使用得较多。

总的来说,访谈是一种研究性交谈,是研究者通过口头谈话的方式从被研究者那里收集第一手资料的一种研究方法,在社会研究的具体方法中,访谈具有自身独特且十分重要的功能。它的结构型访谈与无结构型访谈相互补充,分别适用于不同的研究情景和研究需要,都是社会研究中收集资料和分析资料的重要工具。

深度访谈作为社会科学质性研究的一种主要方法,对于其定义学界已达成了基本共识。即深度访谈是一种围绕着研究主题展开的开放型或半开放型访谈。与结构型访谈不同,深度访谈没有固定的访谈程序,对被访者的回答不做严格限定,研究者对于访谈结构的控制也不强;与日常谈话不同,深度访谈是一种深入的研究性谈话活动,通过研究者的主动寻访,被研究者的真诚倾诉,从而建构研究问题的理论意义。[②]

深度访谈在研究范式和方法论上属于质性研究[③],它主要被应用于实地研究。其主要作用在于通过深入细致的访谈,获得丰富生动的定性资料,并通过研究者主观的、洞察性的分析,从中归纳和概括出某种结论。与结构型访谈相比,深度访谈有三个突出特点:

一是开放性与灵活性。即在研究开始,还未形成明确研究结论时,访谈员与被访者

[①] 陈向明:《质的研究方法与社会科学研究》,教育科学出版社,2000,第171页。
[②] 王攀峰:《论教育现象学研究中的深度访谈》,《首都师范大学学报(社会科学版)》2014年第2期。
[③] 关于深度访谈的性质问题,存在定性研究和质性研究的细微差别。如风笑天、艾尔·巴比等人将深度访谈定位为定性研究,陈向明将其定位为质性研究或质的研究。蒋逸民在其《社会科学方法论》一书中认为定性研究即指质性研究、质的研究、定质研究或质化研究。(参见蒋逸民:《社会科学方法论》,重庆大学出版社,2011,第290-291页。)一般来说,凡是非定量的就是定性的,人们很容易将纯思辨研究、逻辑推理、工作经验总结等纳入定性研究,这导致一种感觉:定性研究在外延上似乎要大于质性研究。因此,在更为准确的意义上,我们将深度访谈定位为质性研究,以突出强调研究本身的过程性、情境性与具体性。

围绕某个主题或范围进行比较自由、开放的交谈,研究者应尽量从被访者的角度收集观点和看法,让被访者用故事或举例的方式细致描述自己的生活经历;在访谈过程中,随着研究的深入,访谈者可以根据实际情况对访谈问题做弹性处理,不局限于大纲的访谈顺序,而是针对具体的访谈对象和访谈进展,因时因地调整访谈的重点和问题。研究者可以允许被访者按照自己的思路展开谈话,鼓励被访者以个性化的语言表达自己的感想感受,如在一些重要观点上,研究者不应主导访谈的提问和进程,而应为被访者提供足够自由的空间,在整个访谈过程中尽量发挥研究者和被访者双方的积极性,让研究的所有问题基于访谈而生成,让研究成果由研究者和被访者共同创造。总之,深度访谈不是遵循"建立研究假设—收集研究资料—提出理论构想"的研究路线,而是构建一种让被访者"讲述人生经历—重构生活故事—反思价值意义"的研究模式。[1]在深度访谈中,研究者始终要对他人的故事感兴趣,对他人的体会持开放的态度。

二是情境性与深入性。深度访谈的研究目的不是对他人的经历进行控制或预测,也不是将研究结果推广至更广泛的人群中,而是在自然的情境中通过与受访者进行深入细致的对话,深入被访者的内心世界,体会他们的生活体验,以了解受访者的所思所想、情绪反应及其行为背后隐含的价值观。当受访者的回答与观察中的行为表现不一致时,访谈者可以通过追问了解这种不一致产生的原因,也可以回到研究实地对被访者进行持续观察和访谈,不断舍弃极易误导研究者的"表面事实",尽可能地获得"深度事实"与"内部声音"。通过深度访谈,研究者可以深入分析被访者的生活经历,进入到受访者的内心世界,了解他们对生活事件的意义理解、情感体验、心理活动和思想态度,重构和反思他们的人生经历,最终揭示出深刻鲜明的研究主题及其教育意蕴。这种"深度事实"与"内部声音"充分揭示出深度访谈之"深入"与"深度"的特质,恰恰构成了深度访谈的独特魅力所在。

三是互动性与平等性。深度访谈的过程和结果是由研究者与被访者共同建构的,这就超越了传统"主体—客体"的认知思维模式,形成了"我—你"的"交互主体间性",这种主体与主体的共存状态促使人与人之间的关系不再仅仅是一种主客体认知的思辨关系,而演变成为生活世界中的人与人之间的直接互动关系。作为一种具体的研究过程和资料收集手段,深度访谈中的"主体间性",赋予被访者"主体"地位,避免对被访者生活世界进行外在"裁剪"和局部"测量",研究者与被访者基于平等关系,"共享式"地完成相关话题的"陈述",因此给予了被访者生活世界最大的尊重。当研究者进入被访者的日常生活世界,在体验和理解中获得对被研究者观念、行为的解释时,这一过程不再是支配与从属、主动与被动、反映与被反映、测量与被测量、询问与被询问的关系,而是基于主体交互关系的"共享式"陈述。双方之间不是"主体—客体"关系,也不是"人—物"关系,而是人

---

[1] 王攀峰:《论教育现象学研究中的深度访谈》,《首都师范大学学报(社会科学版)》2014年第2期。

与人之间的互相承认与理解的社会性关系。①

  以上所述既是深度访谈的特点也是其优势所在。当然,较之其他的研究方法,深度访谈也有一些不足之处。一是样本量有限,如由于是质性的,不是定量的,很少能针对大型群体做出精确的统计性陈述。二是对访谈人员专业素质要求较高,访谈周期长,特别耗费时间,而且这种方法取得的资料也难以进行统计处理和定量分析。这些都是深度访谈中常见的问题,在运用时应该有所注意。

---

① 王昕:《深度访谈中的"主体间性":意义与实践》,《青海社会科学》2013年第3期。

第二节 深度访谈的原则与应用技巧

学习提要

(1)了解深度访谈的基本原则与应用技巧。
(2)掌握深度访谈的准备环节、提问与追问、聆听与回应三阶段的应用技巧。

一、深度访谈的原则

如果研究者以社会科学观察者的"单一"身份来进行访谈,就不能够实现对被访者日常生活的根本性了解。研究者首先要做的,是与被访者共同建立一个"地方性文化"的日常对话情境。同时,研究者还必须能够分清楚,自身的世界——无论是作为社会科学研究者的世界还是自己的平常世界——不同于被访者的世界。研究者必须要防止以自身世界和事件的意义性观点来取代被访者的观点。

(一)坚持悬置的客观立场原则

所谓"悬置"即暂时中止研究者原有的自然态度以及科学态度的判断,全神贯注地去感受访谈对象的各个侧面(包括外貌、衣着、神情、语言,也包括访谈进行中的环境),获得对访谈对象赋予访谈与访谈场景意义的感知和认识。[1]在深度访谈中,坚持悬置指的是研究者应暂时抛弃个人的习惯信仰、一般的理论框架,全身心地感受和认识研究现场,防止以自身世界代替被访者的世界,充分了解研究对象,以自由开放的方式探讨生活的一种社会建构过程。这就要求做到:一是在访谈前做到对被访者情况的基本了解,包括被访者的精神面貌、工作现状以及被访者所处的社会文化环境,做好访谈的准备工作;二是从被访谈者个人生活史[2]入手,找到访谈的最佳切入点,将访谈引入一种自然情景状态,及时发现和捕捉被访者的兴奋点,尽量避免使用引导性的问题或控制性问题;三是对被访者进行全方位的观察,如基于访谈现场被访者的衣着、神情、行动、语态及语速的观察、被访者居家环境的观察等,这些因素不仅透露出被访者主观赋予的鲜活的意义,还传递着某种社会意义。全方位把握这些因素,有利于将访谈向更加深入的方向发展。

---

[1]杨善华、孙飞宇:《作为意义探究的深度访谈》,《社会学研究》2005年第5期。
[2]个人的生活史是指从被访者个人童年生活或早期经验开始,寻访个人独特的成长故事,重构个性化的生活经验和背景信息。了解被访者的个人生活史,研究者可以帮助被访者梳理出富有个性特色的类型化知识,可以把握由被访者自己讲述的教育故事和生活经验的意义逻辑,可以从被访者的视角去诠释这些生活经验,理解被访者的情感世界和实践经验。参见王攀峰:《论教育现象学研究中的深度访谈》,《首都师范大学学报(社会科学版)》2014年第2期。

(二)坚持主体间的平等对话原则

访问者与被访者的关系直接影响访谈的效率与最终效果。建立积极信任的谈话伙伴关系是实施访谈的前提。在访谈过程中,研究者能够以开放的态度面对教育上的各种现象,不强加自我偏见与预设判断。深度访谈的资料收集和意义阐释是以被访者为目标导向的,即研究者运用技巧和方法的终极目的是促使被访者"发声",进行"主体表达",并在此基础上对被访者的"主体陈述"进行整体、全面、深入的理解。在这一过程中,被访者不再仅仅是被"询问"的对象,而是被赋予足够自由、能把握访谈方向的"主体"。可以说,被访者的"叙述",不是被测量或收集到的,而是在双方共在的一定情境内相互呈现和建构出来的,这种共生合作的关系就是访谈者与受访者之间的"我—你"的对话关系。这种对话关系是以相互合作、彼此尊重和理解信任为基础的。

(三)坚持意义探寻的目的原则

正如上文所言,深度访谈并不满足于受访者生活世界的一般对话,其目的也不是寻找某一问题的特定答案或对某一假设进行检验,而是将被访者对其生活故事的回顾记录下来,从生活史的背景中看待他们当前的教育行为、态度和处世方式,探究关于被访者的事实真相。然而,这种真实却存在极大的不确定性,深度访谈的核心就在于从人的生活世界当中深入了解被访者的"鲜活"经历,理解他们对其经历生成的内在意义。一方面,研究者会根据自己信奉的文化习俗和教育观念来选择和呈现访谈内容,为凸显研究主题,甚至可能对访谈内容进行"过滤"和"修正",对访谈者的价值观念进行澄清等。坚持意义探寻原则,呼吁研究者应以真诚的态度探讨被访者世界的真实话语与行动的意义,并在尊重原始资料的基础上"建构世界"。另一方面,由于访谈内容是被访者主观建构的,在访谈中叙述是否有虚构的成分或者是不是被访者故意为之,这就需要研究者通过对被访者在访谈时显现的关于访谈的意义脉络进行辨认和验证,获取被访者赋予行动(说谎)的意义的认识,从而尽可能地形成关于某一件事的真相的认识。而这个认识显然才是真的,这才是做意义探究的本意。

二、深度访谈的应用技巧

深度访谈是一个访谈者与被访者围绕研究主题进行深入交流的过程,它强调的是对访谈对象及其行动的意义的理解和诠释,而非访谈者向受访者简单地收集资料的过程。要开展好一项访谈,必须在做好访谈前期准备的基础上,对访谈的每一个环节、每一个步骤(如提问、追问、倾听、回应等)进行认真把握,提升访谈工作本身的质量。如在访谈前,根据研究主题,需要对访谈提纲和重点问题进行认真的准备,并不是和被访者毫无中心地随意交流。在访谈过程中,应根据具体情况选择最佳的方式提问,针对被访者的回答，要及时进行引导和解释，当发现新的有价值的线索时，要立即进行追问，避免被访者漫无目的地讲，偏离主题需要。当被访者回答不完全的时候，还要通过追问等方式让其把回答补充完整。在访谈过程中，要注意学会倾听对方的谈话内容，不急于打破沉默，当对方对所提问题作出回答时，还要适当地作出回应。访谈结束后，需要对访谈内容以及访谈方式进行及时总结，对访谈中出现的问题进行分析和诠释。

下面就深度访谈过程中的访谈准备、提问与追问、聆听与回应等具体技巧作简要陈述。这里必须注意的是，尽管访谈成功并不完全取决于访谈者使用的具体技巧（如还受访谈者个人素质以及与受访者之间关系的影响），但对技巧的把握至少可以帮助我们把握访谈五个阶段实施的科学性。具体要点包括：

1.深度访谈的准备阶段

深度访谈需要注意事先的准备，了解被访者的日常生活，在访谈进行中要进行全方位的观察。如确定访谈的时间和地点、协商访谈相关事宜、设计访谈提纲、确定访谈记录方式等。

2.深度访谈中的提问

深度访谈是一种提问和聆听的艺术，"提问"在访谈中占据着极其重要的地位，提问的好坏直接关系访谈质量的高低以及访谈结果是否具有有效性。因此，在教育研究中如何选择最佳的提问方式，需要访谈者掌握一定的提问艺术与技巧。在进行深度访谈时，根据研究问题的特点和访谈对象，访谈者可灵活多变地提出不同形式的问题。陈向明将访谈的问题划分为三种类型：开放型与封闭型问题、具体型与抽象型问题以及清晰型与含混型问题。[1]在本章，我们结合深度访谈常用的提问方式，重点介绍具体型提问、开放型提问两种方式。

(1)具体型提问。

具体型提问侧重于对具体的数目、数量和细节的提问。在访谈中，为了得到真实丰富的资料，需要询问具体的场景、数据等信息，如受访人的基本信息、事件发生的详细过程和受访人的心理状态。如受访人不愿回答，研究人员可以声明自愿参与和匿名保密来消除受访人的顾虑。

(2)开放型提问。

开放型的问题指的是没有明确答案，允许受访人自由思考、灵活解释的问题，其特点是信息丰富、内容翔实。但是过多的开放型问题有时会使受访者失去谈话的中心，感到不知所措。因此，在访问时，要注意具体型提问和开放型提问相结合，有张有弛，有紧有松，保持积极活跃的访谈节奏，使访谈富有成效。

3.深度访谈中的追问

追问可以帮助访谈者进一步了解受访者的思想，深挖事情发生的根源以及发展过程，是开放型访谈中非常重要的提问手段。追问的开展，不是越频繁越好，也不是越多越

---

[1]陈向明：《质的研究方法与社会科学研究》，教育科学出版社，2000，第183-190页。

好,这需要掌握追问的质量、追问的时机以及追问的具体策略。

(1)追问的时机与度的把握

追问的时机指访谈者就有关问题向受访者进行追问的具体时刻,追问的度则是指访谈者向被访谈者追问问题的合适程度。两者的恰当运用共同决定了追问本身的质量。

那么,什么时候该追问呢?追问的最佳时机在访谈的中间或访谈的最后阶段,而不要在访谈的开始就频繁地使用。访谈初期是访谈者与被访谈者建立对话关系的重要阶段,访谈者应尽量给被访谈者创设一个自由、平等、开放的环境,鼓励被访谈者自由表达自己的所思所想,而不是急于求成地就自己感兴趣的问题进行追问。否则,会给被访谈者一种强烈的压迫感而不利于访谈的进行。因此,在最初的互试阶段,建立良好的交谈模式才是开启访谈的前提。那么什么内容该追问下去呢?一般来说,对于一些访谈内容的细节信息,如果被访谈者记得不是很清楚,可以即时进行追问,以对信息加以补充或澄清,但是对于一些涉及重大概念、观点或理论问题的关键信息,访谈者可以依次记录下来,在访谈进入后期时再进行追问,以保持访谈流畅。

追问的度即访谈追问的合适程度。即访谈不仅要注意适时,还要注意讲究适度。在访谈过程中,要考虑访谈者与被访谈者之间关系的微妙变化,还要关注访谈问题的敏感度,避免给被访者一种会泄露隐私的紧张感,尽量保持追问的语气平静、语调平缓、节奏舒缓,待与对方建立了信任关系后再适时委婉地询问详情。

深度访谈追问忌讳的是:严格遵循自己的思路,试图控制和引导受访者的谈话,不管受访者的话题兴趣点。这不仅影响了整个访谈的结构流程,还容易中断被访者的思路,最终影响访谈效果。

(2)追问的具体策略

要使追问适时和适度,访谈者首先要将自己"悬置"起来,全身心地倾听对方的谈话,在倾听的过程中,追问的第一个办法是:注意捕捉受访者在谈话中有意或无意抛出的言语"标记"。这些"标记"往往代表了受访者的动机、兴趣或利益,对这些"标记"进行必要的追问,很可能获得有价值的研究信息。

追问的第二个办法是:不管是不是访谈者熟悉的领域,访谈者要始终保持学习者的态度,尽量给受访者发表意见和看法的时间和机会,尽量让被研究者自己说话、说自己的话。实际上,由于被访者的经验叙述本身已建构出一个真实的世界,因此应从受访者的角度,审视研究问题,探寻行为意义,而非从访谈者自身的视角来进行探究。

4.深度访谈中的聆听

在质性研究中,访谈的主要目的是了解和理解受访者对研究问题的看法,因此"听"对于访谈者来说意义非凡。如果说"问"是访谈者所做的最主要的有形工作,那么"听"就是访谈者所做的最主要的无形工作。在一定意义上,听比问更加重要,听决定了问的方向和内容,听是开放型访谈的灵魂。因此如何把握访谈中听的技巧尤为必要。

（1）行为层面上的听——应避免表面的听、消极的听，提倡与鼓励积极关注的听。表面的听指访谈者只是作出一种听的姿态，访谈者可能在想自己的事情，也可能将关注点放在了受访者的容貌或衣着上，总之访谈者并没有认真听受访者所说的话。消极的听指访谈者被动地听取了被访者的话，但是并没有将这些话所表达的意义听进去，这种听没有进行有效的思维理解活动，显得心不在焉，也不会与受访者的言语产生某种共鸣。而我们要提倡的是积极的听，即访谈者不仅要将自己全部的精力和注意力放在被访者身上，还要给予对方最大的、无条件的、最真诚的关注。访谈者积极地听，受访者就很可能会放下戒备，对自己的过往经历有一个更加清晰深入的思考，更加有助于访谈者深入探索对方的内心世界。

（2）认知层面的听——应避免强加的听，提倡与鼓励建构的听。强加的听指访谈者将受访者所说的话迅速纳入自己习惯理解的概念分类和知识系统当中，用自己先知的经验理解对方的谈话，并且很快对方的内容做出自己的价值判断。这样先入为主的"认同感"很有可能只是访谈者自己建立起来的假象，并非被访者的真实意思表示。而建构的听指访谈者在倾听时积极地与对方进行对话，在反省自己的倾听与假设的同时与对方平等交流，共同寻求对谈话现实意义的建构。

（3）情感层面的听——应避免无感情的听，提倡共情的听和感性的听。无感情的听指在听的时候访谈者不仅自己无感情表露，而且对被调查者的讲述毫无感受。共情的听指访谈者在倾听过程中与被访者在情感上产生共鸣，双方同欢喜、共伤悲。感性的听指访谈者对对方谈话有感情表露，能够接纳、理解对方的情绪反应。

深度访谈中，要做到不轻易打断受访者的谈话，在访谈中听到自己希望继续追问的重要概念、词语等时，不应该立即打断对方，而应该等待时机，在对方谈话告一段落后再对这些概念、词语等进行追问。还要做到容忍沉默，不要为了打破沉默而立刻发话，应给予对方足够的思考问题的时间。但如果对方是出于害羞或害怕而保持沉默，则应采取措施做出相应的回应。

5. 深度访谈中的回应

回应是指在访谈过程中访谈者对被访谈者的言行做出的反映，包括言语反应和非言语反应两种。访谈者做出回应的目的是使自己与受访者之间建立起一种对话的关系，及时将自己的态度、意向和想法传递给对方，增加访谈的互动效果或使访谈更加顺利开展。

第三节 深度访谈在教育研究中的运用

学习提要

（1）以案例展示深度访谈提纲编制的基本内容与要点。
（2）掌握教育研究中运用深度访谈收集和分析研究资料的基本能力。

一、深度访谈的教育案例

我们选取的是张立新博士关于教师实践性知识形成机制的研究内容（略有删改）[①]，该研究通过教师生活史方面的深度访谈，力求揭示和理解教师生活史及其自我的建构对实践性知识形成机制的影响。在对教师生活史的研究中，访谈借鉴了麦克亚当斯（1993）的著作《我们赖以生存的故事》编制的访谈提纲，探索个人叙事的七个要点："生活章节"、"关键事件"、"重要他人"、"未来蓝图"、"压力与难题"、"个人意识形态"以及贯穿所有生活故事的"生活主题"。下面对这一提纲做简要介绍。

问题一：生活章节

我希望你将自己的生活历程想象成一本书，而你生活中的每一部分都将组成你这本书的章节。虽然这本书尚未完稿，但仍然有已经完成的有趣章节。要有多少章节随你的意愿，但是至少要分成二或三个章节，而且至多不超过七或八个章节。你可以将这些章节看作你生活书的概览，并为每一个章节起个标题，简述各章节的主要内容。然后简单地讨论一下各章节间的转变与过渡。访谈的这个第一部分可以慢慢进行，不过提醒你尽量控制在30至45分钟之间，简单叙述即可。所以，你不用将你所有的故事都说完，只要将故事的大纲——你生活中的主要章节提出来就可以了。

问题二：关键事件

这是访谈的第二部分，该部分从前一个概括性的问题转向具体的问题，请求被访者描述八种关键事件的细节。关键事件是指在你过去生活中的某个具体的时间和地点发生的某些重要事件或有重要意义的情节。标记出关键事件可以帮助你厘清生活中具有意义的特定时刻。

这八个关键事件是：

[①] 张立新：《教师实践性知识形成机制研究——基于教师生活史的视角》，博士学位论文，上海师范大学，2008，第71—80页。

1.高峰体验:生活故事中的高潮点,堪称是你生活中最美好的时刻。

2.低潮体验:生活中的低潮点,是你生活中最难熬、最坏的时刻。

3.转折点:在此事件中,你对自己的认识与了解产生了重大改变。你只要回溯当下觉察到这个事件是个转折就可以了,即使事件发生当时,你毫无察觉也没有关系。

4.最早的记忆:你能想到的最早记忆之一。在此记忆中有清楚的场景、人物、感受和想法。重点在于这是你的早期记忆,并不要求一定要具有什么特别意义。

5.童年的重要记忆:任何你难忘的儿时记忆,正面或负面的记忆都可以。

6.青少年时期的重要记忆:青少年时期任何重要的记忆都行,正面的或负面的都可以。

7.成年时期的重要记忆:21岁以后正面或负面的重要记忆。

8.其他的重要记忆:最近或是很久以前所发生的,重要的特定正面或负面事件。

问题三:重要他人

每个人的生活中都会出现一些重要他人,这些重要他人对于你的叙事具有重大的影响,例如父母、孩子、兄弟姐妹、配偶、情人、朋友、老师、同事、指导者等等。试着列举出你生活故事中最重要的四位人物,并特别指出你(曾)和这些重要他人的关系,以及这些重要他人对你生活的哪些具体方面造成了影响。然后,谈谈你生活中是否有特定的英雄或崇拜的对象。

问题四:未来蓝图

你已经畅谈过去和现在了,那么未来呢?在未来的生活中,你有什么计划或蓝图?描述一下你未来的整体计划、纲要或是梦想。大多数人都有计划和梦想,这些计划和梦想使生活有了目标、兴趣、希望、激情及愿望。计划可能会随着时间而更改,反映出你生活中成长转变的经验。描述一下你目前的梦想、计划。并谈谈这些计划如何促使你:(1)在未来有所创造,(2)对他人有所贡献。

问题五:压力与难题

所有的生活故事都难免会出现重大的冲突、棘手的问题、待挣脱的困境以及高压时刻。试着去思索并描述在你生活中:值得注意的压力、棘手的问题、必须克服的挑战。说明压力、难题或冲突的性质,将这些压力、难题和冲突的形成来源罗列出来,并交代一下这些压力、难题与冲突形成的大概过程。如果你已经有了解决方案,也谈一谈你接下来打算怎样去克服这些压力、化解这些难题和冲突。

问题六:个人意识形态

现在这个问题与你个人的基本信仰和价值观有关。请告诉我这些问题你是怎么想的,并请你尽可能地详细地回答。(1)你是否相信有上帝或某些神明的存在,或者有某些力量主宰着这个宇宙?并请解释一下。(2)概括地介绍一下你的宗教信仰。(3)你的信念和你认识的大多数人的信念,有没有什么不同的地方?哪些地方有差异?(4)你的宗教信仰是如何随着时间推移而转变的?你的宗教信仰曾经面临重大急剧的转变吗?请说明一下。(5)你有没有特定的政治立场?请说明。(6)你认为生活中最重要的价值是什么?请解释一下。(7)你觉得还有哪些话题可以帮助我了解你对于生活及世界所秉持的基本信仰和价值观?

问题七:生活主题

透过描述生活之书的章节、情节与人物,你已经回顾了整个生活故事,有没有觉察到贯串整个生活故事的核心主题、信息或概念?在你的生活中最主要的主题是什么?请解释。

显然,麦克亚当斯提出的自传访谈提纲为了解个人生活史提供了重要线索。张立新博士在借鉴的基础上编制了教师生活史的访谈提纲。该提纲涉及七大主要部分。从时间流的角度涉及了教师的过去、现在与未来;从经验空间环境的角度,涉及家庭、学校、社会等;从牵涉的人群来看,涉及与教师个体有所关联的一切人,如父母、兄弟姐妹、配偶、情人、孩子、朋友、老师、同事、领导及社会和历史上的人物等等;从教师生活史的内容角度,则涉及教师的家庭生活、受教经历、教育经验等各种范畴,其中既涉及教师的思想、情感,也涉及教师的行动等;从教师感受的角度则既涉及愉悦的体验,也涉及烦恼的事。

二、教师生活史正式访谈提纲

(一)访谈提纲的列举与注意事项

案例探析

教师生活史正式访谈提纲(有删改)

(一)生活章节

试着将你的生活想象成一本书,你能将你的生活分成几个章节?(至少要分成二或三个章节,至多不超过七或八个章节)你会怎样描述每一章?你想给它起个什么样的标题?

(二)关键事件

1.说说你整个生活经历中,包括做教师前和从教后,你感觉最美好的时刻。

2.再谈谈你整个生活经历中同样包括做教师前和从教后,你感觉最难熬、最坏的时刻。

3.现在请想一想,你整个生活经历的转折点是什么?哪一段经历或哪一件事改变了你的生活?这段经历或这件事对你的生活又造成了什么改变吗?这也包括你做教师前和从教后的经历。

4.谈谈你最早的记忆吧,不要求一定要有什么特别意义。那些事是否对你产生了影响?产生了什么影响?

5.谈谈你童年(学前和上小学时)重要的记忆吧,正面或负面记忆都可以,那些经验对你产生了什么影响吗?

6.在你青少年时期(上中学时)有什么重要的记忆吗?正面或负面记忆都可以,对你产生了什么影响?

7.再谈谈你成年时期(上大学和参加工作以来)的重要记忆吧,正面或负面记忆都可以,对你产生了什么影响吗?

8.还有没有其他的重要的记忆了?正面或负面记忆都可以,对你产生了什么影响?

(三)重要他人

1.现在希望你能谈谈,你觉得生活中最重要的四个人(也可以再多),你(曾)和这些人是什么关系?这些人对你生活故事的哪些具体方面造成了影响?

2.再试着谈谈在你生活中是否有特定的英雄、崇拜的对象(或比较欣赏的人物)(后添加)?为什么他们是你的选择?

(四)愿景

在未来的生活和工作方面,你有什么计划或蓝图、梦想?

(五)压力与难题

可否谈谈在你生活中的一些领域,你最近遇到的一些压力、困境或难题。你打算怎样应对?

(六)个人意识形态

我们现在来讨论一下你的一些基本价值观与信仰。

1.你是否相信有上帝或某些神明的存在,或有某些力量主宰着这个宇宙?请解释一下。

2.请概括地介绍一下你的宗教信仰。你的宗教信仰是如何随着时间推移而转变的?你的宗教信仰曾经面临重大急剧的转变吗?请说明一下。

3.你的信念和你认识的大多数人的信念,有没有什么不同的方面?哪些地方有差异?

4. 你有没有什么特定的政治立场？请说明。

5. 你认为生活中最重的价值是什么？请说明。

6. 你觉得还有哪些话题可以帮助我了解你对生活、工作及世界所秉持的基本信仰和价值观？

(七)生活主题

到现在，你回顾了你整个的生活故事，你能指出贯串你整个生活故事的核心主题吗？

以上是张立新博士研究教师实践性知识形成机制的深度访谈提纲，他从生活史的角度分别对4位老师进行了半结构式的访谈。具体到访谈过程，由于访谈者与受访老师的关系不同，受访老师自身的特点及访谈时间的充裕程度等有差异，对4位老师进行访谈时访谈问题的次序不尽相同，访谈内容也相应地做出了调整。

访谈对象的选取与准备环节。对程老师的访谈：由于张博士与程老师是同学关系，加上对学习和教学研究也有相同的志趣，他便更能敞开心扉，讲述他的过去、现在以及对未来的一些想法，这样对程老师生活史的访谈持续了相当长的时间（从8月份到11月份），前后访谈有10余次。尤其是在"关键事件"问题部分，每一类小问题，都可以激发生成程老师越来越多的故事以及这些故事给予他的感受和启迪，张博士访谈时也从中一次一次受到震撼。这说明访谈者在访谈前对被访者的情况已经进行了全方位的把握，并做好了访谈的准备工作，这有利于将访谈向更加深入的方向发展。

访谈的客观性原则与提问技巧。而在对金老师访谈过程中，对于"生活章节"这些问题，金老师多次声明自己不擅长做这样的概括，所以张博士必须根据被访者的实际情况对访谈问题的次序做出调整，防止访问者以自身偏好和意义性观点代替或影响被访者的观点，尽量保证访谈的客观立场。如暂时回避"生活章节"部分较为抽象的开放型提问，改为从个人生活史的"关键事件"入手，采取具体型提问的方式，尝试和被访者建立一种相互信任的谈话伙伴关系，将访谈引入一种自然情景状态，为访谈后续的顺利开展打下良好的沟通基础。后来张博士发现自己提出的"关键事件"这类问题，常能激发金老师讲述以往很多或悲或喜的经历，有些也许是金老师第一次讲给"外人"听，激动之处，老人家禁不住热泪盈眶。显然，张博士已经找到了访谈的最佳切入点。又如在访谈周老师的时候，受被访老师讲述个人经历时的启发，有时也会补充一些新用语或具体问题。当访问者问到"在你生活中是否有特定的英雄、崇拜的对象"时，周老师说，"比较欣赏的人物可以吧？"访问者立刻觉得，"比较欣赏"更好理解，也更符合人的思想实际，因此访谈者在访谈提纲中加上了这个词组，以后的访谈中也使用了这个词组。这充分体现了访谈中听的技巧，说明访谈者本身理解受访者对研究问题的看法，已经从行为层面上的"听"过渡到认知层面的"听"。

访谈情境性和灵活性的运用。本来访谈最好选择在安静的环境中进行,以便录音后转录整理与分析。可有时候,也不得不做折中的选择。一是因为受访老师没有那么多时间,他们白天要上课,上了课还要备课,而下了班还要匆匆赶回家里去照顾家人;二是因为办公室里有时候有其他老师,会影响被访教师开怀畅谈。这样,有时访谈只好搬到饭桌上,找一家相对安静的餐厅,边吃饭、边谈话。即便如此,也常常占用了受访老师本该休息的时间。对金老师、龙老师、顾老师的访谈更是有这样的问题。而且,由于时间有限,提出的问题也不得不从简,甚至有所选择,这既是对访谈问题的弹性处理,也体现了深入访谈本身的灵活性和开放性。

总之,由于时间、空间等原因,访谈的安排、访谈问题的次序都不得不做出调整。所以说,访谈提纲,只是访谈的纲要,需要根据实际情况调整。

(二)深度访谈资料收集方法

张立新博士详细说明了基于生活史的深度访谈资料收集方法——以程老师为例。

★在日常观察与实地考察中涉及人物包括:

受访老师本人程老师

程老师的同事(如金老师、周老师、鲁老师等)

程老师的父亲

程老师的妻子

程老师的同学

程老师的其他亲属(岳父母等)

★实物资料的观察与收集

程老师的教案(以往和当下)

程老师的课堂教学资料

程老师的学生作业(作文)(以往和当下)

程老师的日记(自中学时代起)(书面、博客)

程老师的信件(自中学时代起)

程老师的照片(以往和当下)

程老师的大学毕业留言簿

程老师的资格证书和获奖证明

程老师的其他收藏物

程老师的作品:论文、报载文章

与程老师相关的文献资料

★教师生活史调查问卷及其他

本章小结

深度访谈作为社会科学质性研究的一种主要方法,是一种围绕着研究主题展开的开放型或半开放型访谈,与结构式访谈不同,深度访谈没有固定的访谈程序,对被访者的回答不做严格限定,研究者对于访谈结构的控制也不强;与日常谈话不同,深度访谈是一种深入的研究性谈话活动,通过研究者的主动寻访,被研究者的真诚倾诉,建构研究问题的理论意义。

深度访谈在研究范式和方法论上属于质性研究,主要被应用于实地研究。深度访谈有三个突出特点:开放性与灵活性、情境性与深入性、互动性与平等性。深度访谈顺利开展要坚持悬置的客观立场原则、主体间的平等对话原则、意义探寻的目的原则。

深度访谈是一个访谈者与被访者围绕研究主题进行深入交流的过程,它强调的是对访谈对象及其行动的意义的理解和诠释,而非简单地向受访者收集资料的过程。要开展好一项访谈,必须在做好访谈前期准备的基础上,重点对访谈的提问、追问、聆听、回应等环节进行认真把握,提升访谈工作本身的质量。

【思维导图】

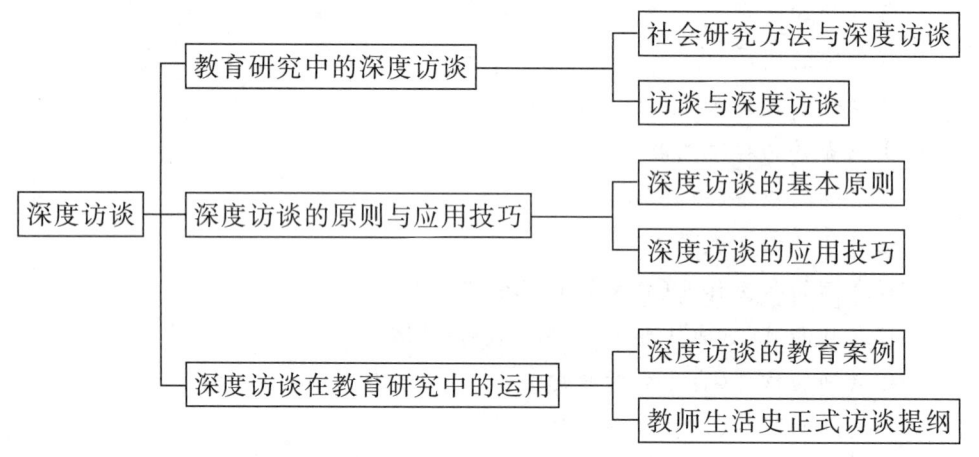

```
                ┌─ 教育研究中的深度访谈 ─┬─ 社会研究方法与深度访谈
                │                      └─ 访谈与深度访谈
深度访谈 ───────┼─ 深度访谈的原则与应用技巧 ─┬─ 深度访谈的基本原则
                │                          └─ 深度访谈的应用技巧
                └─ 深度访谈在教育研究中的运用 ─┬─ 深度访谈的教育案例
                                            └─ 教师生活史正式访谈提纲
```

【思考与练习】

1. 什么是深度访谈,它有什么特点?
2. 深度访谈的基本原则与重要应用技巧有哪些?
3. 如何在小学教育研究中开展深度访谈?

【推荐阅读】

[1]陈向明.质的研究方法与社会科学研究[M].北京:教育科学出版社,2000.

[2]朱德全,李珊泽.教育研究方法[M].重庆:西南师范大学出版社,2011.

[3]风笑天.社会研究方法(第四版)[M].北京:中国人民大学出版社,2013.

第十章
教育实验设计

> 纸上得来终觉浅,绝知此事要躬行。
>
> ——陆游
>
> 只有当一项实验的主要目的是解决教育学的问题时,这项实验才是教育学实验。
>
> ——[德]拉伊

第一节 教育实验的概述

学习提要

(1)理解教育实验的定义和特点。
(2)理解教育实验的类型。
(3)理解教育实验的相关变量。
(4)掌握教育实验的基本步骤。

一、教育实验的定义和特点

教育实验也称教育实验法,是为了解决某一教育问题,根据一定的教育理论或设想,组织有计划的教育实践,在控制的条件下系统地操纵某种变量的变化,到一定时间后,对这种变量所产生的实践效果进行比较分析,从而得出有关实验效果的科学结论。(李秉德、檀仁梅,2001)

教育实验是根据某一教育假设而进行的"教育试验",具有如下的特点:

(1)以假说为前提。教育实验依据的是一定的教育理论或假说。如果没有理论的指导或没有建立起科学的假说,将会因为教育实验而实验,影响到教育实验的水平。

(2)具有可控性。教育实验的对象是人,在人为的干预下进行,教师可以主动对实验的影响因素进行控制,并对与实验无关的影响因素进行干预,以观察预期的事实能否出现。

(3)具有严密性。教育实验需要对实验对象进行选择,对实验过程进行控制,对实验结果进行分析比较,整个过程需要经过严格的设计和控制,可以进行精确的测量和数据处理。

(4)可以揭示教育过程的因果关系。教育实验通过系统地控制变化条件,观察这些条件变化所引起的教育过程的相应变化,因而揭示教育过程中各种变量间的因果关系。

(5)具有可重复性。教育实验具有自然实验的特点,可以重复进行。在一个地方所做的实验可以在另一个地方重复进行。

教育实验法可以用于研究学生发展的状态、研究学校的教学或教育工作的改革过程、对已有的教育理论或假说进行验证、对教育进行预测等。但是,由于教育实验对象的复杂性,在实验过程中容易受人为因素的影响,实验条件不容易严格控制,使教育实验和其他教育研究方法一样,也具有局限性。

二、教育实验的类型

根据不同的实验目的和功能,可把教育实验分为不同的类型。

(一)实验室实验和自然实验

按实验所在的不同场所,可把教育实验分为实验室实验和自然实验。

实验室实验指在专门的环境中进行的实验。这类实验的优点是能把实验中的各种变量严格分离出来,并进行准确的操作。如研究学生在不同的认知情境下,大脑电波的不同变化。

自然实验指在真实的教育环境中进行的实验,也称现场实验。通常所进行的教育实验均可认为是自然实验。

(二)验证性实验和探索性实验

按照实验的不同目的,可把教育实验分为验证性实验和探索性实验。

验证性实验是以已取得的实验结果为目标,进行再实验。这类实验具有明显的重复性,目的在于验证自变量是因变量变化的原因,主要关注已有教育结果应用的普遍性。

探索性实验是以解决某种教育问题或认识某种教育现象为目标,通过揭示与研究对象有关的因果关系,来尝试建立某种理论体系,目的在于寻找足以影响因变量的各种自变量,具有较强的创新性。

(三)单因素实验和多因素实验

按照实验中影响实验结果的因素多少,可把教育实验分为单因素实验和多因素实验。

单因素实验也称为单一变量实验。指在实验中只有一个因素对实验对象施加影响,其他因素保持恒定,对实验结果没有影响。这类实验难度较小,过程比较简单,容易控制。

多因素实验也称为组合变量实验。指在实验中有两个或两个以上的因素对实验对象施加影响,其他因素保持恒定。这类实验由于有多个因素起作用,过程比较复杂,实验难度比较大,对资料的统计处理难度高。

(四)前实验、准实验和真实验

按照不同的实验对象的选取方式和对影响因素的控制方式,可把教育实验分为前实验、准实验和真实验。

前实验对实验对象没有进行随机选择和随机分配,对实验的无关因素不进行控制。这类实验是最原始的一种实验,误差大,往往无法说明各因素的因果关系。

准实验对实验对象没有进行随机选择和随机分配,只能按现行班级或群组进行实验,对实验的无关因素没有进行完全控制。这类实验在教育实践中较为现实可行,但在下结论时需慎重。

真实验对实验对象进行随机选择和随机分配,对实验的影响因素进行系统操纵,对无关因素进行严格控制。这类实验的效度高,误差程度低。

三、教育实验的相关概念

教育实验过程中涉及的相关概念主要有被试、自变量、因变量和无关变量;前测与后测、实验组与对照组或控制组;双盲实验等。

(一)被试

教育实验中的研究对象称为被试。被试的选择需要有代表性,能够有效地代表研究总体。

(二)自变量、因变量和无关变量

自变量也称实验的影响因素、刺激因素或影响因子,是实验者主动操纵的因素,是原因性因素。

因变量是由于自变量的变动而引起变化的量,是实验的结果性因素。

无关变量也称控制变量,指除了自变量以外的、其他可能影响实验结果的变量,或是在实验中应该保持恒定的变量。

教育实验的目的就是系统地操纵自变量使其发生变化,并控制无关变量,观察因变量是否随自变量的变化而发生变化。在实验中,自变量、因变量和无关变量不是一成不变的。在一个实验中是自变量,在另一个实验中就可能是因变量或无关变量。反之亦然。如在"小学语文教学中,阅读量对语文成绩的影响研究"实验中,阅读量为自变量,语文成绩为因变量,学习材料、学习方法等为无关变量。而在"小学语文教学中,学习材料对学习兴趣的影响研究"实验中,学习材料就成为自变量,学生兴趣就成了因变量,学习方法就成了无关变量。

(三)前测与后测

前测指在接受自变量的刺激之前对因变量的测量。

后测指在接受自变量的刺激之后对因变量的测量。

观察前后两次对因变量测量的结果,存在的差异就可认为是自变量作用的结果。

(四)实验组与对照组

实验组指接受自变量刺激的被试。

对照组或控制组指没有接受自变量刺激的被试。

在教育实验中通常假定,对照组或控制组除了在接受自变量刺激这一点上与实验组不同外,在其他方面和实验组一样。

(五)双盲实验

双盲实验指被试和实验者都不知道哪些是实验组哪些是对照组的一种实验设计。

四、教育实验的基本步骤

完整的教育实验一般需要包括进行实验假设、选择被试、控制变量、分析结果、下结论等部分。以"探究法对小学二年级学生科学成绩的影响"为例,说明教育实验设计的基本步骤,如图10-1所示。

第一步,进行实验假设——探究法有助于提升小学生的科学成绩。

第二步,选择被试,确定实验组和对照组。在学校中,选择学生的入学成绩、家庭背景等各个方面表现对等的二年级两个班级作为研究对象进行实验。一个班为实验班,另一个班为对照班。

第三步,控制变量。在教学中,实验班采用探究式教学法进行教学,对照班采用常规教学法进行教学。实验班和对照班除了教学法不同外,其他情况都一样。

第四步,分析结果。一段时间之后,对两个班的学习表现(测验分数)进行比较,研究教学方法与学习成果之间的因果关系。

第五步，下结论。根据实验的分析结果，得到探究法是否有助于提升小学生科学成绩的结论。

```
                        进行实验假设
                             ↓
                          选择被试
                        ↙        ↘
              实验组 ―― 控制无关变量 ―― 对照组
                ↓                        ↓
             探究教学法 ―― 自变量（原因）―― 常规教学法
                ↓                        ↓
          学习表现（测验分数）― 因变量（结果）― 学习表现（测验分数）
```

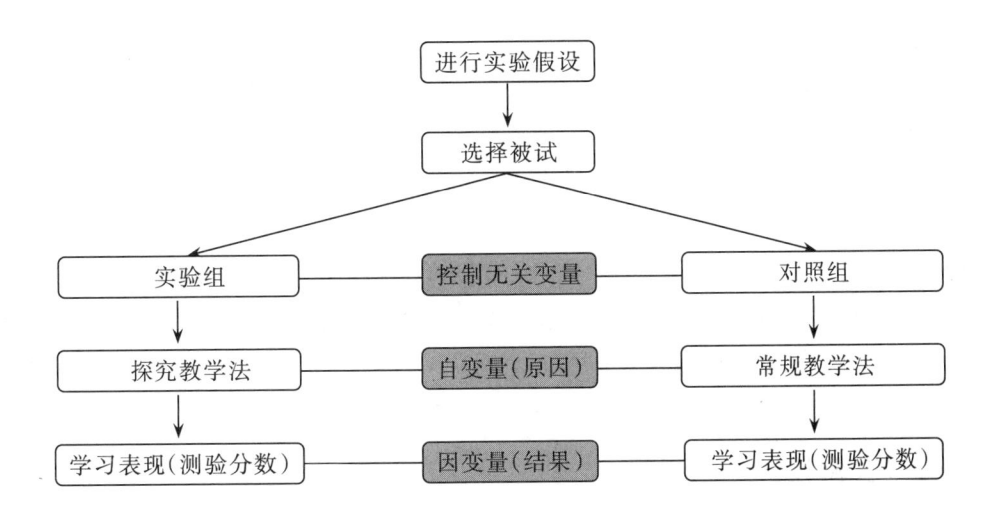

图10-1 教育实验设计的基本步骤（以"探究法对小学二年级学生科学成绩的影响"为例）

案例探析

教育实验"意向对保持学习材料的影响"

1957年，美国认知教育心理学家奥苏贝尔进行了"意向对保持学习材料的影响"的教育实验。在实验中，把学生分为两组。教师先让两组学生阅读一篇1400字左右的文章。在阅读之前，告诉第一组学生在阅读完之后将进行一次测试，以了解其记忆的成绩；同时告诉他们在两周之后，将进行再一次测验，以了解记忆保持的成绩。对于第二组学生，则只提出与第一组学生一样的第一点要求，第二点要求则在第一次测验之后再向他们提出。（宋凤宁等，2006）

讨论：

从这个例子中，可以观察到教育实验具有哪些特点？

第二节　教育实验设计的基本模式

学习提要

(1)理解教育实验三种基本设计模式的特点。
(2)熟练掌握基本的教育实验设计方法。

教育实验设计是运用实验法解决教育问题的具体体现,是教育实验有计划、有步骤地实施的重要保证,其质量影响着教育实验的成败和价值大小。教育实验设计有前实验设计、准实验设计和真实验设计三种基本模式。

一、前实验设计

前实验设计指在自然环境下,操纵自变量,但不能随机选择样本,对无关变量完全没有控制的实验设计。前实验设计不是严格意义上的实验,其主要有三种表现形式。

(一)单组后测实验设计

对一组被试(G)施加一次实验刺激X,进行一次后测O,这种方法称单组后测实验法。其基本模式为:

$$G: X \quad O$$

设计过程如表10-1和图10-2所示:

表10-1　单组后测实验设计

组别	前测(因变量)	实验处理(自变量)	后测(因变量)
实验组(被试)		√	√

注:打"√"处表示有相关操作,无"√"处表示无相关操作,后同。

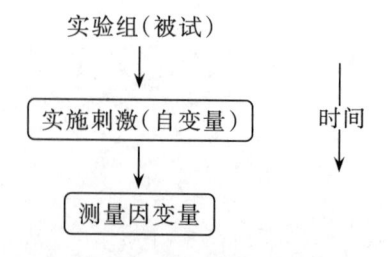

图10-2　单组后测实验设计

这种实验设计只有一组被试,对被试进行一次实验处理,进行一次后测,没有对照组。由于没有对照组,不能与实验的被试进行比较。同时,没有对无关变量进行控制,内部效度低,一般不使用。

例如:"在小学语文教学中,试验课前阅读分享教学法的教学效果"实验。以一个班的学生为研究对象(G),在学期开始时学生的语文课课前进行学生课外阅读的分享(X),一个学期之后,测量学生的语文学习成绩(O)。通过成绩来下结论:这种教学方式是否有助于学生语文学习成绩的提升。

单组后测实验设计简单易行,但由于只有一组实验对象,没有对照组,也没有前测,得出来的结论主要依据主观判断,不能令人信服。

(二)单组前后测实验设计

对一组被试(G)进行一次前测 O_1、一次实验刺激 X 和一次后测 O_2,这种方法被称为单组前后测实验法。其基本模式为:

$$G: O_1 \quad X \quad O_2$$

设计过程如表10-2和图10-3所示:

表10-2 单组前后测实验设计

组别	前测(因变量)	实验处理(自变量)	后测(因变量)
实验组(被试)	√	√	√

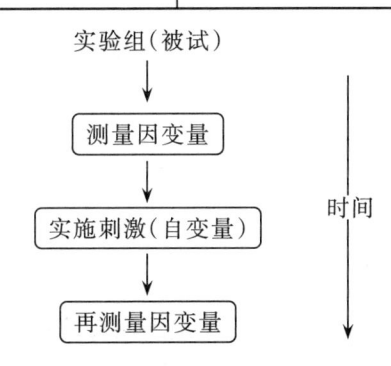

图10-3 单组前后测实验设计

单组前后测实验法是对单组后测实验的改进,增加了对被试的前测,可以得到自变量作用前和作用后的效果。但由于没有对照组,也没有对无关变量进行控制,内部效度仍较低,一般也不使用。

再以"在小学语文教学中,试验课前阅读分享教学法的教学效果"的实验为例。在这一实验中,增加了在实验前对学生语文成绩进行测量(O_1)这一环节,并与实验后的语文成绩(O_2)进行对比,得到实验的效果(O_2-O_1)。这种方法简单易行,得到的结论比仅根据后测结果得到的结论准确一些,但语文成绩的变化是由于实验刺激的影响,还是由于前测对学生产生暗示的影响,或由于其他因素的影响,实验中没有能够说清楚,结论的解释仍有困难。

(三)非等组后测实验设计

在实验中,有两个组(非随机选择),一个是实验组,另一个是对照组。实验组施加实验刺激,对照组不进行实验处理,两组均进行后测。比较实验组与对照组的差异,就可得到实验的效果,这种方法称非等组后测实验法。其基本模式为:

$$G_1: X \quad O_1$$
$$G_2: \quad\quad O_2$$

其中 G_1 和 G_2 分别表示实验组和对照组,X 表示变量,O_1 和 O_2 分别为实验组和对照组的后测结果。设计过程如表10-3和图10-4所示:

表10-3 非等组后测实验设计

组别		前测(因变量)	实验处理(自变量)	后测(因变量)
自然班级、年级或学校	实验组		√	√
	对照组			√

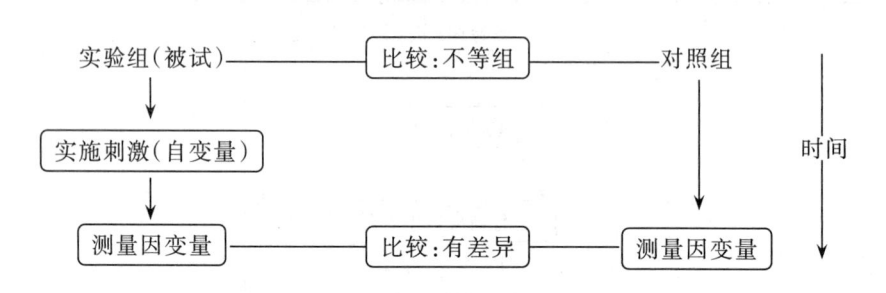

图10-4 非等组后测实验设计

例如:"在小学语文教学中,试验课前阅读分享教学法的教学效果"实验中,对某学校同一年级的两个自然班进行实验,一个班为实验班(G_1),采用课前阅读分享教学法(X);另一个班为对照班(G_2),采用常规阅读教学法。一个学期之后,对两个班的语文成绩进行比较(O_1-O_2),以确定快速阅读教学法是否有效。

与单组前后测实验相比,非等组后测实验便于组织,还增加了一个组做为对照组,与单组实验相比,提高了实验的内在效度。但这两组被试在实验处理前就已经形成,不能进行随机选择和随机分配,且没有进行前测,也没有对无关变量进行控制,所得结果的解释仍有困难。

二、准实验设计

准实验设计指在自然环境下,操纵自变量,对无关变量有一定控制,但不能随机分组的实验设计。一般以自然教学班或学校等群体为单位,有一定的外部效度。准实验设计有多种类型,在此主要介绍不等控制组前后测实验设计和单组连贯时间序列设计。

(一)不等控制组前后测实验设计

在实验中,实验组和对照组是原有的自然班级、年级或学校,没有进行随机选择和随机分配。对实验组和对照组分别进行一次前测和一次后测,通过比较各组后测与前测的差来判断实验的结果,这种实验方法称不等控制组前后测实验法。其基本模式为:

$$G_1: O_1 \quad X \quad O_3$$
$$G_2: O_2 \quad \quad O_4$$

其中 G_1 和 G_2 分别表示实验组和对照组,X 表示变量,O_1 和 O_2 分别为对实验组和对照组前测的结果,O_3 和 O_4 分别为对实验组和对照组后测的结果。设计过程如表 10-4 和图 10-5 所示:

表 10-4 不等控制组前后测实验设计

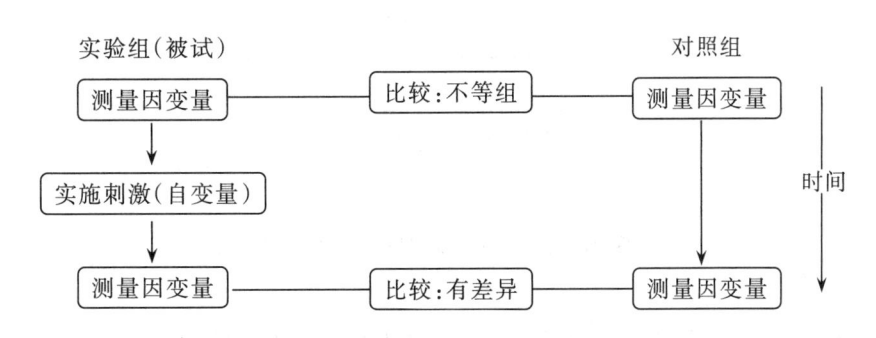

组别		前测(因变量)	实验处理(自变量)	后测(因变量)
自然班级、年级或学校	实验组	√	√	√
	对照组	√		√

图 10-5 不等控制组前后测实验设计

例如："在小学语文教学中,试验课前阅读分享教学法的教学效果"实验中,实验前分别对实验班(G_1)和对照班(G_2)的语文成绩进行测量,结果为O_1和O_2。之后,实验班采用课前阅读分享教学法(X);对照班采用常规阅读教学法。一个学期之后,分别对两个班的语文成绩进行测量,得到O_3和O_4,比较(O_3-O_1)和(O_4-O_2),可以确定新的教学方式是否有效。

不等控制组前后测实验设计在现实的教育实验中应用最普遍。与前实验设计中的非等组后测设计相比,这种设计增加了对实验组和对照组的前测,可以较好地比较实验的结果。不足之处为,被试不是随机抽样和随机分配,实验结果不能直接推论到无前测的情境中。

(二)单组连贯时间序列设计

对一组被试进行一系列周期性测量,并在测量的时间序列中实施实验刺激,再进行一系列周期性测量,比较实施实验刺激前后,测量结果的变化趋势,从而推断实验刺激是否产生效果,这种方法叫作单组连贯时间序列实验法。设计过程如图10-6所示:

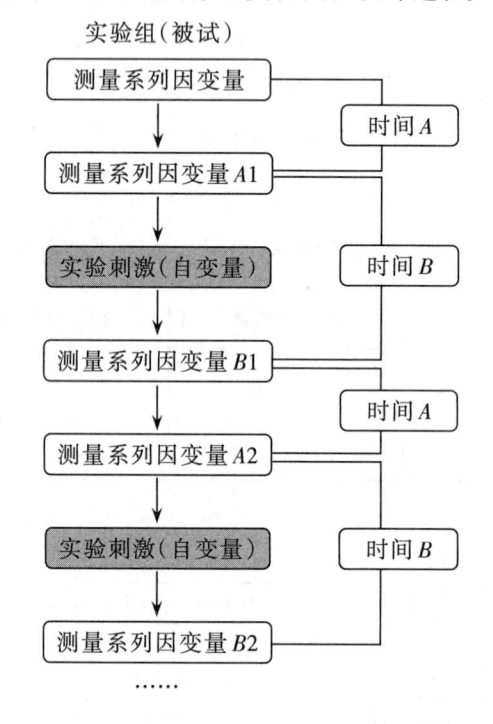

图 10-6 单组连贯时间序列实验设计

此实验中,对一组被试进行了两段时间基本相等或不等的测量。实验步骤如下:

第一步,在时间A内,没有实验刺激,对被试进行系列测量,得到一组测量结果$A11$-$A1N$。

第二步,在时间 B 内,实施实验刺激,完成后对被试进行系列测量,得到一组测量结果 $B11–B1N$。

第三步,重复第一步的操作,得到一组测量结果 $A21–A2N$。

第四步,重复第二步的操作,得到一组测量结果 $B21–B2N$。

依次重复第一步和第二步的操作,得到多组没有实验处理和实施实验刺激的数据,分别对它们求和。比较没有实验处理的总结果与实施实验刺激的总结果是否有差异,来判断实验刺激是否有效。

这种设计可以有效控制时间变化造成的测验因素干扰,也可以降低由于只做一次测验而出现的偏差。但由于没有对照组,没有对无关变量的有效控制,且多次测量会增加或减少被试的敏感性,同时,测验与实验处理的交互作用不易控制,从而增加了对实验结果的解释难度,在现实中较少应用。

例如:在"在小学语文教学中,试验课前阅读分享教学法的教学效果"实验中,实验班的学生在前 1-3 周尝试课前阅读分享教学法,且每周一对他们的阅读速度、阅读兴趣、阅读习惯、语文成绩等多个因素进行测量;在第 4-6 周运用传统的教学方法,也在每周一对以上各因素进行测量,得到第一周期中的两组数据。在第 7-9 周又恢复课前阅读分享教学法,并进行相应的测量;在 10-12 周恢复传统教学方法,并进行相应的测量,得到第二周期中的两组数据。依次类推。分别把不同教学方式实施后的各次测量结果进行相加,根据结果的对比可以得到新教学方式是否更有效的结论。

三、真实验设计

真实验设计对被试进行随机选择和随机分配,可以有效地操纵自变量,严格地控制无关变量。实验组和对照组的被试通过随机选择和随机分配来确定,使两组的各种条件差异不显著,可认为是"等组"。真实验设计主要有等组前后测实验设计、等组后测实验设计和所罗门四组实验设计三种类型。

(一)等组前后测实验设计

实验组接受实验刺激,对照组不给予处理,两组均进行前测和后测,这种方法称为等组前后测实验法。其基本模式为:

$$RG_1: O_1 \quad X \quad O_3$$
$$RG_2: O_2 \quad \quad O_4$$

其中 RG_1 和 RG_2 分别表示随机选择和随机分配的实验组和对照组,X 表示变量,O_1 和 O_2 分别为对实验组和对照组前测的结果,O_3 和 O_4 分别为对实验组和对照组后测的结果。

设计过程如表 10-5 和图 10-7 所示:

表 10-5 等组前后测实验设计

组别		前测(因变量)	实验处理(自变量)	后测(因变量)
随机选择 随机分配	实验组	√	√	√
	对照组	√		√

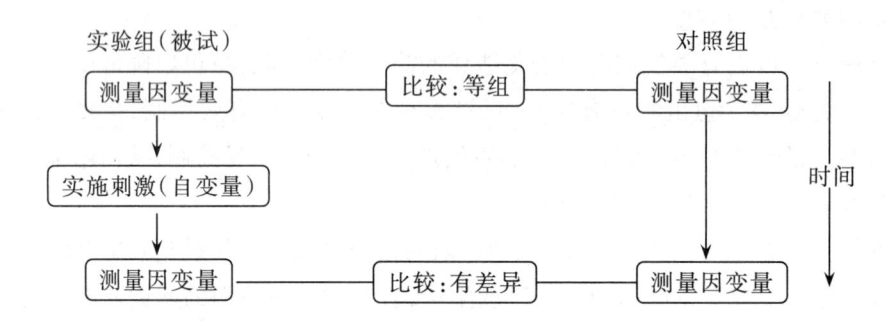

图 10-7 等组前后测实验设计

此实验设计是最基本、最典型的教育实验设计。由于实验组与对照组的情况基本相同,且都进行了前测,对实验过程的无关变量进行了控制,都进行了后测,可以对实验效果进行比较。不足之处是,在进行前测时,被试如果知道了实验的目的,可能会影响其行为,从而对后测的结果产生影响。

再以"在小学语文教学中,试验课前阅读分享教学法的教学效果"为例。在实验前,通过随机选择和随机分配确定实验班(RG_1)和对照班(RG_2),并对两班的语文成绩进行测量。然后,在实验班采用课前阅读分享教学法(X)进行教学,对照班则采用传统教学法进行教学,两个班的其他条件保持不变。一个学期之后,对两个班的语文成绩进行测量,如果实验班的前后测成绩差异(O_3-O_1)比对照班的前后测成绩差异(O_4-O_2)大,就可以得出新教学方法可以促进教学效果提高的结论。

(二)等组后测实验设计

对实验组进行实验刺激,对照组则不给予实验处理,两组都进行后测,这种实验方法称等组后测实验法。其基本模式为:

$$RG_1: X \quad O_1$$
$$RG_2: \quad\quad O_2$$

其中 RG_1 和 RG_2 分别表示随机分配的实验组和对照组,X 表示变量,O_1 和 O_2 分别为实验组和对照组的后测结果。

设计如表 10-6 和图 10-8 所示:

表 10-6 等组后测实验设计

组别		前测(因变量)	实验处理(自变量)	后测(因变量)
随机选择 随机分配	实验组		√	√
	对照组			√

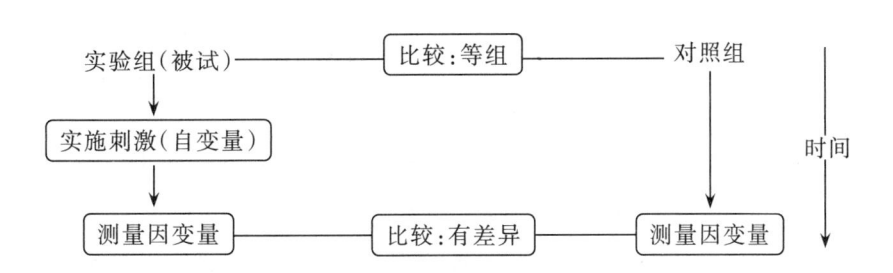

图 10-8 等组后测实验设计

与等组前后测实验设计相比,此实验实验组和对照组情况大致相等,对无关变量的影响进行了控制,使无关变量对两个组的影响效果基本相同,且没有进行前测,可以消除前测对实验结果的影响,因此,可以将实验组和对照组的结果差异归因为是实验刺激的效果。但是,因为没有前测,不能进行前后测的比较,影响了实验的可信度。

例如:在"快速阅读训练法是否有助于提高小学高年级学生的语文阅读效果"的实验中,在学校中随机抽取一些高年级学生,并随机分派到两组之中,一组为实验组,一组为对照组。对实验组进行快速阅读训练法训练,对照组进行传统阅读教学训练。一学期后,测验两组学生的阅读成绩,进行比较,看是否有显著差异,就可以判断出快速阅读训练法是否可以提升语文的阅读效果。

(三)所罗门四组实验设计

把随机抽样和随机分配的被试分为四组,两个实验组和两个对照组。其中一个实验组和一个对照组有前测,另一个实验组和对照组没有前测。一个前测组和一个无前测组接受实验处理;四个组都有后测,这种实验方法称所罗门四组实验法。这是最为严谨的一种实验方法,是把等组前后测实验设计和等组后测实验设计组合起来的一种新的设计方法,由所罗门于1949年首创,故称为所罗门四组实验设计。设计过程如图 10-9 所示:

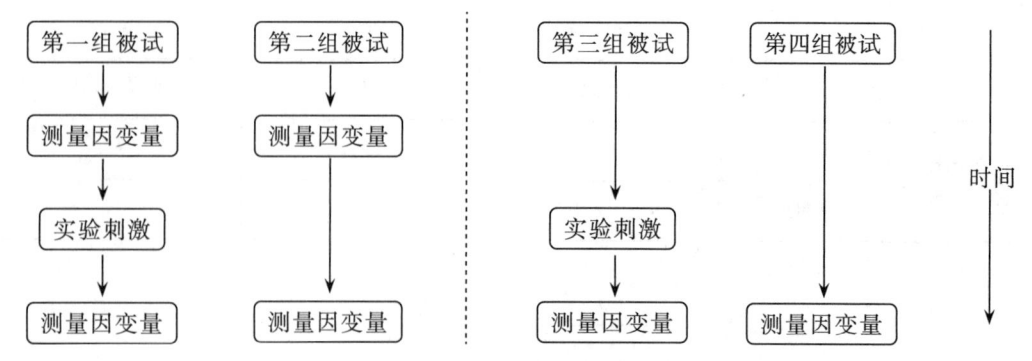

```
第一组被试      第二组被试      │  第三组被试      第四组被试
   ↓              ↓           │     ↓              ↓
测量因变量      测量因变量      │                                    ↑
   ↓              ↓           │                                    │
实验刺激                       │  实验刺激                          时间
   ↓              ↓           │     ↓              ↓               │
测量因变量      测量因变量      │  测量因变量      测量因变量          ↓
```

图10-9 所罗门四组实验设计

第一组和第二组构成了前后测控制组设计,第三组和第四组构成了后测控制组设计。把第一组和第二组的结果进行比较,第三组和第四组的结果进行比较,再把两大组的结果进行比较。这种实验综合了等组前后测实验设计和等组后测实验设计的优点,克服了二者的缺点。但在现实环境中,很难找到四组各种情况都一样的被试。同时,需要的样本量较大,实验成本也较高,缺乏实用性。

资料链接

拉伊——实验教育学的代表人物之一

德国教育理论家拉伊在《实验教育学》一书中,对实验教育学进行了系统的论述。他认为,只有当一项实验的主要目的是解决教育学的问题时,这项实验才是教育学实验。教育学实验包括三个阶段:(1)提出假设;(2)设计并实施实验;(3)在实践中进行验证。教育学实验要求实验的条件要尽可能与班级教学的条件相一致,要尽可能保持学校生活和教学的特征。(见拉伊:《实验教育学》,2005)

案例探析

小学生运算思维品质培养的实验研究[①]

1. 研究假设

从小学生运算思维品质入手,采取合适的教育措施,可以培养学生思维的敏捷性、灵活性、深刻性和独创性,从而提高教学质量,提高学生数学学习成绩,减轻学生运算负担。

2. 研究问题

(1)小学生数学运算能力由哪些构成?

---

① 林崇德、霍懋征等:《小学生运算思维品质培养的实验研究》,《教育研究资料》,1984年第2期。

(2)怎样培养小学生的运算思维品质?

3.实验处理

处理1:实验教师系统学习儿童心理学知识,定期集体备课,定期按实验措施开展"培养思维品质教学观察课"。教学中的多种措施:不同性质的速算练习,提供精选例题,让学生领会11种典型的应用题解题原理,教给学生11种编题方法,提倡独创性。

处理2:按常规进行教学。

4.样本

北京市××学区小学二至五年级8个班学生,每个年级2个班(一个实验班、一个控制班),每班35人,共280人。

5.因变量的操作意义

(1)用速度测量儿童思维的敏捷性。

(2)用一题多解、一题多变试题测儿童思维的灵活性。

(3)用概括数量关系、判断、推理,计算图形面积、体积及运用算术法则等习题测儿童思维的深刻性。

(4)采用学生自编应用题的方式测儿童思维的独创性。

6.采用的控制方法

(1)研究前进行智力检查及语文与数学两科考试,学生成绩均无显著差异,组成一一对应组。

(2)在校上课、自习等各类因素均相同。

(3)学生家长职业、成分大致相似。

(4)不增加学生的练习量及不为其提供特殊的家庭辅导。

7.实验设计

属不等组控制设计。

对本案例的分析:这个实验是典型的教育实验,有严格的操作程序。在开展实验之前,提出研究的假设和要研究的问题。设计好实验变量和控制方法,确定实验对象和编组方法。对实验组和对照组分别进行测量。

在实验过程中,做好对无关变量的控制。

在实验结束后,对实验组和对照组再进行测验,比较实验前后的测量结果,以此来评价实验的效果。确保前测和后测的内容和形式一致。

第三节　教育实验的控制和检测

学习提要

（1）掌握被试的选择方法。
（2）掌握对教育实验中无关因素的控制方法。
（3）掌握检测教育实验的方法。

对教育实验进行控制是研究者获得有效实验结果的前提。判断教育实验是否有效，除了要考虑被试的选择、分组和对无关因素的控制外，还需要对教育实验进行检测，以提升实验结果的准确性。

一、教育实验的控制

（一）被试的选择

选择的被试要具有代表性，应能够有效地代表研究的总体。在教育实验中，一般采用随机抽样、测量选择、逐个分配等方法，将被试进行分组，以得到条件相差不多的两组或多组被试。

（1）随机抽样法

当被试的人数很多时，可以用随机抽样法。具体做法为：把被试者按序进行编号，然后利用随机表来选取号码，或把奇数受试者分到实验组或对照组，把偶数受试者分到对照组或实验组。

（2）测量选择法

运用测量选择法可以对被试进行分组。具体做法为：对参加实验的全部被试进行测量，根据测量的结果进行排序，按照排列顺序上的位置，把被试均等地分配到各组。

若分为两组，则采用以下方式分组：
A组的序号　1　4　5　8　9　12　13…
B组的序号　2　3　6　7　10　11　14…
若分为三组，则采用以下方式分组：
A组的序号　1　6　7　12　13　18　19…
B组的序号　2　5　8　11　14　17　20…
C组的序号　3　4　9　10　15　16　21…

在分组后,如果发现各组间仍有差异悬殊的情况,就可以把这一组中分数较高的人和那一组中分数较低的人进行调换,直到各组的原有水平接近真正均等。

(3)逐个分配法

按一定的标准,对被试进行逐个考察,把两个(或三个)情况相同的对象分配到两个(或三个)不同的组别之中。这样,这两个(或三个)组别的情况就接近真正相同。

由于一些原因,往往不便于对原来的班级进行重新分配,在计算实验结果时,需要把影响均等的学生成绩去掉,不列入总体计算。

(二)对教育实验无关因素的控制

在教育实验中,无关因素的干扰会影响教育实验的效度,使教育实验的效果不能得到真实反映。只要实验刺激以外的无关因素影响了因变量,就会影响实验的内在效度。在实验中,需要对无关因素进行控制。常见的无关因素及其控制方法如表10-7所示(见艾尔·巴比:《社会研究方法(第10版)》,2005):

表10-7 常见无关因素及其控制方法

序号	无关因素	控制方法
1	历史事件:在实验中,发生了意外的事件	实验组和对照组都受到影响,实验的作用效果仍存在,控制方法较少
2	成熟:长期实验中被试的成长,短期实验中被试的倦怠、饥饿等会影响他们在实验中的行为	把被试随机分配到实验组和对照组,被试的成熟问题的影响可避免
3	测验:在实验中,不断地做测验会让被试变得很敏感,会影响被试的行为	实验组和对照组共同接受测验,测验次数的影响可避免
4	测量工具:测量工具不同,导致了测量标准的不同,也会影响测量的结果	对实验组和对照组的测量工具相同,测量工具的影响可避免
5	统计回归:由于有的被试原先处于极端的位置,他们发生的变化会被误认为是实验刺激的结果	把被试随机分配到实验组和对照组,统计回归的影响可避免
6	选择偏好:在选择和分派被试时有选择偏好,会影响到实验组和对照组的可比性	把被试随机分配到实验组和对照组,选择偏好的影响可避免
7	实验缺失:一些被试在实验完成之前退出实验,从而影响实验的结果	对实验缺失进行记录,把结果纳入对实验结果的评价之中
8	对照组的污染:在实验中,实验组与对照组成员对实验刺激因素进行相互沟通与交流,使对照组受到了"污染",影响实验的结果	尽量把实验组与控制组的成员隔开,可以降低对照组受到"污染"的概率
9	补偿:在实验中,为对照组提供某种补偿,以弥补其被剥夺实验刺激的不足	严格执行实验设计,控制无关变量的影响,可避免补偿现象的出现

续表

序号	无关因素	控制方法
10	补偿性竞争：在实验中，对照组可能通过更加努力来弥补其被剥夺实验刺激的不足	对补偿性竞争进行观察和记录，把结果纳入对实验结果的评价之中
11	自暴自弃：在实验中，对照成员可能会觉得被差别对待，而自暴自弃	对自暴自弃进行观察和记录，把结果纳入对实验结果的评价之中

(三)实验人员主观的控制

在教育实验中，实验人员的主观意愿会影响到实验的结果，因此，对被试的选择，应按照随机分配和逐个分配的原则进行；对实验组和控制组的被试应该一视同仁；指导语应该标准化，避免随心所欲，主观发挥。有两个以上研究者进行观测或评分时，应先统一观测或评分标准，再进行正式的观测或评分。

(四)统计学控制

在运用统计学方法进行数据的处理时，应采取恰当的检验手段，有时还需对特定的公式进行一些修正，或用某些手段去除无关因素的干扰。运用此类统计学控制需要深入掌握系统的统计学知识。

二、教育实验的检测

(一)进行重复实验

教育实验成功的最基本条件是能进行重复实验。保持实验刺激不变，改变实验对象，进行重复实验，看所得结果与原来的实验结果是否相符。如果实验结果相同或基本相同，则证明实验的结果可靠。如果差别太大，则表明有未被认识的因素影响着实验结果。需要进行多次重复实验，看哪个实验结果比较可靠。进行重复实验进行检验虽然比较麻烦，却是对实验进行检验的可靠手段。

(二)与已有定论进行对照

把实验所得的结果以及由此推出的理论与已经确立的有关定论进行对比、对照，进行验证。如果相符，则说明实验的结果可靠；如果不符，则需要重新审视实验的过程。

本章小结

教育实验是教育研究中常用的方法之一,它可以验证假说、发现未知,可以有效地控制和检验教育过程的因果关系,进行因果推论。教育实验按不同的功能可分为不同的类型。教育实验的基本步骤为进行实验假设、选择被试、控制变量、分析结果、下结论等。本章主要介绍了前实验设计、准实验设计和真实验设计三种模式。在教育实验中,要注意避免和消除影响实验内在效度的各种因素。教育实验的不足之处是会受到各种人为因素的影响,严格的教育实验在现实世界中不容易做到。

【思维导图】

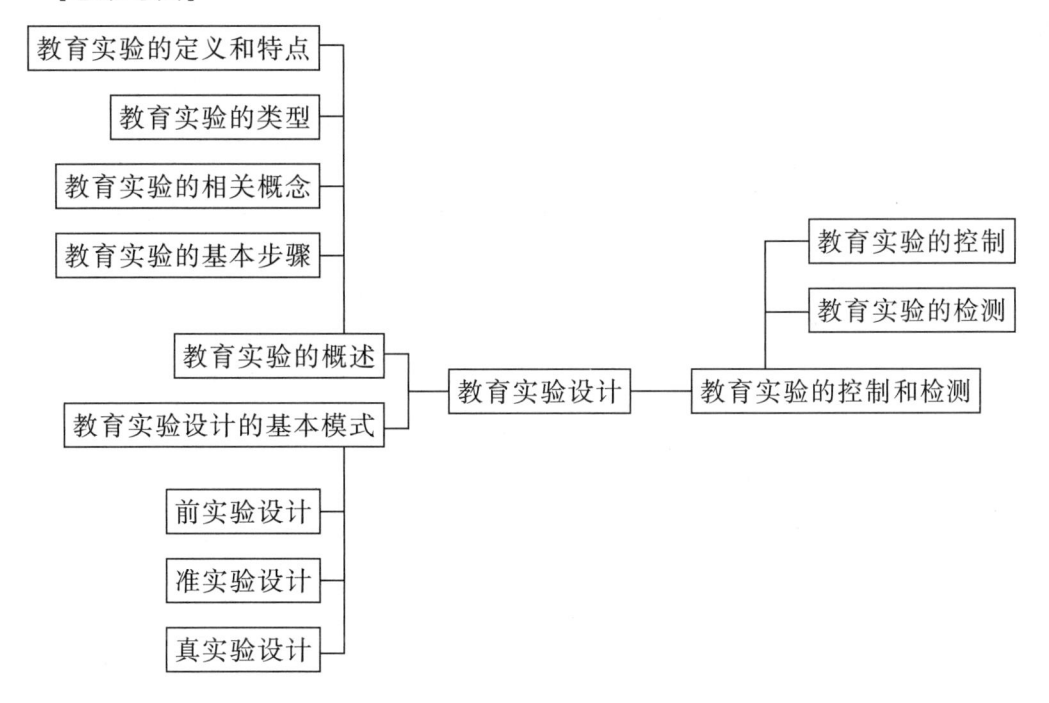

```
教育实验设计
├── 教育实验的概述
│   ├── 教育实验的定义和特点
│   ├── 教育实验的类型
│   ├── 教育实验的相关概念
│   └── 教育实验的基本步骤
├── 教育实验设计的基本模式
│   ├── 前实验设计
│   ├── 准实验设计
│   └── 真实验设计
└── 教育实验的控制和检测
    ├── 教育实验的控制
    └── 教育实验的检测
```

【思考与练习】

1. 简述教育实验的定义及其特点。
2. 教育实验有哪些类型?
3. 教育实验的基本步骤有哪些?
4. 教育实验设计有哪几种基本模式?
5. 设计一个不等组控制实验的方案。
6. 如何对教育实验进行检测?

【推荐阅读】

[1]朱德全,宋乃庆.现代教育统计与测评技术[M].重庆:西南师范大学出版社,1998.

[2]李秉德,檀仁梅.教育科学研究方法[M].北京:人民教育出版社,1986.

[3]裴娣娜.教育研究方法导论[M].合肥:安徽教育出版社,2000.

[4]艾尔·巴比.社会研究方法(第11版)[M].邱泽奇,译.北京:华夏出版社,2009.

[5]许红梅,宋远航.教育科学研究方法原理与应用[M].哈尔滨:黑龙江教育出版社,2007.

[6]W.I.B.贝弗里奇.科学研究的艺术[M].陈捷,译.北京:科学出版社,1979.

第四编 技术篇

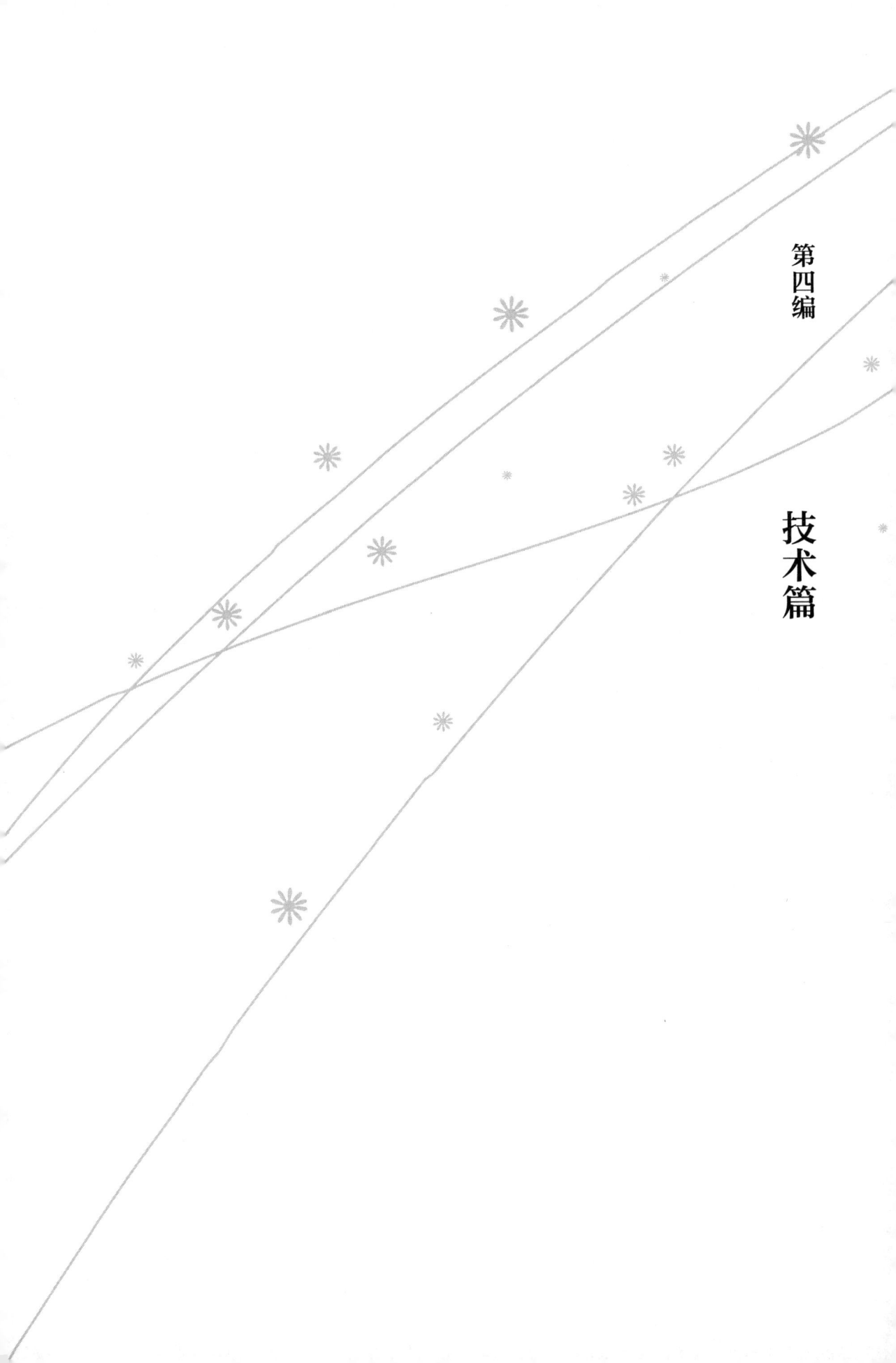

第十一章 定量分析——SPSS

> 工欲善其事,必先利其器。
>
> ——《论语》
>
> 凡为教者必期于达到不须教。
>
> ——叶圣陶

第一节　SPSS与小学教育研究

学习提要

（1）了解SPSS的发展历史。

（2）理解SPSS的主要特点与功能。

（3）了解小学教育研究中的SPSS的运用。

一、SPSS的概念与历史

SPSS（Statistical Product and Service Solutions）是世界上最早的统计分析软件,由美国斯坦福大学的三位研究生于1968年研究开发成功,同时成立了SPSS公司,并于1975年成立法人组织,在芝加哥组建了SPSS总部。2009年7月28日,IBM公司宣布将用12亿美元现金收购统计分析软件提供商SPSS公司。

SPSS是"统计产品与服务解决方案"软件。最初软件全称为"社会科学统计软件包"（Solutions Statistical Package for the Social Sciences）,但是随着SPSS产品服务领域的扩大和服务深度的增加,SPSS公司已于2000年正式将英文全称更改为"统计产品与服务解决方案",这标志着SPSS的战略方向做出了重大调整。SPSS操作简单易学,功能齐全,能够进行自动统计绘图、数据分析,使用方便,深受各类人士青睐。

二、SPSS的主要特点与功能

SPSS是世界上最早采用图形菜单驱动界面的统计软件,它的特点主要表现在以下两个方面:

1. 操作界面极为友好,分析结果清晰、简单易学

SPSS的主要管理和分析功能都用Windows的窗口方式展示,用户只要拥有Windows操作技能和掌握了统计分析原理,就可以使用该软件为特定的科研工作服务。SPSS for Windows的分析结果清晰、直观、易学易用,而且可以直接读取EXCEL及DBF数据文件,现已推广到多种操作系统的计算机上。界面非常友好,除了原始数据及部分命令程序等需要键盘键入外,大多数操作可通过鼠标拖曳,点击"菜单"、"按钮"和"对话框"来完成。

2. 功能强大,集数据录入、整理、分析于一体

SPSS for Windows是一个组合式软件包,用户可以根据实际需要和计算机的功能选择模块。具有完整的输入数据、编辑、统计分析、提供报表、制作图形等功能。SPSS提供了从简单的统计描述到复杂的多因素统计分析方法,比如数据的探索性分析、统计描述、列联表分析、二维相关、秩相关、偏相关、方差分析、非参数检验、多元回归、生存分析、协方差分析、判别分析、因子分析、聚类分析、非线性回归、Logistic回归等。

按照由易到难、由简到繁的顺序分类,SPSS的统计功能可分为三类:

数据管理:通过SPSS我们可以对数据进行采集、定义变量属性、记录排序、拆分文件、筛选记录、计算产生新变量、重新赋值、检查与清理奇异数据等。对数据再加工、整理是开展研究的基础。

基础统计:教育中常用的基础统计包括描述统计、探索统计、列联表分析、先行组合测量、t检验、单因素方差分析、多维反应模型分析、线性回归分析、相关分析、非参数检验等。

专业统计和高级统计分析:专业统计包括判别分析、因子分析、聚类分析、举例分析、可靠性分析。高级统计分析包括回归分析、多变量方差分析、重复测量方差分析、多协变量方差分析、非线性回归分析等。

在小学教育研究中我们常用的是数据管理与基础统计,运用基础统计就能够帮助我们了解分析小学教育研究中的问题,如果要深化研究就会涉及更高层次的专业统计和高级统计分析。

三、小学教育研究中SPSS的运用

(一)进行小学教育中的数据管理

在小学教育研究和小学教育教学中,我们经常会碰到一些数据问题。比如对学生的成绩进行排名,计算学生的标准分数,将学生的成绩进行男女分类统计,等等。这些大量数据的统计,靠人工来进行的话,显然会费时费力,也不一定准确。SPSS就具备这方面的功能,研究者可以根据研究的需要对这些数据进行定义、分类、排序、赋值等,从而呈现出简洁、美观的图表数据,做到事倍功半。

(二)进行相应的描述统计分析

要想了解一个班级或一所学校学生的学习成绩的平均分、中间的分数就会涉及表示数据集中趋势的平均数、中数。要想了解最高分与最低分数相差多少,两个教学班的语文成绩中,哪个班级内的成绩分布更分散,就会涉及表示数据离散趋势的全距、四分差、平均差、方差、标准差。同样,我们要了解学生的学习成绩与什么相关就会用到相关分析。描述统计是通过图表或数学方法,对数据资料进行整理、分析,并对数据的分布状态、数字特征和随机变量之间关系进行估计和描述的方法。描述统计分为集中趋势分析、离中趋势分析和相关分析三大部分。

(三)进行简单的推断统计分析

我们在研究的过程中,由于人力、物力、财力以及其他因素的制约只能以样本来推测整体的情况,这就会用到推断统计。推断统计是研究如何利用样本数据来推断总体特征的统计方法,它允许我们根据有限的信息(样本)对总体得出结论,因而简单实用。用推断统计的方法来处理数据时,一定要知道统计方法使用的基本前提:一是要随机抽样,二是样本要有代表性和一定规模,三是推断统计的错误要有一定限度。

第二节 SPSS的方法简介

> **学习提要**
>
> （1）掌握SPSS程序的启动与退出。
> （2）了解SPSS的主要窗口。
> （3）熟悉SPSS基本分析的操作方法。

一、SPSS的启动与退出

按Windows［开始］→［程序］→［IBM SPSS Statistics］，［IBM SPSS Statistics 19］（此代表的是软件某一型号，也可能不是"19"这个数值）的点击顺序即可启动SPSS软件，进入SPSS for Windows对话框，如图11-1，图11-2所示。

图11-1 SPSS启动

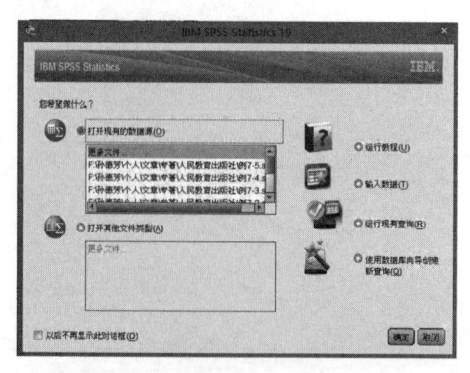

图11-2 Statistics 启动对话框

SPSS软件的退出方法与其他Windows应用程序相同,有两种常用的退出方法:

◆按"文件"→"退出"的顺序使用菜单命令退出程序。

◆直接单击SPSS窗口右上角的"关闭"按钮,回答系统提出的是否存盘的问题之后即可安全退出程序。

二、SPSS的主要窗口

SPSS软件运行过程中会出现多个界面,各个界面用处不同。本书主要介绍数据编辑窗口与结果输出窗口。

(一)数据编辑窗口

启动SPSS后,我们首先看到的第一个窗口是数据编辑窗口,如图11-3所示。在数据编辑窗口中,我们可以进行数据的录入、编辑以及变量属性的定义。数据编辑窗口主要由以下几部分构成:标题栏、菜单栏、工具栏、数据显示窗口、变量名栏、观测序号、窗口切换标签、状态栏等。

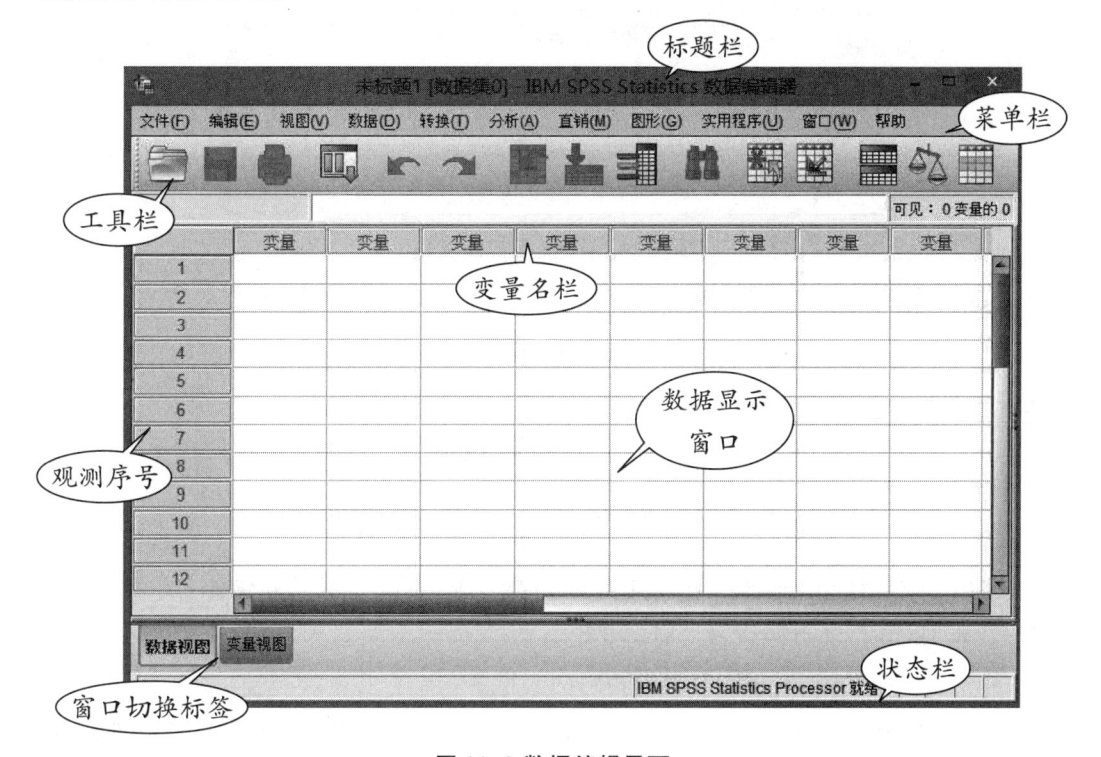

图11-3 数据编辑界面

(二)结果输出窗口

在 SPSS 中大多数统计分析结果都将以表和图的形式在结果观察窗口中显示。窗口右边部分显示统计分析结果,左边是导航窗口,用来显示输出结果的目录,可以通过单击目录来展开右边窗口中的统计分析结果。当用户对数据进行某项统计分析时,结果输出窗口将被自动调出。当然,用户也可以通过双击后缀名为"spo"的 SPSS 输出结果文件来打开该窗口。

三、SPSS 的基本分析操作方法

(一)定义变量

要想通过 SPSS 来处理数据,首要的前提是定义变量。定义变量包括定义变量名称、变量类型、变量宽度、变量标签等,如图 11-4 所示。

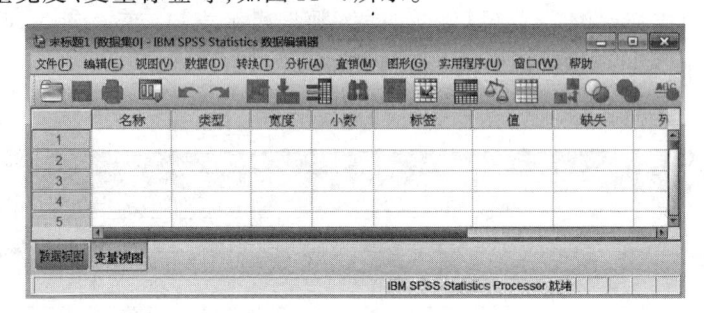

图 11-4 定义变量视图窗口

1.定义变量名称

可以根据自己的需要来命名变量,数据项取变量名可以用汉语拼音或英文缩写。在给变量命名时,要注意以下几点:

(1)变量名最好不要多于 8 个字符,字符不要出现"?""!"和"*",同时也不能以下划线"_"和圆点"."作为变量名的最后一个字符。

(2)变量名不能使用 SPSS 的保留字,SPSS 的保留字有 ALL、AND、OR、NOT、EQ、GE、GT、LE、LT、NE、TO、WITH 及一些常用的函数符号等,系统中不区分变量名中的大小写字符,例如 ABCD 与 abcd 被认为是同一变量。

(3)变量名必须唯一,不能有两个相同的变量名。

(4)同一观察对象的数据不能在同一条记录中出现,一个测量指标只能占一列位置。

变量名由于受到宽度的影响和为了方便查看,不能使用过宽的字符。如果想进一步详细描述变量名称,就可以用"标签"来表示。标签可长达 120 个字符,可显示大小写。

2.定义变量类型

定义变量除了定义变量的名称之外,还要定义变量的类型。变量类型里为我们提供了8种类型的变量,可根据需要选择。当变量选为数值型时,系统会标出相应的"宽度"与"小数点"选项。

如果选了"字符串",则会出现"宽度",键入所需字符串的宽度即可。

单击"变量视图"→"类型",就会出现图11-5所示的变量类型对话框。

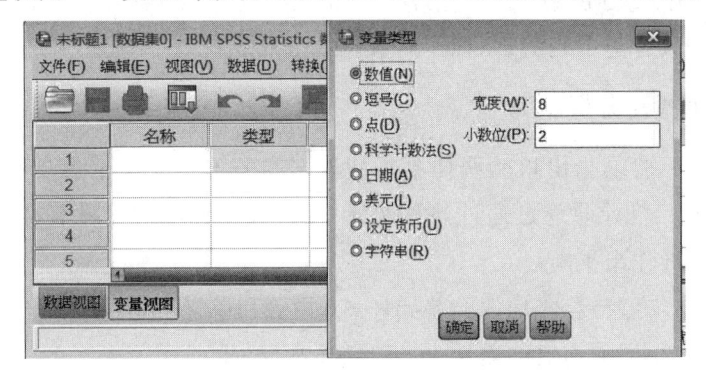

图11-5 定义变量类型的对话框

3.定义变量值标签

值标签是对变量的每一个可能取值的进一步描述,可变量是定类或定序变量时,是非常有用的。

设置值标签的步骤如下:

(1)单击"变量视图"→"值",就会出现"值标签"对话框;

(2)假如用"0"表示"女","1"表示"男",就可以在"值"一栏填写"0"或"1","标签"一栏填写"女"或"男",单击"添加"即可。同样也可点击"更改""删除"按钮进行相关操作,如图11-6所示。

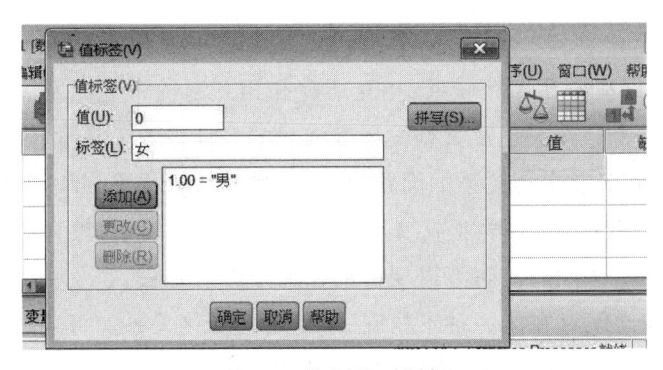

图11-6 值标签对话框

另外,我们也应该知道,当定义变量时,还会涉及宽度、小数点、缺失值、对齐、度量标准等,遇到变量为日期时,则无法设置变量的宽度和小数点位数。对齐方式有"左""右""居中"三种,度量标准显示"名义(N)""序号(O)""度量(S)",根据需要选择合适的变量度量标准。

(二)集中量与差异量分析

集中量数是描述数据集中趋势的数量指标,包括算术平均数、中数、众数、几何平均数和调和平均数等。差异量数是描述数据离中趋势或离散程度的统计量,包括全距、百分位数、四分位距、百分位距、平均差、方差、标准差、差异系数等。它的统计原理是通过描述数据的集中或者离中趋势,从而了解数据的分布状况。

(三)平均值检验分析

平均值差异检验是指由检验两样本平均值之间的差异来推论各自所代表的总体平均值之间的差异。统计原理是通过计算变量均值间的差异,进行显著性检验,从而对变量之间的均值差异作出推断。

(1)分析样本均值与总体均值的差异——Z检验和单样本t检验;

(2)分析两独立样本均值的差异——独立样本t检验;

(3)分析两配对样本均值的差异——配对样本t检验。

(四)方差分析

当研究中出现两个以上的平均数时,Z检验和t检验比较的组合次数明显增多,从而降低了统计推论的可靠性概率,增大了犯错误的概率。当两个以上的平均数检验中仍采用Z检验或t检验时,只是提供了两个组的信息,而忽略了其余综合信息。然而在许多情况下,恰恰忽略的这些信息会对结果产生更大的影响力。

当分析只有一个因素多个不同水平发生变化的变异状况时就用单因素方差分析;当分析多个实验因素的实验主效应和交互效应的变异状况时则用多因素方差分析。

(五)相关分析

我们知道,教育现象在相互联系、相互依存和相互制约中变化发展。相关分析是揭示几组变量之间是否存在关系及其相关程度强弱的统计技术。在学校、社会及家庭教育中,人们常常会遇到涉及事物关系的问题,比如学生的智力水平与学习成绩的关系,学生的身高与体重的关系,学生的学业成绩与对教师喜好度的关系,教育经费投入与教学效果的关系等等。对这些问题的解释需要借助相关分析的方法。

相关是指变量之间存在的一种不精确、不稳定的变化关系。可通过计算变量相关系数并进行显著性检验,从而对变量之间的关系作出推断。

各种相关分析适用范围如下:

(1)分析两列连续变量之间的变化关系量——皮尔逊积差相关分析。

(2)分析两列等级变量之间的变化关系量——斯皮尔曼等级相关分析。

(3)分析多列等级变量之间的变化关系量——肯德尔和谐系数分析。

(4)分析两列分类变量之间的变化关系量——交叉表与卡方检验。

第三节　SPSS的运用举例

学习提要

（1）掌握SPSS基本分析方法。
（2）熟练运用SPSS中分析功能解决教育中的问题。

随机抽取10名小学生，测量出智商（X）、数学成绩（Y），其结果如表11-1所示，试问学生的数学成绩与学生的智商是否存在显著相关。

表11-1 小学生智商与数学成绩结果表

测项	学生编号									
	1	2	3	4	5	6	7	8	9	10
智商 X	80	85	89	93	96	98	95	101	106	110
成绩 Y	73	72	79	76	82	85	88	94	90	96

分析过程如下：

（1）运行SPSS，定义变量：编号、智商、成绩。录入上表数据，形成一个有3个变量10个个案的数据文件，如图11-7所示。

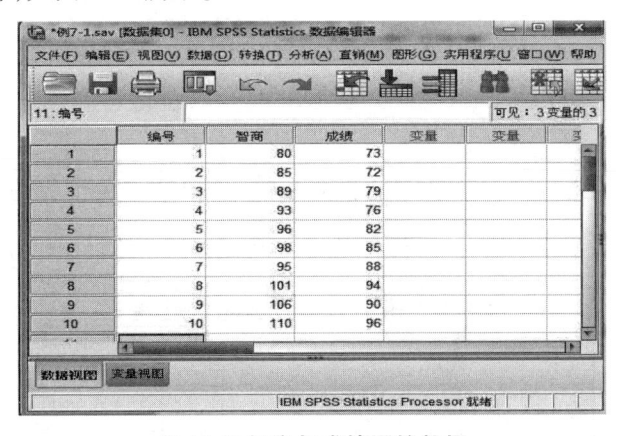

图11-7 智商与成绩原始数据

（2）单击"分析"菜单中的"相关"菜单中的"双变量"命令，如图11-8所示。

图11-8 相关分析操作过程

（3）将左框中的"智商""成绩"调入右边的"变量"框中，系统默认的方法为Pearson相关系数法，如图11-9所示。

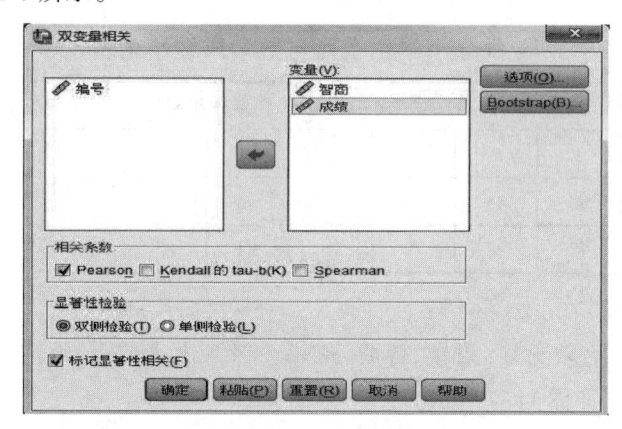

图11-9 相关分析对话框

（4）单击"确定"，输出结果，如表11-2所示。

（5）结果与讨论

由表11-2可知，"智商"与"成绩"的相关系数 $r=0.910$，相关检验的相伴显著性概率 $P=0.000<0.01$，故拒绝零假设，认为学生的学习"成绩"与学生"智商"有极显著的相关关系。

表11-2 相关系数及显著性检验

测项		智商	成绩
智商	Pearson 相关性	1	0.910**
	显著性（双侧）		0.000
	N	10	10
成绩	Pearson 相关性	0.910**	1
	显著性（双侧）	0.000	
	N	10	10

注：**，在0.01水平（双侧）上显著相关

本章小结

SPSS是国际学术界公认的最受欢迎的统计分析软件之一,具备基本的统计分析素养是对未来教师的根本要求。小学老师应理解SPSS在小学教育研究中运用的价值,掌握SPSS的基本操作方法,学会运用SPSS进行简单的教育分析。

【思维导图】

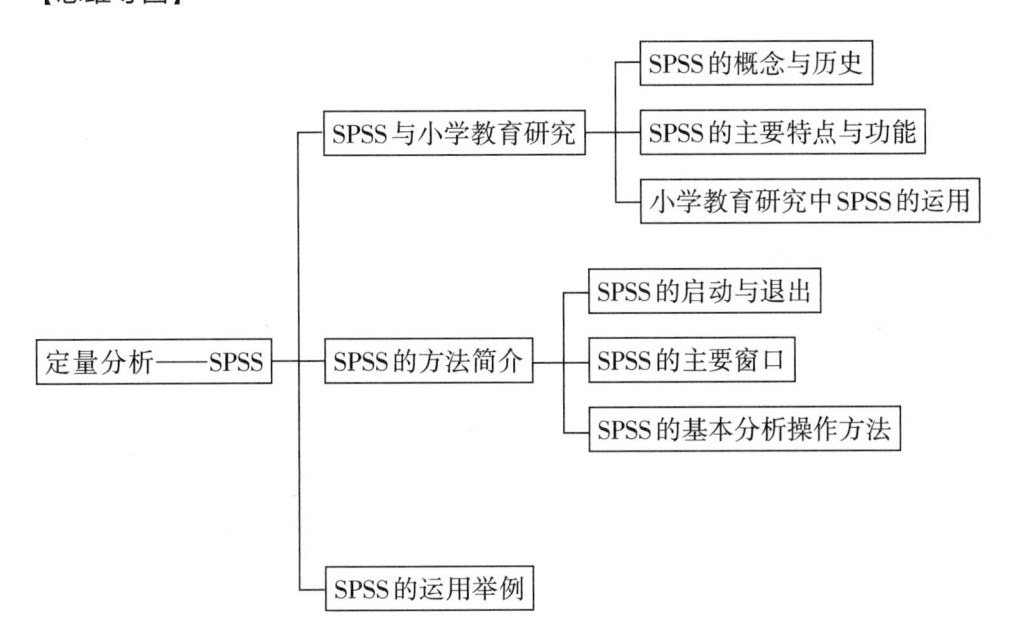

```
                    ┌─ SPSS的概念与历史
         ┌─ SPSS与小学教育研究 ─┼─ SPSS的主要特点与功能
         │                    └─ 小学教育研究中SPSS的运用
         │
定量分析── │                   ┌─ SPSS的启动与退出
  SPSS   ├─ SPSS的方法简介 ────┼─ SPSS的主要窗口
         │                    └─ SPSS的基本分析操作方法
         │
         └─ SPSS的运用举例
```

【思考与练习】

1. 根据38位同学《教育统计学》的课程成绩,绘制次数统计表、直方图和折线图。

58 65 89 87 98 87 56 85 74 66 62 48 87 85 78 77 98 99 92
35 88 54 75 87 54 56 47 98 87 89 85 78 74 75 66 65 50 86

2. 从3所学校的同一年级随机各抽取5名学生,数学统一测试结果如表11-3,请问3所学校数学测试成绩是否存在显著差异?

表11-3 学生分布表

学生学校	A	B	C	D	E
1	76	78	86	83	73
2	73	81	84	82	74
3	70	81	85	87	78

【推荐阅读】

[1]杨晓明.SPSS在教育统计中的应用(第2版)[M].北京:高等教育出版社,2012.

[2]韦义平.心理与教育研究数据处理技术[M].桂林:广西师范大学出版社,2002.

[3]范晓玲.教育统计学与SPSS[M].长沙:湖南师范大学出版社,2005.

第五编

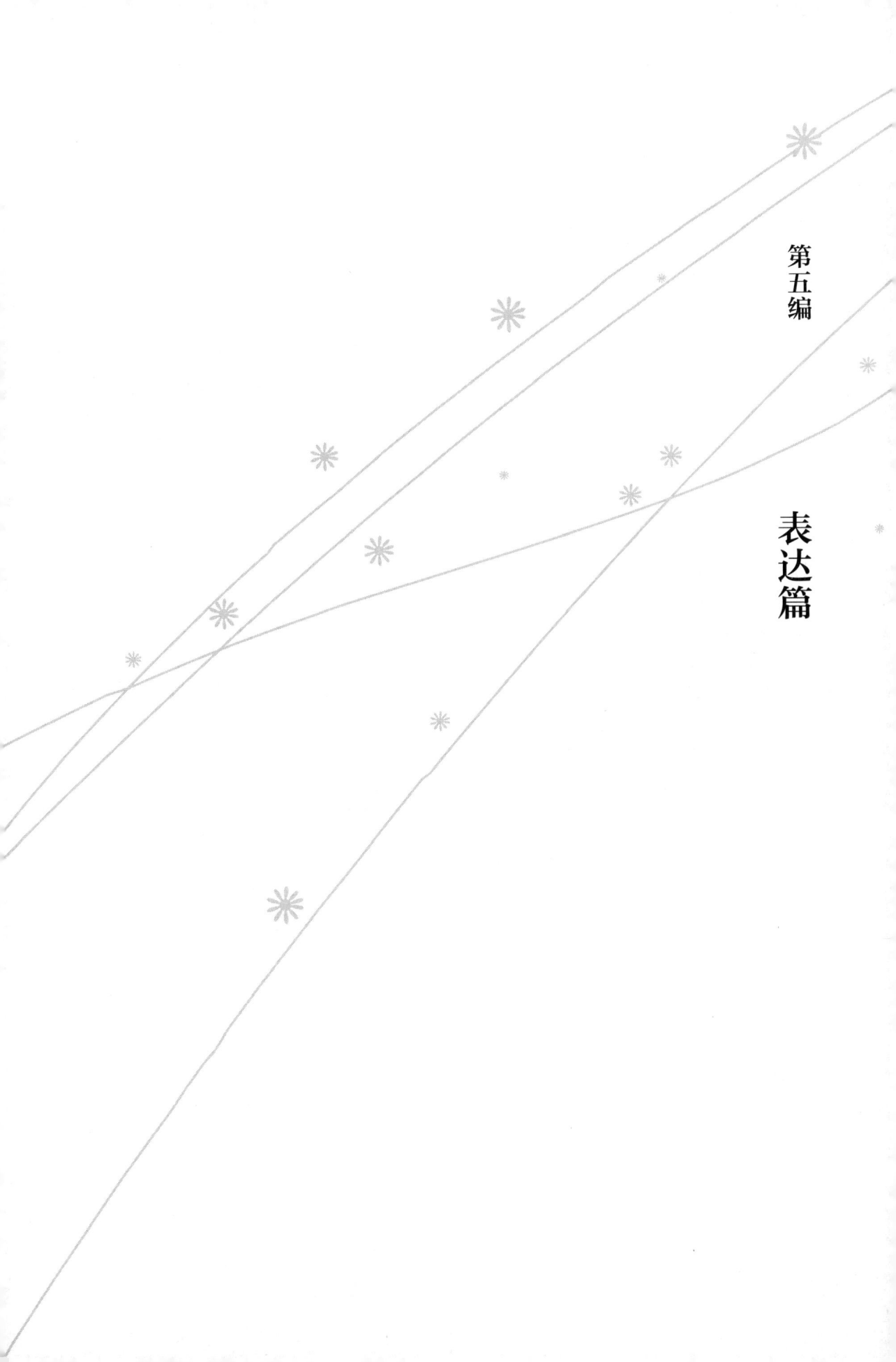

表达篇

第十二章
论文撰写

> 矩不正,不可以为方;规不正,不可以为圆。
>
> ——《淮南子》
>
> 语言是思想的直接现实。
>
> ——[德]马克思

小学教师在从事各个学术领域研究和描述学术研究成果时必须要撰写论文,将研究成果用语言文字给予表达。本章主要让大家了解论文的结构类型,撰写论文的原则、步骤及规范,并体验如何写一篇好的研究论文,为掌握研究论文的写作方法打基础。

第一节 研究论文的类别与结构

学习提要

(1)理解撰写研究论文的意义和类型。
(2)理解研究论文的特征。
(3)掌握研究论文的结构。

一、撰写研究论文的意义

研究论文是研究成果的主要表达形式,是针对某一个(些)问题、现象进行深入分析、讨论并得到有意义的结论的文章。撰写教育科研论文是中小学教育科研活动的一个重

要环节,研究论文的质量关系到研究成果是否得以正确、全面地反映。因此,认真撰写教育研究论文具有十分重要的意义:

1. 体现研究的水平与价值

研究论文不仅显示出研究者的教育研究水平,而且显示出一个国家或地区的教育研究水平,其数量和质量在一定程度上反映了一个国家或地区的研究能力与成果价值。

2. 提升研究者的认识水平

撰写研究论文,不仅能反映出研究者的科研成果,更重要的是深化并发展了科研成果。在撰写研究论文过程中,对研究材料进行去粗取精,实现由感性认识向理性认识的转变。随着研究活动的不断深入,研究者的认识水平也得到不断提升。

3. 推广经验,交流认识

教育研究者经过精心设计、精心探索得出的直接经验,对论文的参与者来说显得十分宝贵,对所有教育工作者认识水平的提高和发展来说也显得十分宝贵。因此在教育领域交流认识,传播认识成果,必须要撰写论文。

4. 完善教育科研活动

教育科研活动是探索未知领域的活动,属于创造性活动,并没有既定的模式和途径可循。为了保证教育科研活动卓有成效,也为进一步开展教育科研活动提供可靠的依据,在每一项科研活动结束后有必要撰写科研报告或论文。

二、研究论文的类别

所谓研究论文是针对某一个(一些)问题、现象进行有目的、有计划的调查、深入分析、讨论而得到可靠的、科学的、有意义的结论,并将其研究成果通过文字表述成一篇完整的文章。

所谓教育研究论文是教育工作者针对教育教学实践中遇到的问题、现象等,在一定理论的指导下,遵循科学的程序,有目的、有计划地进行调查、研究、分析,并将问题和现象的感性认识上升到理性认识,再经过创造性思维的加工,形成的能够揭示教育活动本质和规律的论文。

(一)研究论文的类别

1. 毕业论文

毕业论文是指高等院校(或某些专业)为提高培养对象的科研能力,结合培养计划对本专业学生集中进行科学研究训练而要求学生在毕业前撰写的论文。

有时毕业论文和学位论文可以为同一篇论文,如高等院校的本科学生为申请学位而撰写的论文,既是学位论文也可以是毕业论文。

毕业论文是学术论文的一种形式,按照不同的分类方法可以将毕业论文分为以下几类,如表12-1所示。(周开全,2015)

表 12-1 毕业论文的分类

分类方法	类型			
	专题型论文	论辩型论文	综述型论文	综合型论文
议论性质	立论论文			驳论论文
研究问题大小	宏观论文			微观论文

2.期刊论文

期刊论文是指在期刊上公开发表的研究论文,是经过期刊专家委员会或相关专业人员评议认可后在期刊上公开发表的文章。期刊论文区别于其他论文的特征是:具有独立的题名,是期刊中相对独立的一部分。期刊论文的内容一般与期刊征稿要求相符合,描述逻辑一般由三部分构成:期刊(品种)、期刊的某一卷期、期刊的某一卷期中的论文。

期刊论文的分类可以采用学科分类体系的分类法进行分类。期刊论文按学科分类能够体现出各门学科的研究范围及其相互间的关系。国家标准《学科分类与代码》GB/T 13745-92 对学科分类和代码做了详细规定。

3.调研报告

调研报告是根据社会或工作的需要,结合社会或工作中出现的某一情况、事件、问题、经验等进行有目的、有计划的调查研究、综合分析,既反映客观情况,又陈述主观分析结果,是一种陈述性和说明性相结合的应用性文体。它在项目决策、经验推广、社会问题揭示、新事物发展等方面都具有非常重要的意义。(梁中杰,2015)

调研报告按照用途大致可分为四类:用于项目决策的调研报告、经验推广的调研报告、揭示社会问题的调研报告、报道新生事物的调研报告。

4.读书报告

读书报告是读者根据自己阅读的文章,经过系统性的收集、整理、阅读与创作主题相关的各种资料,进行分析、归纳、提炼等思维活动,提出个人见解和观点的文字作品。

读书报告按照内容特征大致可以分为五类:一是感发型,即阐述个人对所读对象的印象和感受;二是论述型,即陈述出所读对象的内容、结构,并评论其意义和作用;三是摘录型,它是对所读对象的一部分或者一个段落进行陈述,并讨论其在所读对象中的特征和作用;四是比较型,即将所读对象与同类著作进行分析比较;五是源流型,即追溯所读对象的学科学术渊源,分析评价其对后期学术研究的作用和意义。(汪潮,2012)

(二)研究论文的特征

1.毕业论文的特征

毕业论文和期刊论文的相同特征:

（1）科学性

科学性是论文的根本特征，无论是期刊论文还是毕业论文都必须具备科学性。科学性可以通过四个方面来表现：一是内容要求真实，二是表达符合逻辑，三是结论可以重复，四是研究主题领先。

（2）创新性

论文最重要、最核心的价值通过创新性来体现，所谓创新既包括广义的创新又包括狭隘的创新。广义的创新是指论文的结论、结构组成、研究方法、技术路线等有别于其他论文；狭隘的创新主要是指研究理论和技术方法方面的创新。而学术论文的创新则包括三个部分：一是研究理论的创新，二是研究方法的创新，三是论文结论的创新。

（3）专业性

学术论文的专业性是指学术论文从材料的收集、整理到论文的定稿，都经历了研究者深刻的专业思维过程，论文的知识体系和理论体系都具备了系统化、专门化的特点。学术论文的专业性可以通过以下三个方面来体现：一是学术论文的撰写是理性思维的跳跃，不仅有简单的观点陈述，而且对陈述观点进行充分的专业论证；二是学术论文的撰写是利用专业知识揭示事物的本质，从专业的角度出发去分析事物内在的因果关系和变化规律；三是学术论文的专业性，不仅要求论文的表达方式和结构体系都具有专业性，而且要求论文的撰写者必须具有专业性的知识结构体系。

（4）实践性

实践是检验真理的唯一标准。实践性是学术论文的基础，要求学术论文的选题、研究对象等都要来源于实践，所得到的结论能够反映出真实的客观规律，从而更好地指导实践。

（5）规范性

学术论文的规范性是撰写学术论文应遵循的基本规则。学术论文一般有相同的规范要求，也有特殊性的规范要求。主要包括两个方面：一是写作方法，如确定论文的特定体系、结构体系等；二是表达方式，如语言文字的应用、图表的布置、参考文献的应用等。

毕业论文的特殊特征：

（1）基础性

毕业论文的撰写是科学研究的起步阶段，它用于培养学生的科学研究能力和检验学生对相关知识的掌握情况。毕业论文的撰写只需要从本学科的一个角度或者一个问题出发，提出论点，充实论据，验证论点，得出结论即可。

（2）指导性

毕业论文是在导师的指导下由学生独立完成的科研成果。在毕业论文的写作过程中，选题、开题报告、中期考核、论文初稿、定稿都离不开教师的指导，除此之外在论文撰写过程中遇到的疑难问题、学术困惑同样离不开教师的启发性指导。

(3)训练性

毕业论文是高等院校人才培养计划的一个环节。毕业论文要求学生对自己所学基础知识进行运用和深化,并能够应用所学知识去分析和解决一个实践问题。同时掌握基本的科学研究素养,具备一定的科研能力。

2.期刊论文的特征

期刊论文的特征,除了具备毕业论文的特征外,还具有鲜明的特色。

(1)可信度

期刊论文是指经过专家委员会或相关专业人员评议认可后发表在期刊上的文章。论文的选题、理论基础、研究方法、研究成果等不仅要得到专家委员会或相关专业人员的认可,同时理论应用也要经得住考验。只有其研究成果得到肯定,才能够提供给其他研究者参考和引用。

(2)学术价值

期刊论文具有周期短、更新快的特点,传递着最新的研究方法、研究理论和研究成果。它推动着学科方面理论、方法、实践技术的不断发展,为其他研究者提供了一定的学术指导和实践研究基础。

3.调研报告的特征

(1)针对性

针对性是指调研报告调研对象的选择要准确,其应具有调研价值,能够揭示问题、推广经验、反映新生事物等。

(2)典型性

典型性是指调研报告中收集、整理的调研论证材料能够全面系统、客观真实地反映调研对象,要求调研论证材料具有代表性、典型性、说服力。

(3)新颖性

新颖性是指调研报告的内容应是新近发生的情况、事件、问题、经验等,从这一点来看调研报告和通讯具有相近性。

4.读书报告的特征

(1)基础性

读书报告是建立在大量的阅读基础上的,将所读书或者文章进行比较后才有心得。

(2)主观性

读书报告是读书心得的文字表现,是理性思维的创作结果。

(3)特定性

读书报告的作者多为在校学生或研究学者,为完成一定的学习任务和研究任务而撰写。

三、研究论文的选题目的及意义、选题原则与方法

(一)毕业论文

1. 毕业论文选题目的及意义

(1)确定毕业论文方向

毕业论文的选题决定了论文的研究方向,它直接关系到后续论文撰写工作能否顺利进行。如果选题明确,作者就能够抓住论文的突破口,根据其研究方向,从而制订出论文撰写计划。

(2)奠定论文撰写基础

论文选题也是论文构思的前期过程。选题过程中作者会在论文的整体布局、逻辑结构、论文价值等各个方面做出初步的构思与论证过程。

(3)培养信息整合能力

在撰写毕业论文之前,论文作者已经积累了大量的专业知识和各类信息资料。选题的过程就是把积累的资料不断进行整合、归类、提炼,梳理出对自己有用的思想和观点,从而作为选题的支撑资料。

2. 毕业论文的选题原则

(1)创新原则

论文选题的创新就是要求选题不能原文照搬,而应该在他人基础上有所突破,要有新的见解,探索他人没有涉及的领域;从新的角度出发重新认识旧的问题;或者是对他人研究成果进行新的延伸。

(2)合适性原则

尽管通过大学学习的积淀,论义作者在知识结构、专业能力、逻辑思维等各个方面都有了较大的提升。但是选题必须要量力而行,要选择与自己知识储备和能力相适宜的课题,才能保证论文撰写过程的顺利以及论文的质量。

(3)专业性原则

选题专业化在弥补和拓展作者专业知识方面也有重要作用,能够为其后期从事专业性工作奠定良好的基础。

3. 选题方法

(1)"热点"法

在社会、经济发展方面,经常会出现备受关注的各种"热点"问题。教育学科发展热点问题的研究对促进社会教育发展具有重要意义,同时热点问题的提取也能够提升论文作者的学术敏感度。

(2)调研法

调查选题是从时间的角度出发去调研教育学科领域中的未解决的问题和新的问题。

通过调查确定的论文选题应该具有较高的实际应用价值和较强的针对性。

(3) 启发选题法

大学学生的学习可通过教师授课和学生参与学术讲座实现。教师授课过程中往往会提出一些实践中尚待解决的问题;学术讲座主要是向听众展示某个领域中某问题的研究前沿和研究方法技术等。这些问题和研究方法技术自然而然地成为论文的选题方向。

(4) 自选法

学生根据自己的专业、兴趣自主地决定选题,通过收集相关资料验证论文选题的正确性与可行性。此种方法要求学生除了具有较强的专业知识和理论实践能力外,还应具备一定的科研素养。

(二)期刊论文

1. 选题目的及意义

期刊论文的选题首先要确立期刊论文所要研究的方向,在一定程度上界定研究内容的范围,使研究内容具体化。研究内容具体化后,选题的研究方法也基本确定。同时选题工作直接决定着所要研究内容价值的高低,并且决定着研究所需时间、人员、物力、财力等方面的投资。

2. 选题原则

(1) 价值原则

决定期刊论文选题的原则主要包括两方面:一是论文的社会、经济、政治等方面的实用价值;二是在学科发展方面的实用价值和学术价值。实用价值要求论文能够解决社会当中的急切问题和人们普遍关心的问题;学术价值则要求论文要有新的发现,能够提出新思想、新见解、新理论或者在研究途径方面有新的探索、新的设想。

(2) 可行性原则

可行性是论文顺利进行的首要原则。可行性包括客观和主观两个方面:客观上要求考虑人力、物力、财力等方面能否满足要求;主观上要求自己的知识结构体系和专业素养能够与选题相适宜。

(3) 持续性原则

学术研究是一个系统的工程,具有持续性特点。坚持持续性原则不仅能够使后续课题有研究基础,又能将课题的内容研究得更深刻、更透彻,可以更好地实现研究课题的价值。

3. 选题方法

(1) 矛盾法

教育科学是在不断解决教育矛盾过程中发展起来的。在教育理论与实践中,新与旧、对与错、好与坏、偏与全等教育矛盾是普遍存在的,从这些矛盾中选择带有基本性、重要性的专门问题去研究,就很容易抓住具有学术价值的课题。

(2) 质疑法

在社会科学的各个领域中，都可能遇到一些理论和实践问题。重视理论和实践中出现的具有基本性和重要性的疑难问题，做到有疑敢究，有疑必究，就会获得有价值的选题。

(3) 求新法

期刊论文要求选题具有一定的现实意义，也就是说要选择促进当代社会发展、造福人类的新课题。这就需要研究者站在时代高度，站在学科理论和实践的前沿阵地，去发现新事物，开辟新领域，研究新问题。理论上，可以根据现实需求从学科拓展和跨学科研究中选取新题目。要用新的方法选择课题，使其具有创新性、现实性，从而使其具有较高的学术价值。

(4) 经验法

一般来讲，应用研究的成果来源于各种实践经验的总结。所以，富有较多的实践经验者就可以抓住实践活动中既具有创造性又具有普遍意义的运作方式去探究，以求得规律性的成果。

(三) 调研报告

1. 选题目的及意义

调研报告的目的包括传递信息、推广经验、揭示真相、协助决策等。对于传递信息而言，通过调研报告获得的信息都来源于实践，它具有真实性和有效性。对于推广经验而言，主要是介绍新事物产生、发展的成功经验，从而将成功经验推广到实践中。对于揭示真相而言，调研报告是就某个问题，通过调查研究揭示问题的真谛。对于协助决策而言，通过调查研究可以为政府、企业等提供决策依据。

2. 选题原则

(1) 价值性原则

调研报告的选题要具有价值，要能够在传递信息、推广经验、揭示真相、协助决策等方面起到作用，从而更好地体现出调查报告的价值。

(2) 创新性原则

调研报告的选题要有创新性。创新性的课题包括首创性课题、扩展性课题，重在突出选题的新颖性、独特性、先进性。

(3) 可行性原则

挑选选题的过程中，要从客观事实和主观条件出发，达到客观事实和主观条件最优化，使选题更合理贴切，它对调研报告的顺利完成具有重要的推动作用。

3. 选题方法

(1) 贴近法

调研报告要贴近实践活动，要能够为实践活动提供指导价值，让调研报告更有针对性和实用性,以更好地发挥出调研报告的作用和意义。

(2)"小题大做"法

"小题"就是调研报告的写作内容从一个小点出发,小处着眼,但也要从大处着手,把问题分析透彻,把主题深刻地表达出来,准确地反映出事物的规律。

(3)观察法

实践中的问题涉及方方面面,不留意的话就不能发现实践中存在的问题,所以在实践中要细心、留心。

(4)创新法

创新法要求调研报告的选题要突出特色,有鲜明的特点,不能人云亦云。

(四)读书报告

1.选题目的及意义

通过选题,可以让读书报告撰写者阅读大量的参考文献,完善自己的知识结构体系,为专业学习打下基础。在此前提条件下,甄选、提炼相关选题,能让思维再度深化,能力进一步提升。同时,教师通过读书报告的选题能够掌握其阅历、基础、能力水平等,从而达到因材施教的目的。

2.选题原则

(1)合适性

合适性原则是撰写读书报告首先要坚持的原则。读书报告选题内容可以是文学作品、论文、评论等,不同专业的读者可以根据自己专业的需求阅读适合自己的作品。读者可以从自身知识结构和素养等理性角度出发,写出专业的、可靠的有价值的读书报告。

(2)基础性原则

撰写读书报告往往是以读书笔记为基础,经过充分的阅读和思考,将感性认识上升到理性思维,形成系统性的认识,从而发表出自己的主要观点。

(3)广泛性

广泛性包括选题内容的广泛性和目的的广泛性。选题内容的广泛性主要表现在:读书报告的类型、题材或者研读对象、行文风格或表现手法、写作主体等的多样性;目的的广泛性主要表现在:可以客观介绍所读作品本身的内容,也可以发表自己的阅读心得与体会,还可以提出理论批判或者鉴赏。

3.选题方法

读书报告的选题比较讲究,可以概括为阅读"广"、评论"窄",也就是说所读作品内容较多,只需从中选取一个方面、一个问题、一个观点甚至是一个词组来发表自己的理性认识,结合自己的能力从而达到一定的目的。

案例探析

论文选题方法举例一——从新发现中选题

教育教学实践中的新发现、新创造、空白的填补、通说的纠正、前说的补充都可以成为我们选题的方向。

例如，一位教授以企业的品牌效应审视学校目标与定位，看到品牌对企业的影响以后，他以自己独到的视角审视当今国内学校的品牌意识，提出了这样一个观点：学校要塑造品牌。从这个角度来看，他的研究方向就很有新意。

同样，教研论文要有点新意。一篇文章，如果说确实含有新的解法、新的结论，当然可以说是有点新意的。如果讨论的问题，是他人已经发表过的观点和意见，那么就要换一个更为典型的例证，选择一个新的角度去补充自己新的见解。提倡新发现、新选题，并非一概排斥老的论题，老论题并非都不能选，关键是要懂得如何老题新作，即要有新材料、新方法、新角度等。

论文选题方法举例二——从实践经验中选题

很多论题植根于教学实践，并且在教学实践中总结出来。实践出真知，实践中沉淀的精华是书本和理论所不能比的。实践能使本来处于游离状态的知识与经验、思想与方法自然而然地围绕某个中心聚集起来，从而孕育出某个论题。冰心告诫人们：不要写经验以外的东西。真是至理名言！教科研论题完全可以从自己教学实践的成功经验中酝酿、形成、选定。

例如，在模仿"先学后教"语文教学模式的过程中，某老师发现要让学生先学，就必须提高他们学习的积极性、主动性，以往老师们制作的导学提纲过于简单单一，学生学习流于形式，没有实效性。该老师尝试修改导学提纲，制作了自主学习卡，提高了学生学习的热情。因此，该老师确定了"先学后教是构建高效课堂的策略""如何通过先学让学生更主动"等论文题目。

论文选题方法举例三——从教学疑点中选题

课改以来，纵观小学语文课堂教学，有许多跟风现象、羊群效应。只要我们敢于大胆质疑，就能从教育教学探索发现的疑点中获得撰写教科研论文的灵感。

例如，"你真棒！"这是常用的鼓励式评价，我们可以思考：这样的课堂评价是否有效？学生在内心深处是否接受这样的鼓励？什么样的鼓励与肯定才是被学生所接受的？什么样的课堂评价才是真诚的、有效的？这些问题便可以成为我们论文选题的角度。在学习方式上，以往一直倡导"自主、合作、探究"的学习方式，我反思自己的教学实践：课堂上的自主是否缺乏老师的指导，是否等同放任？

小组中的合作是否流于形式？课堂外的探究是否多余，是否过于低效？在课件的使用上，许多老师在执教公开课上，都会制作形式多样的教学课件，但是，这些课件是否会分散学生上课时的专注度？到底哪些课该使用课件？是否所有的课都要使用课件？怎样使用课件才能做到事半功倍？这些问题应该都是我们论文选题的切入点。

论文选题方法举例四——从教学情境中选题

作为一名教师，在教学过程中，往往会有一些突发事件，或者是一些教学细节值得我们思考，我们应该善于以具体的教育教学场景中的突发事件或者细微之处作为研究点，仔细分析，跟踪研究。

例如，在开展语文综合性学习活动中，经常会让学生自由组合，开展小组活动。在很多班级中往往有一两个同学注意力不集中，犹如离群的孤雁，形单影只，孩子的自尊心、自信心无形之中受到影响，因此，我们要思考：在开展小组活动中，如何保护每一个孩子的自尊心、自信心，提高他们参与活动的热情？如何在活动中培养学生互助合作的精神？凝聚集体的力量也可以成为研究的课题。一个好论题往往就是平时教学实践中的一些顿悟和灵感，我们对实践中产生的思想火花，要紧抓不放，不能先放一边明天再说，要能及时捕捉，跟踪研究，并最终形成自己的教学观点，这样的课题常常极具研究价值。

论文选题示例——以小学语文教学论文为例

创设情境教学法在小学语文教学中的应用

基于核心素养导向的小学语文教学

微课在小学语文教学中的优势及对教改的启示

小学语文教学中如何营造良好的课堂气氛

趣味识字教学措施在小学语文教学中的应用分析

对"翻转课堂"在小学语文教学中的思考

小学语文教学开放性的实践反思与改善策略

未来教室环境下的小学语文教学——以学生为主的小学语文课堂教学

小学语文教学中拓展阅读模式的教学策略分析

激励性语言在小学语文教学中的运用

快乐教学法在小学语文教学中的应用

思维导图在小学语文教学中的应用研究——以认知结构为视点

小学语文教学中人文素养的培养和提高

赏识教育在小学语文教学中的应用

小学语文教学与小学班级管理的巧妙结合

探究小学语文教学中的自主阅读学习方法

游戏教学法在小学语文教学中的灵活应用

小学语文教学中听说能力的训练

合作式学习在农村小学语文教学中的运用探讨

重积累·善评价·巧模仿——小学语文教学中读写结合策略探究

四、研究论文的结构

(一)毕业论文的结构

毕业论文的结构如表12-2所示。

表12-2 毕业论文的结构组成

结构组成	内容
前置部分	封面,封二(可选),中文题名页,英文题名页,摘要页,序言或前言(如有),目次页,图和附表清单(如有),符号、标志、缩略词、首字母缩写、计量单位、术语等的注释表(如有)等
主题部分	引言,章、节,图,表,公式,引文标注,注释,结论等
参考文献	参考文献应置于正文后,并另起页
附录	附录作为主体部分的补充,并不是必需的
结尾部分(如有)	分类索引、关键词索引(如有),作者简历,学位论文数据集,封底等

(二)期刊论文的结构

期刊论文的结构如表12-3所示。

表12-3 期刊论文的结构组成

结构组成	内容
前置部分	文章编号,标题(中文),作者姓名(中文),作者单位名称(中文),作者单位地址(中文),邮编,中文摘要,中文关键词,中国图书分类法分类号,文献标识码,刊物网址(如有),唯一标识码(如有);英文题名,作者姓名汉语拼音,作者单位英文名称,邮编,英文摘要,英文关键词;基金项目标注(如有);通讯作者(多名作者时需要);等等
主题部分	引言、正文及结论等
后置部分	致谢(如有)、附录(如有)、参考文献、作者简介等

(三)调研报告的结构

调研报告的结构如图12-1所示。

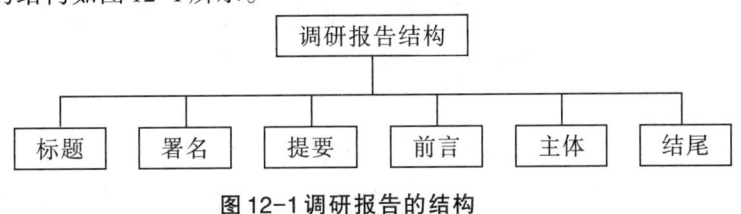

图12-1 调研报告的结构

调研报告结构：标题、署名、提要、前言、主体、结尾

(四)读书报告的结构

读书报告的结构如图12-2所示。

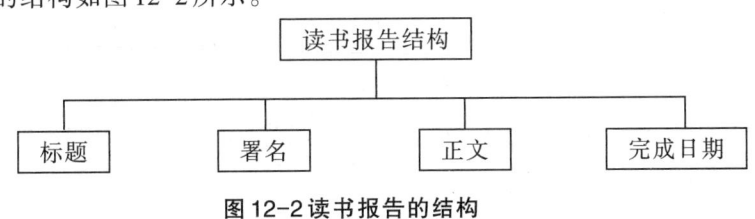

图12-2 读书报告的结构

读书报告结构：标题、署名、正文、完成日期

第二节　研究论文撰写的原则与步骤

学习提要

（1）了解研究论文撰写的基本步骤。
（2）掌握研究论文撰写原则。

一、撰写论文的基本原则

（一）撰写毕业论文与期刊论文的基本原则

1. 共同性原则

（1）创新原则

创新性是研究论文撰写的首要原则，是研究成果能否达到认可的前提条件。创新性要求研究论文撰写者在写作过程中创造性地提出新观点、新方法、新理论，并且要阐述创新性所带来的理论价值和实践价值。

（2）科学性原则

科学性要求研究论文的撰写者能够正确反映客观事实、揭示客观规律，使论述的论题系统、完整，首尾一贯。科学性有三个方面要求：一是要求立论正确，且立论来源于自然和社会发展中的客观事实；二是要求知识的应用准确，能够反映客观事实规律；三是要求结论可靠，能够指导实践活动。（高瑞卿，1991）

（3）规范性原则

规范性体现在内容规范和用语规范两个方面。内容的规范要求撰写研究论文的选题、论证、结论均符合专业需求；用语的规范要求在撰写研究论文时应采用与论文专业相关的专业术语，力求准确。对于整篇论文而言，规范性论文撰写既应当符合学科专业性，又应当遵循相关论文撰写的规范要求。

（4）学术性原则

学术性原则要求论文撰写者能够正确地选题。能够从自己从事或者感兴趣的领域中对相关资料文献与理论研究状况进行整理、分析、总结，针对性地提出自己的观点和理论。

（5）逻辑性原则

逻辑性体现在论文的结构布局通达和自明。逻辑性要求论文脉络清晰、结构严谨、前提完备、演算正确、符号规范、文字通顺、图表精制、推断合理等。

2.撰写毕业论文特有的原则

（1）学习原则

毕业论文的写作不仅是对所学知识的融会贯通过程，而且也是知识的再次累积过程。毕业论文的写作需要把所学知识系统化，同时需要补充新的知识来解决相关问题。所学知识系统化和学习新知识都要求学生具有较高的学习兴趣。

（2）独立原则

毕业论文的写作能检测论文撰写者知识掌握的情况，要求学生积极主动、独立地完成论文的撰写。独立原则要求撰写者自主选题和查找资料，通过对资料的分析、归纳、总结找出规律，得出结论。

（3）协作性原则

在毕业论文撰写过程中，遇到问题要和指导教师多交流，要与其他同学多探讨，从而使自己的思路得到拓宽，思维得到启发，能够更高质量、更高效率地完成毕业论文。

3.撰写期刊论文特有的原则

（1）简洁性原则

期刊论文不同于毕业论文，它在内容和表达上要求更加简洁，对知识信息的浓缩程度也更高，通过合理组织将冗杂的资料以精练的篇幅将论文信息进行传递。

（2）有效性原则

期刊论文只有经过期刊专家委员会或相关专业人员评议认可后才能够在相关期刊上发表。期刊论文一般代表着最新的研究成果、研究理论和研究方法，只有在第一时间发表才能达到其应有的效果和现实价值。

（二）撰写调研报告的基本原则

1.**目的性**

调研报告是作者以研究为目的，根据社会或工作的需要而主动实施的行之有效的调查报告。调研报告有明确的追求，解决的是社会和生活中出现的新问题、新情况，是一种有目的的探索和研究。

2.**客观性**

调研报告讲求客观事实，即用客观事实来说明问题，阐述观点，揭示规律，得出结论。调研报告中的观点、思想、经验等都须以客观事实为依据。

3.**逻辑性**

调研报告的结构比较复杂，内容比较多，只有在撰写时保持高度的逻辑性和条理性，才能使所要阐述的内容重点突出，层次分明，前后衔接，浑然一体，才能激发和保持读者阅读的兴趣。

4.**时效性**

调研报告反映的是一定时期的社会或工作中存在的客观问题。随着社会经济的发展,客观问题也在发生变化,只有充分把握时效性原则,及时有效地收集、处理、分析得到的资料,才能得出具有价值的结论,才能更好地服务社会。

5. 简明性

简明性表现在三个方面。一是语言要通俗易懂,容易让读者理解接受;二是充分发挥图表作用,图文并茂,直观具体;三是篇幅要恰到好处,既要保证完整性又不冗长。

(三)撰写读书报告的基本原则

1. 条理性原则

读书报告的结构应井然有序,前后逻辑严密,立论材料的组织应层次分明。

2. 简洁性原则

读书报告的简洁性同样体现在语言文字上,要求其通俗易懂,能够为广大读者所接受。

3. 主观与客观结合原则

读书报告以所读作品为客观依据,从所读作品中挖掘出疑问,阐述自己的观点和看法。在阐述观点和看法时,态度要客观,论据要充分。

二、撰写的基本步骤

(一)撰写毕业论文的基本步骤

1. 选择课题

所谓选题。顾名思义就是选择毕业论文的论题,即在写论文之前,选择自己所要研究论证的主要问题。正确而又合适的选题,对撰写毕业论文具有重要意义。其次就是选择毕业论文的研究方向,在撰写毕业论文之前,一个合适、合理的研究方向,对毕业论文的顺利撰写同样具有重要的意义。

2. 收集资料,筛选支撑资料

选题之后,资料的收集是最重要的一步,资料的收集有两种方法。一种是通过实地调查研究而收集到第一手资料,此方法收集的资料来源于实际。另一种方法是通过图书馆、网络等获得现成资料,此方法获得资料快速、方便。

3. 开题

开题是毕业论文的撰写者在确定了选题和收集到相关资料后,对所选择的课题做出的一个完整的计划安排。以开题报告的形式,提交至有关部门或者指导教师处批准后,学生按照开题报告的要求,按部就班地完成与毕业论文相关的撰写工作。

4. 拟定提纲

论文提纲是毕业论文撰写者构思谋篇的具体体现,是整篇论文的基本结构。论文提纲确定后,就能纲举目张,提纲挈领,分清层次,明确重点,使论文的结构完整统一,材料的组织、安排更加合理。

5.撰写初稿

在拟定提纲的基础上,按照进度计划撰写论文的初稿。论文初稿不一定很完善,但是一定要有完整的论点、论据和论证。鲜明的论点,确凿的论据,严密的论证,是论文的三个基本要素。

6.修稿

毕业论文初稿完成后,需要不断地去修改才能定稿。论文的修改一种是对写作过程中每一个环节的修改,另一种是初稿完成之后对其进行加工润色。修改的目的是使观点更鲜明,结构更合理,语言更规范,材料使用更恰当。

7.定稿、打印提交

毕业论文修稿后,经过指导教师的审阅才能最终定稿。定稿的论文必须按照统一规定的格式打印,装订成册,随后正式提交。

(二)撰写期刊论文的基本步骤

1.选题

选题就是确定论文的主要内容"写什么",明确论文的主要观点和主张,确定论文的主要写作方向和目标。选择有研究意义的论题是论文撰写的重要环节。

2.选材

论文撰写者应在选题的基础上,有计划、有针对性地开展资料收集工作。资料收集可以通过观察、实验、调查等实践活动进行,还可以从与课题相关的各种书、期刊、文献资料等处进行收集,收集到的材料可以是事件、数据、观点等。选材的最终目的是所选材料能够更好地佐证论点及主张。

3.拟制提纲

在论文写作之前,先要拟定提纲。拟定提纲后论文的总体框架就基本成型。论文提纲要求前后照应,总论点和分论点有机结合、协调统一,避免论文撰写过程中逻辑混乱而返工。拟定的提纲要严格按论文规范格式来安排,使论文满足规范性和专业性要求。

4.起草

根据拟定的提纲,通过准确精练的语言文字再现创造思维,精心组织已有的材料和成果来论证自己的观点和主张。在撰写论文初稿的过程中,对论文的观点和主张有更深层次的认识,也是对提纲进一步检查和修改的过程。

5.修改

修改的目的是定稿。修改包括两方面:一方面是修正论文中错误的部分,另一方面是使初稿中的认识再加深、表现形式更完美、内容更充实丰富、论据更充分。通过反复、认真、精确地修改,论文的观点更鲜明、结构更合理、语言更精练、标题更恰当、论据更充分。

（三）撰写调研报告的基本步骤

1. 准备工作

在撰写调研报告前，首先要做好准备工作。即确定调研对象和调研报告的读者。调研对象与调研报告的主体有直接关系。读者决定了调研报告的主题以及撰写构思，而此两者将会影响调研报告的阐述方向和侧重点。

2. 确定主题

调研报告的主题就是指调研报告的核心问题，可以通过以下方法确定调研报告的主题：

（1）精心选题。论题就是对分析对象和目的的概括，论题的任务来源主要有：领导布置、外单位委托、自选。选择论题基本上要经历发现、选择、确定、分析四个过程。

（2）明确观点。观点是在调研客观材料的基础上，调研人员对分析对象所持有的看法，具有客观性与主观性的统一。调研报告的撰写思路、材料组织都是从观点出发的。

确定调研报告主题时要注意：调研报告的主题必须与调研主题相一致；要根据调研分析的结果确立观点并重新审定主题；调研报告的主题不宜过大。

3. 取舍数据

数据是调研报告的主要论据，从调研结果中选取的数据要能够支撑主观点，符合主体需要，充分完整。

4. 列出纲要

纲要是撰写调研报告的逻辑思路，是调研报告的基本框架。列出纲要有助于理清撰写思路，有助于确定主体结构。纲要可以分为两类：一是条目提纲，即从层次上列出报告的章节；二是观点提纲，即列出各章节所要表述的观点。

5. 撰写报告

调研报告的撰写，需要以事实为依据对内容进行编写，所使用的材料要准确，分析的问题要深刻，同时还要求文字生动、活泼，形式灵活、多样。

6. 修改定稿

调研报告的修改主要注意以下几点：

检查报告的结构、内容及其可读性；

检查具体数据的准确性、有效性；

检查调研报告的整体设计的合理性。

（四）撰写读书报告的基本步骤

1. 通读整本书

为了比较准确地理解原著精髓，要对整本书进行通读。

2.确立论题

根据阅读的感想,选择自己最感兴趣的一个点或一个部分,深入挖掘确定论题。

3.收集资料

(1)摘记原文。根据论题,摘录原著中的相关内容,制成摘记卡。

(2)查看有关图书、杂志。

(3)上网搜索。选用专业搜索网站查找资料。

4.报告的内容

阐述选题背景,确立观点,论述观点。注意:语言流畅,观点与论述一致。

本章小结

撰写论文不仅是提升教师专业水平的有效途径,也是教师自我成长的有效方式。学习论文撰写时,必须收集一定的真实的信息,积累足够的资料,把学习和积累作为提高撰写学术论文能力的"奠基工程"来抓;其次要在选题和撰稿时下功夫,题目选择是否恰当,直接关系到作品的"命运"。选题要从实际出发,并且要具备新意,动笔撰写前先拟写论文的详细提纲。通过编写提纲,帮助作者整理思路,取舍文章的内容,搭建文章的骨架。提纲拟定以后,紧紧围绕提纲抓紧时间撰写初稿。初稿写完后,不要急于定稿,先把它搁置一两天,然后再很快地重读一遍,看表达是否清楚,计算是否准确,推理是否严谨,更正明显的错误,改正字迹模糊的地方。等三五天以后再进行全面修改,然后定稿。

【思维导图】

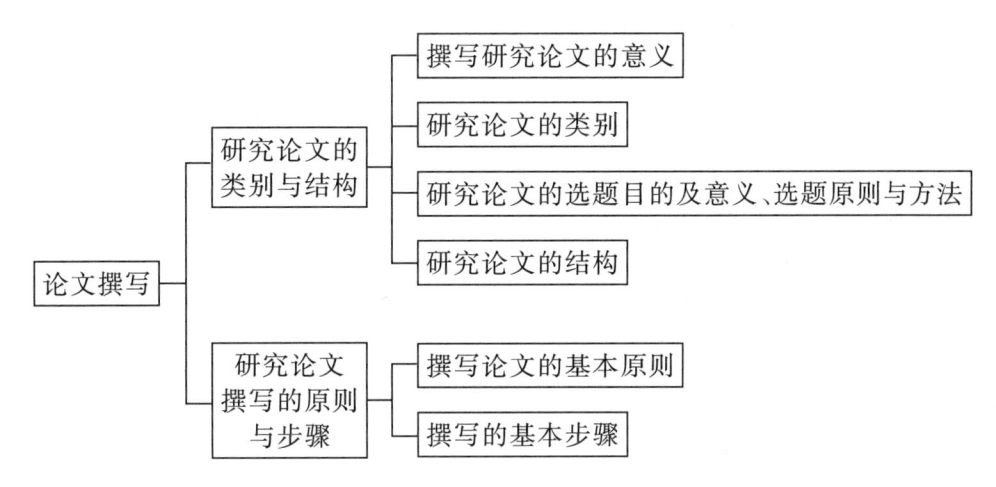

```
                            ┌─ 撰写研究论文的意义
                            │
                 研究论文的 ├─ 研究论文的类别
                 类别与结构 │
                            ├─ 研究论文的选题目的及意义、选题原则与方法
                            │
                            └─ 研究论文的结构
   论文撰写 ─┤
                 研究论文   ┌─ 撰写论文的基本原则
                 撰写的原则 │
                 与步骤     └─ 撰写的基本步骤
```

【思考与练习】

1. 研究论文选题的意义是什么？
2. 撰写毕业论文的步骤是什么？
3. 期刊论文的特征是什么？
4. 调研报告的撰写原则是什么？
5. 撰写一份读书报告。

【推荐阅读】

[1] 毕恒达. 教授为什么没告诉我[M]. 北京：法律出版社，2007.

[2] 斯莱德，佩林. 如何写研究论文与学术报告（第13版）[M]. 北京：外语教学与研究出版社，2011.

[3] 凯特·L. 杜拉宾. 芝加哥大学论文写作指南[M]. 雷蕾，译. 北京：新华出版社，2015.

[4] 史帝夫·华乐丝. 如何成为学术论文写作高手：针对华人作者的18周技能强化训练[M]. 北京：北京大学出版社，2015.

第十三章 课题申报与结题

> 科学的灵感,决不是坐等可以等来的。
>
> ——华罗庚
>
> 能正确地提出问题就是迈出了创新的第一步。
>
> ——李政道

本章主要让大家了解课题类型,撰写课题的意义和基本条件,并体验如何撰写课题申报书和结题报告。

第一节 课题选题

学习提要

(1)理解课题选题的意义和课题的类型。
(2)理解课题选题的原则。
(3)掌握课题选题方式和程序。

一、课题研究的意义

(一)教师做教育课题研究的意义

(1)教师专业成长的需要。

时代在快速地发展,教育改革也需要紧跟时代的步伐。处在信息时代的我们,想要立足就必须有不断学习的意识和能力,要有勇于实践和创新的能力。为了适应素质教育提出的新要求,教师的教育、教学工作模式应该从"经验型"转向"科研型"。实践表明,一线教师在教育教学工作中能够积极地参与教育科研实践,学习相应的知识理论,不断更新教育观念,以科研带教研、教研促教改,以此来提高自身的素质。

(2)解决实际问题的需要。

做课题不仅仅是教师提高自身能力的需要,更能解决教师在教育、教学工作中发现的问题与遇到的困惑,包括学生表现上的问题、教师在教学实践上的问题和学校教育上的问题。

(3)养成严谨的工作作风的需要。

课题研究的严密性促使教师的教育、教学工作更加科学化、系统化。教师经过几年的课题研究不仅能养成不断反思自己教学行为的习惯,还会变得更勇于探索。

(4)形成科研教学意识的需要。

我们知道,在做课题时查阅资料是必不可少的。所以当我们查阅大量有关教育、教学的资料后,会潜意识地形成自己独特的教学理念。教育科研实践活动不但转变了教师的教育观念,更重要的是使教师养成了一种用新的教育理念去审视自己日常工作的习惯,自觉地去改进自己的教育方法、不断地进行教学反思。

总地来说,一线教师做课题就是用科研的思路去重新审视教育教学过程,去发现问题、思考问题,从而形成解决问题的思维;并且通过教育教学工作的实践使其得到验证与完善,最终不但使教师的教育教学工作逐步向最优化的方向发展,而且也使得教师的自身素质水平得到提升与飞跃。

(二)课题选题的目的意义

(1)选题对课题研究起着决定性的作用。

科学研究工作本身就是一个不断发现问题、提出问题和解决问题的过程,所以选题是科学研究真正的起点,它对后期的科研工作具有战略性的意义。选题不仅决定着科学研究工作的主攻方向和奋斗目标,同时也规定着科学研究应采取的方法和途径。

(2)选题是科研工作的强大动力。

问题总是在科学研究活动的前方,是科学探索的出发点。有价值、有吸引力的课题总是会激发研究人员去不断地思考、学习和研究,它是科研工作的地基和最大动力。

(3)选题是科研人员才能的体现。

选题不仅决定着科研工作是否能够顺利开展,同时也决定着后面研究成果的大小。选择什么样的课题、如何选择课题这些都是一个科研人员才能的体现。

二、课题的分类

1. 一般分类

科研课题的一般类型有：理论性研究课题、实验性研究课题和综合性研究课题三大类。

2. 基本分类

科研课题的基本类型有：基础性研究课题、应用性研究课题和发展性研究课题三大类。

3. 特殊分类

指针对某些特殊需求提出并确立的课题，如专项研究课题、委托课题、自选课题等。

三、课题的来源

1. 指令性课题

各级政府主管部门考虑全局或本地区公共教育事业中迫切需要解决的科研问题，指定有关单位或专家必须在某一时段完成某一针对性很强的科研任务。

2. 指导性课题

又称为纵向课题。指国家有关部门根据科学发展的需要，规划若干科研课题，通过引入竞争机制，采取公开招标方式落实项目。

案例探析

×××市规划课题研究选题

1. 小学有效课堂教学研究
2. 小学生学习能力培养研究
3. 小学生心理辅导策略研究
4. 小学生口语表达能力研究
5. 小学生良好行为习惯养成研究
6. 小学生诚信教育研究
7. 小学生感恩教育研究
8. 小学生责任感教育研究
9. 提升经典诵读进校园实效性研究
10. 小学生自主学习能力提升研究与实践
11. 小学教师应对班级突发事件的策略研究
12. 小学生艺术教育研究

> 讨论：
> 如何在日常教学中挖掘有意义的研究课题？

3. 委托课题

属于横向课题,来源于各级主管部门、企业和公司以及各类培训机构等。

4. 自选课题

研究者根据个人的专业特长、经验与喜好选定的课题。自选课题灵活,大有潜力。

四、课题选题的一般原则[①]

1. 创新性原则

创新性是科研选题应当坚持的原则,创新性主要表现为所选课题的先进性和新颖性。创新课题是他人没有提出的问题,或者是别人没有解决以及没有完全解决的问题。创新课题成果包括理论研究成果和应用技术成果。理论研究成果包括新发现、新观点、新见解,应用技术成果包括新技术、新工艺、新产品。

2. 可能性原则

选题要量力而行,从自身或课题组已有基础、物质条件、人员结构以及协作关系等各个方面综合分析选择切合实际的科研课题。

3. 优势性原则

选题要从国内、本省、市、地区、单位及个人的优势出发,扬长避短。

4. 需要性原则

科研服务于需求,必须面向实际需要,按需要选择。所谓需求包括:社会实际需求和科学自身发展状况的需求。

5. 经济性原则

经济性原则是指在科研选题时,要对投入和产出的平衡点进行分析,力求做到以较低的代价,获得较高的收益。

6. 实效性原则

实效性原则是指在科研选题时,应该考虑该课题的阶段性成果以及预期效果,对发展科学特别是推动技术进步具有明显的实际效益。

7. 发展性原则

要考虑科研选题的发展前途、推广价值、普遍意义及可持续性,以此为基础是否能够衍生出新的研究领域和相关新课题等。

[①] 张英会:《科研课题的来源及选题原则》,《当代教育实践与教学研究》2014第7期。

五、课题选题方式和程序

(一)课题选题的方式①

1.从教学实践中选题

实践问题是教师教育研究课题的主要来源。主要体现在以下几方面：

①教学工作中许多迫切需要解决的问题可以转化为研究课题。

案例探析

在教学实践中发现问题,形成解决问题的思路,建立课题,进行研究。

一位音乐老师发现学生对音乐教学中的抗战歌曲不大感兴趣。这种现象是可想而知的,现在的中学生整天沉浸在流行歌曲中,抗战歌曲对他们来说,大概属于古董之列。这位老师认为,学生之所以对抗战歌曲不感兴趣,可能是因为现在的学生不了解那个时代,不了解这些抗战歌曲在那个时代所起到的作用。因此拉近这些歌曲和现代学生的距离,成了他解决问题的一个思路。他后来建立了一个课题"在音乐教学中运用音乐史料的实践研究"。在实施这个课题的过程中,他利用学生收集资料的能力强、运用信息技术的能力强的优势,让学生制作抗战歌曲的课件。学生被迅速调动起来,有的收集了抗战歌曲的背景资料,作词者、作曲者的资料,有的还剪辑了影视资料,他们制作的课件精彩纷呈(有的在全国中学生课件制作比赛中得奖,这是意外的收获),在上课时,学生自己介绍自己制作的课件。通过这些自主活动,客观上学生对这些抗战歌曲就比较熟悉了。当长期演唱这些歌曲的时候,他们看到太行山上喷薄欲出的红日、看到奔腾咆哮的黄河……,这些景象融入他们的歌声,激发了他们的演唱情感。

这个课题产生于实际的教学问题,这位老师对解决这个问题有着他自己的思路,因此,他是以解决问题的思路作为课题的名称。

讨论：

如何从教学实践中选择教育科研课题？

②在教学实践的疑难和困境中发现研究课题。教师在教学过程中常常会遇到各种各样的疑难、矛盾与困境,而实际中并没有解决问题的方法与措施。

③从具体的教学中捕捉研究课题。教育现场是教育问题的源发地,是问题产生的土壤,进入教育现场的教师对教育现场所做的任何深入的分析,都可能产生大量的有待研究的课题。因此,教师一定要学会关注自己的教育实践现场,善于从中发现问题、提出问题。

①丰玉英：《浅谈如何进行教育研究课题的选择》，《才智》2012年第33期。

案例探析

在一所小学，一位语文老师和我谈起质疑教学的问题。他说，他们班上学生在质疑时提出的问题都很简单、很琐碎。而别人介绍的质疑教学，学生提出的问题都很有质量，他很羡慕。他想知道他们是怎么做的。我说，质疑是我国自古以来都非常推崇的一种读书方法，将质疑引入教学就有了质疑教学。它的重要性在连篇累牍的文章中已经阐述殆尽。但是在实际的阅读教学中却问题不少。最大的问题就是教师将学生质疑作为自己教学组织的手段，教师存有这种想法，学生就不可能得到真正的质疑，因为他必然会排斥他认为扰乱他教学计划的问题。因此，教师必须尊重学生作为质疑主体的地位，尊重学生提出的问题，正确处理预设和生成的关系。其次，教师必须为学生质疑创设心理安全的环境。这点我相信这位老师能够做到。我之所以说到上面两点，是因为这两点乃是质疑教学的基础。这两点做不到，所谓的质疑教学不过是幌子而已。

这位老师谈到的问题，实际上是提高学生质疑能力的问题。解决这个问题的最简单、最好的方法就是学生的自我评价。教师在学生提问之后，让学生评论一番（请教师不要评论，因为这是学生自我教育的机会），谁提的问题最好，为什么。学生在评论之中，就会逐渐感悟到问题的症结。而教师需要观察这种自我评价对学生质疑能力的影响，并做好观察记录，以便做进一步的研究。

这位教师后来建立了"运用自我评价培养学生质疑能力的实践研究"的课题来进行研究。

讨论：

在教学活动中如何培养质疑能力？

2.从实施新课程遇到的问题中提出课题

新一轮基础教育课程改革，需要广大教师及全体教育工作者在理论上深入探讨，在实践中不断摸索。因此，面对中小学课改中出现的新困惑、新问题，我们就不可回避地要去认识它、研究它、解决它。解决这些问题的基本手段是教育科研课题研究，中小学教师和学校干部最熟悉本校课改的实际，所感受或提出的问题很具针对性、实用性，又直接在实践中探索与分析总结。所以，广大教师和学校干部进行教育科研具有得天独厚的条件。

案例探析

发挥独特优势，做自己力所能及的课题。2002年，一位青年骨干教师来找我，她是教小学思品课的，当时参加了市里面的一个青年骨干教师培训班，培训班要求每个学员都要申报一个课题。她想找我商量申报一个什么课题，我问她有什么想法，她说，她想在她导师的课题下，建立一个子课题。这个想法固然不错，但是我们谈下来，我觉得她对导师的课题还缺乏自己的想法。之后，又有其他教师给她建议，说研究小学生的元认知很有意义，我估计她当时对元认知也还不够了解。我还是拿出我的老办法，"在自己的课堂教学中去发现问题，寻找解决问题的办法"。我们后来谈了思品课教学中经常出现的问题，这位老师谈到学生知行分离的现象。这是一个常见问题，很多人都讨论过。于是就问她，有没有解决这个问题的思路。我们进一步分析了一下，学生产生知行分离的一个（不是全部）原因，就是我们的思品课教学和学生的生活实际有相当大的距离，许多教师还是把思品课仅仅作为一门知识性的学科看待，而没有看到思品课对于学生思想形成的影响。联系新课程走进学生生活的理念，后来建立了"小学生活德育的实践研究"课题。我对这个课题充满信心，我说，这个课题，不仅是交给导师的一份出色的作业，而且还能申报课题。后来这位老师的课题成功在市里立项，在课题报告的基础上撰写的论文，参加小学德育教学论文评选，取得优异的成绩。

讨论：

如何发现实际教学中需要解决的问题？

3. 在交流中激发问题

在教学中发现问题后，教师可以通过与其他教师进行交流、讨论，获得灵感，得到启发，发现需要研究和探索的问题，并通过深入思考，进一步将有关的问题发展为教育研究的课题。

案例探析

运用迁移的方法，将其他学科的教学方法移植到自己的学科教学中来。1999年，一位语文老师给我看一篇他写的论文《尝试教学法在语文教学中的运用》。尝试教学法是邱学华先生在数学教学中首创的，它的核心思想是变传统的先讲后练为先练后讲。这个简单的次序颠倒，却引出了教育观念的变化和教学过程的优化，并最后使教学效率得到提高。于是，我建议这位老师在这篇论文的基础上建立课题进行研究。

当时,我们已经看到李伯棠教授《从尝试中来,走自己的路》一文,文中说道:"尝试教学法能否移植到语文教学中来呢?答案是肯定的。数学教学可以先练后讲,语文教学又何尝不可呢?由于语文学科涉及的语文知识的范围较广,基本训练的项目较多,尝试教学法在语文教学中就大有用武之地。课本中出现的新词,可以让学生查字典,但是汉语中有一词多义的现象,有时字典上的解释并不十分贴切,就让学生联系上下文去理解,理解不准确之处,再由教师讲解。事实上,查字典是尝试,联系上下文去理解,又是一次尝试,最后由教师讲解,这就是'先练后讲'。"我们觉得,"语文尝试教学法的研究"已经呼之欲出了。李伯棠的说法给了我们充分的信心。

"语文尝试教学法的研究"后经申报,被市教育发展基金会批准立项为2000年青年教师基金课题。

这个课题实际上是运用了"迁移"的方法,将数学学科的教学方法移植到语文教学中来。当然这不是简单的一搬了之,而是要研究适合本学科教学的特点。移植须适其性,适者方能生存。

讨论:
如何运用"迁移"的方法进行教学?

(二)课题选题的程序

课题选题的程序如图13-1所示。

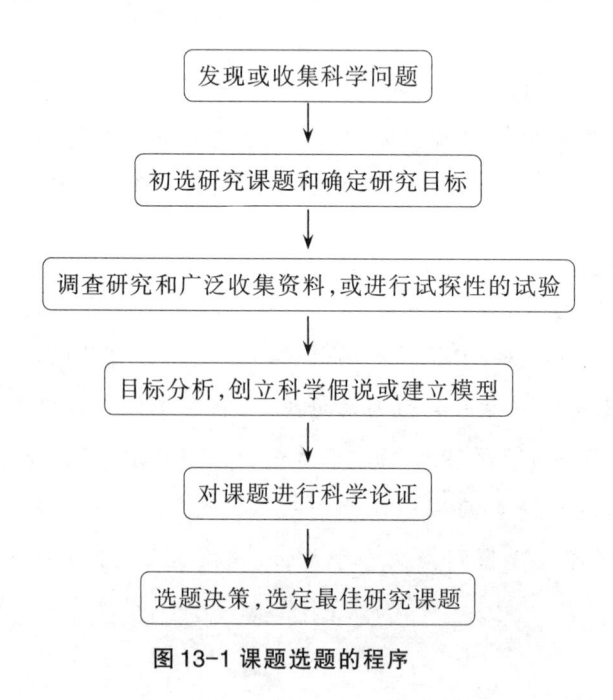

```
发现或收集科学问题
        ↓
初选研究课题和确定研究目标
        ↓
调查研究和广泛收集资料,或进行试探性的试验
        ↓
目标分析,创立科学假说或建立模型
        ↓
对课题进行科学论证
        ↓
选题决策,选定最佳研究课题
```

图13-1 课题选题的程序

六、课题选题的信息收集

(一)信息的收集

1.收集的标准

一是准确性。要求所收集到的信息要真实可靠。这是对信息收集工作最基本的要求。因此收集到的信息应反复核实,不断检验,力求把误差减少到最低限度。

二是全面性。要求所收集到的信息要广泛、全面完整。只有广泛而全面的信息收集,才能完整地反映管理活动和决策对象发展的全貌,为决策的科学性提供保障。

三是时效性。信息的利用价值取决于该信息是否能及时地提供,即它的时效性。只有将信息及时、迅速地提供给它的使用者才能使其有效地发挥作用。

2.收集的方式

一是社会调查。通过社会调查能够获得真实可靠的信息。所谓社会调查是指运用观察、询问等方法直接从社会中了解情况,收集资料和数据的活动。社会调查收集到的信息特点是:真实、可靠,且为第一手资料。

二是建立情报网。信息收集的途径必须多样,即建立信息收集的情报网。情报网络是指负责信息收集、筛选、加工、传递和反馈的整个工作体系。

三是从文献中获取信息。文献是前人研究成果的积累,是知识的集合体。其数量庞大、高度分散,因此如何找到有价值的信息是情报检索所研究的内容。(谷茂兰等,2007)

(二)信息的检索

1.检索要求

一是选取主题词。分析课题所研究的主要内容和相关内容,形成主要概念和次要概念,最终确定主题词。

二是确定课题需要的文献类型。在检索工具中收录了各种不同类型的文献信息,需要结合课题的需要选择所需的文献类型。

三是确定检索的时间区间。每一项理论或技术都有其发生、发展和形成的过程,必须结合课题的研究背景(有关知识发展的形成期、高峰期和稳定期)确定检索的时间范围。

四是确定课题需要的主语种。

五是查找课题对查新、查准、查全诸方面有无具体要求。

2.检索方法

检索方法包括工具法和追溯法。工具法在具体操作时有3种方法可供选择。各种检索方法的查找顺序和方法、特点、用途等如表13-1所示。

表 13-1 各种检索方法的查找顺序和方法、特点、用途

检索方法		查找顺序或方法	特点	用途
工具法	顺查法	时间上从远到近	能全面了解课题的过去、现状及发展趋势,文献误检、漏检较少,查准率和查全率较高,但花费时间较长	撰写学科发展动态、综述、述评等论文或申请专利时采用此法
	倒查法	时间上从近到远	查找起来省时间,可检索到内容新颖的文献,但漏检率比顺查法高,补救的办法是查阅综述类文献	在进行新兴科学新课题或解决某些关键技术问题时采用
	抽查法	集中的年代前后	了解学科发展特点,并了解相关文献发表的大概时间和范围,方能取得最佳检索效果	用途较广
追溯法		对原始文献所附的参考文献进行追溯查找	简便易行,但工作量大,检出的文献有时较陈旧,或者有些文献内容离课题较远	通常在检索工具不齐全或不占有检索工具时使用

(三)检索工具

1. 概念

信息检索工具是供人们存储、报道和查找各类信息的工具。主要类型有:传统的印刷型二次、三次文献等检索工具,面向计算机和网络的联机数据库检索系统、光盘数据库检索系统以及搜索引擎等各种网络检索工具。

2. 检索工具的类型

一是按载体形式划分检索工具的类型,如表13-2所示。

表 13-2 按载体形式划分检索工具的类型

类型	特点
书刊型检索工具	以图书、期刊等形式出版的常用信息检索工具 这类检索工具又可分为期刊式、单卷式和附录式
卡片型检索工具	将文献的主题、分类、著者和文献题名等检索标识录在卡片上,并按一定的方法将这些卡片有序地排列起来形成的检索工具 特点:按使用者的需要抽补,比较灵活,无须像书刊型检索工具那样另编累积索引
缩微型检索工具	是以缩微胶卷等形式存储文献线索的检索工具 特点:出版速度快、体积小,但需要借助于相应的缩微阅读设备才能使用
机读型检索工具	是以光、电、磁等作为信息存储和传递的介质,以计算机为主要手段进行信息检索的工具 包括磁带、磁盘、光盘以及网络数据库等各种形式 特点:发展迅速、应用广泛和使用便捷,是信息检索工具的主流形式

二是目录。目录是对图书、期刊或其他单独出版物主要内容和结构框架的展示。目录以单位出版物为著录对象,一般只记录其外部特征。目录的种类很多,如国家书目、联合目录、馆藏目录等。网络上的目录型搜索引擎,提供一种可供检索的分等级列出的目录,以超文本链接的方式将不同学科、专业、行业和区域的信息按分类或主题目录的方式

组织起来,人们通过分类或主题目录的指引,逐层浏览,查找自己需要的信息。

三是正文。正文是检索工具的主体部分。存储在检索工具中的内容是描述文献外表特征与内容特征的著录条目。著录后的每篇文献都有一个固定的序号以和其他著录项目相区别,这个序号称为文摘号或顺序号。把大量的文献著录条目按一定的规则(一般是分类)组织起来,就构成了检索工具的正文。

①题录。题录是对单篇文献外表特征的揭示和报道,著录项目一般有篇名、著者、著者单位、文献来源、语种等。由于著录项目比较简单,因此收录范围广,报道速度快,是用来查找最新文献资料出处的重要工具。报道题录的检索工具的名称不统一,有的定名为目录,有的定名为索引,这是题录在形式上和功能上分别与目录、索引相似的缘故。但就其性质而言,题录与目录、索引有着根本的不同。

②文摘。文摘是以精练的语言把文献信息的主要内容、学术观点、数据及结构准确地摘录下来,并按一定的著录规则与排列方式编排起来,供用户使用的一种检索工具。文摘在国外的检索刊物中常用的词有 Abstract、Digest、Summary、Quotation 等,在我国通常称为文摘、摘要、内容提要等。文摘是二次文献的核心,以单篇文献为报道单元,不仅著录文献的外表特征,还著录文献的内容特征。

四是索引。索引是对一组信息集合的系统化指引。索引一般只起指引特定信息内容及存储地址的作用,是查找图书、期刊或者其他文献中的词语、概念、篇名或其他知识单元的检索工具。索引作为一种附属性的检索工具广泛应用于各种数据库中。

五是附录。附录作为正文的补充部分,并不是必需的。这种检索工具应用较少。

第二节　课题申报书撰写

学习提要

（1）理解教育课题的申报流程。
（2）理解课题申报书的主体内容。
（3）掌握课题申报书的撰写技巧。

一、教育科研课题申报流程[①]

（一）选题

在教育研究的选题上不能偏离我国社会主义建设这个大方向，必须处理好我国教育科研方向与个人兴趣的关系，保证研究工作能为社会主义物质文明和精神文明建设服务，更好地为提高民族素质、多出人才、出好人才服务。

（二）查阅文献

查阅与本课题有关的重要文献，从中了解：在这个问题上前人已经做过哪些重要工作？哪些问题是已经解决了的？哪些是遗留下来尚待解决的问题？他们采用的是什么研究方法？他们所得结论的科学性如何？明确相关问题后，才能正确、有效地开展自己的研究工作，才能在已有的科学研究成果上继续前进。只有弄清楚了以上问题之后，我们才好开始新的研究工作。

（三）制订研究工作计划

在研究工作计划中应明确规定所要研究的问题及其范围，要采用的研究方法，研究对象的抽样，时间进度，等等。在这个计划之下，对于某项或某一方面的工作还可制订更详细的具体工作计划。如课题的具体分工、课题阶段性成果等。

（四）收集并整理资料

对于收集的资料首先要进行鉴别，辨别资料的真实性、可靠度以及价值大小，随后决定取舍，只将有用的材料留下来。留下来的材料也可能是零碎的，主题不明确的。因此，需要将零碎的资料进行整理、归类与统计，明确主题之后，关于这一问题的情况就比较清楚了。

[①] 阿力亚·依塔洪、阿勒玛·库赞拜：《浅谈教育科研课题的具体申报步骤和具体申报程序》，《科技信息》2008年第23期。

(五)分析研究

分析研究对科学研究的质量起着决定性的作用。所谓分析研究就是在已经收集并整理的材料的基础上,对其做进一步的脑力加工。主要的分析研究方法包括比较、归类、类推、分析、综合、归纳、演绎、抽象、概括、想象、假设等。究竟采用哪几种分析研究方法,要实事求是地根据研究目的及所得材料的具体情况而定。

(六)撰写报告

撰写报告就是将课题研究的全部内容和所取得的各类成果通过文字一一表述出来。撰写科学研究报告没有固定的格式来遵照,但是内容必须充实、完整,其内容包括研究目的、对象或抽样、采用的方法,研究的过程、材料的归类与整理,结论、本研究的不足以及后期展望。

二、申报书的主体内容

(一)具体内容

(1)封面。注明课题名称、负责人、所在单位、邮编、电话、填表日期、填表说明和申请人承诺等。

(2)课题组基本信息、人员简历及研究专长。

(3)近期取得的与课题相关的研究成果及与课题有关的主要参考文献。

(4)负责人正在进行的由其他渠道获得的研究课题。

(5)研究设计论证或报告正文。

(6)预期研究成果。

(7)经费预算。

(8)推荐人意见。

(9)课题负责人所在单位意见。

(10)资格审查意见、学科组评审意见、领导小组审批意见。

(二)主要内容

1.国内外研究现状述评和选题的意义

通过对国内外研究现状进行调查,充分了解前人的研究成果、还未解决的问题、亟需解决的重要问题,充分了解科学研究的前沿,进一步明确所选课题的理论创新点或者技术创新点。而课题研究的创新点和突破点是确定选题的重要依据。

2.本课题研究的基本思路和主要观点

在已有的研究基础上,研究者确定申报课题开展研究的基本思路,拟解决的问题,解决问题时拟采用的方法。同时,还须将在此课题的研究过程中形成的主要观点,按照一定的逻辑关系来阐述,向评审专家展示观点是否新颖,所做对策性研究的现实性和针对性如何,是否可行。

3. 本课题的创新程度、预期的成果和价值

应展示课题的创新点包括研究内容的创新点、技术方法的创新点、理论的突破点等,同时显示能够达到的阶段性成果和预期效果,及其重大理论价值和现实意义。

4. 研究的基础和保障

研究的基础和保障能够保证课题的顺利开展和按计划进行。研究的基础包括已累积和取得的与研究课题相关的研究成果和主要的参考文献。研究保障包括人力、物力、财力等各种因素的准备情况。只有具有坚实研究基础和全范围的研究保障,研究课题才有存在的意义和价值。

三、申报书的撰写特点[①]

1. 完整性和全面性

申报材料的写作基础是完整、全面的资料。较大的攻关和招标课题,如国家级科研课题,都要求申报者对申报课题的国内外同行研究的现状进行阐述、分析、评价,即便是中小型、专门性或地域性较强的课题,至少要求了解国内、省内外、行业内外的研究现状。

2. 创新性

申报材料最突出的特点是科研课题的创新性。课题研究的创新,主要表现在前人没有研究过或者在前人研究的基础上取得重大突破。研究的结果应该是前人未曾获得的方法和结论。

3. 科学性

申报课题的科学性就是要求课题研究内容符合一般的客观规律,要有一定的理论根据和实践依据,具备足够的立项依据,同时研究方法、探索过程和论证环节都应具有科学性。

4. 针对性

为了避免重复研究,节省资源,申报材料所选课题不宜过泛、过大,应集中在解决某领域的某具体问题上,命题必须具体、确切,目标精准,研究切口小而精。

5. 前瞻性

课题研究内容对成果的经济价值和社会效益等做合理预测,可增强评审专家和社会力量对课题研究的信心和支持力度。

[①] 祝兴平、谭云明:《课题申报材料撰写要点》,《新闻与写作》2010年第10期。

6.选择性、可行性

申报者可根据自身条件找准合适的研究项目和科研课题。因此,申报者要根据自身能力和条件,实事求是、由浅入深、由易到难,去寻找适合自己的科研课题。所谓可行性,就是科研课题研究的可操作性,即计划等能否在所要求的时间范围内完成。

四、申报书的撰写技巧[①]

(一)研究内容的策划

结合自己的研究优势和课题的申报指南,策划研究内容,选择具有一定创新性、实用性和可行性的研究内容。创新是指研究内容在现有技术和已有研究基础上具备先进性,不属于简单重复性研究;实用是做研究的目的,是力争为社会的发展提供理论支持和指导,力求课题的预期研究结果能够被转化应用,并带来积极的效果;可行是课题具备外部的和内部的各种有利条件,能够满足研究的各类资源要求。

(二)确定研究题目

研究内容确定之后,就要确定研究课题的题目。申报书的题目是评审专家首先会注意到的。题目的好坏直接影响到评审专家是否有兴趣深入地、细致地阅读申报书的后续内容。课题题目就是研究内容的精练总结,要求准确、规范和简洁。准确就是要把课题研究内容、研究对象交代清楚;规范就是所用的词语、句型要规范、科学;简洁就是指题目高度概括研究内容,没有冗余,一般不超过20个字。题目和研究内容高度吻合,能够表达出研究内容的中心思想。简而言之,就是能够从一个题目中看到该课题的潜在应用前景、课题的研究目标、研究的内容及可行性。

(三)申报书撰写

申报书直接决定了课题能否立项,因为课题申报时,评审专家只能通过申报书来了解课题的内容,因此必须认真对待,在撰写申报书时要不断细化我们所要研究的问题,也要详细地论述立项依据、研究方案、可行性及创新点等。申报书总体撰写要求是:态度严谨,描述到位,语言流畅,内容连贯,字字针对主题。

立项依据是解释为什么立项,是决定申请项目有无研究价值的重要基石。立项依据写作的一般步骤是:第一步开篇点题;第二步阐述该问题在国内外的研究现状,在肯定他人和自己研究成果的同时,话锋一转,引出目前尚未解决的关键问题;第三步针对关键问题提出课题;第四步针对课题,叙述研究思路,阐述立项课题对科技、社会的发展有什么意义,确定该课题确实值得去做。总之,立项要有明确的目的、充分的申请理由,要严密

[①] 李作丽:《社科课题申报书的撰写方法与技巧》,《山东英才学院学报》2014年第2期。

论述立项依据,详细交代清楚关键问题,而且可读性强,能引起评审专家的兴趣,愿意继续读完你的申报书。

研究方案是阐述如何开展本课题研究,详细叙述课题的具体研究内容、研究目标及拟解决的关键问题、预期成果、可行性分析、研究工作的总体安排及年度计划等。研究方案是研究思路的关键部分,对其描述要慎重而精练。研究目标及拟解决的关键问题是整个申报书撰写的难点。研究目标是课题研究所要达到的目标。关键问题,是在研究课题过程中要解决的关键环节问题。在撰写研究目标和关键问题时要有清晰的逻辑层次关系。

可行性分析是阐述本课题的实现方法是否可行,研究成果能否转化,要从学术的角度去叙述,阐明研究方案能否实现预期的研究目标。

申报书的亮点是特色和创新,特色即有别于其他研究,没特色就一定没有创新,有特色才可能有创新。创新是决定该课题能否能够获得资助的关键之一。

(四)申报书收尾

书写格式检查是收尾的主要工作。申报书不仅要求内容完整,而且要求格式简练、整洁、美观。因此,书写格式需要注意以下方面:格式要求统一、规范,文笔要通畅,坚决避免错字、漏字和语句不通情况。因此申报书要反复斟酌,仔细推敲,不断完善,首先让所研究内容深深地吸引自己,其次才能吸引评审专家,进而才可能获得较好的评价。

第三节　课题的结题

> **学习提要**
>
> (1)理解撰写课题结题报告的意义。
> (2)理解课题结题的基本条件。
> (3)掌握课题结题报告的撰写技巧。

一、撰写结题报告的意义

所谓结题报告是一种专门用于科研课题结题验收的实用性报告类文体。在课题研究结束后,研究者客观地、全面地、实事求是地介绍研究过程,总结、提炼、解释其研究成果,向有关部门(机构)申请结题验收的材料。结题报告是课题研究结题时最主要的材料,同时也是科研课题结题验收最主要的依据之一。

撰写结题报告的意义包括以下几方面:

结题报告是课题全过程的一个缩影,是课题研究的最后环节的主要工作。通过文字记载研究成果,阐述对某种教育现象、某一教育课题或某种教育理论进行的调查研究、实验或论证后所得出的新的教育观点、新的教育思想、新的教育方法或新的教育理论。

结题报告是对科研成果的总结,更是对科研成果的深化和发展。以书面形式反映实验研究的成果,可以向教育界或社会提供教育科学研究信息,丰富教育理论、推动教育实际工作和彰显其实用价值。

结题报告不仅有利于学术交流、相互借鉴,还可以推动整个教育事业的发展,并且有助于培养和提高研究者的综合分析能力和表达能力等,从而促进研究者有效地进行科研活动。(赵清福,2012)

二、课题结题的基本条件

各级规划课题都必须按计划完成结题工作,并应做到以下几方面:

(1)会议结题与通讯结题相结合。一般来说,省级以上立项的课题,要采取会议结题的方式。

(2)课题组自评与专家组评价相结合,要先对课题进行自评,再邀请专家做鉴定。

(3)理论与实践相结合,既要重视成果的理论水平,也要重视成果对教育教学实践的促进。

（4）过程评价与成果评价相结合,既重视成果,也重视研究过程。

（5）结题与成果示范推广相结合,课题结题时,可同时召开现场会,宣传和展示成果,也可以通过网络,进行推广。

（6）结题和提高改进相结合,结题只是研究过程的一个环节,是一个新的起点,要通过结题,虚心听取专家的意见,使课题得到不断改进和发展。

（7）激励和坚持实事求是相结合,结题鉴定既要对教师的研究工作给予承认和鼓励,也要坚持实事求是的原则,不能夸大其词。总之,要求通过结题对课题成果提出客观、公正、全面和中肯的意见,本着实事求是、公平合理的原则对课题做出评价。

三、结题报告的撰写原则

1. 科学性原则

科学性是指课题结题报告的表述必须观点正确、材料可靠,论证以事实为依据;无论是阐述因果关系,还是表明实用性和可行性,都必须从事实出发,推理合乎逻辑。课题结题报告要通过典型事例,如确凿材料的介绍、分析,找出规律性的东西,总结经验、提出办法、建议,指出存在的问题,得出应有的结论。

2. 创造性原则

创造性是判断课题结题报告质量水平的依据,凡是他人没有提出过的理论、概念、教育教学新方案、新的研究方法以及没有观察到的现象等都是创造性的研究成果。课题结题报告应有作者自己的独特看法,有创新的见解,形成某种新解释、新论点甚至新理论。

3. 规范性原则

规范性是指要根据研究的结构特点和逻辑顺序、研究课题的任务和内容,考虑课题结题报告的表述形式和展现方式。课题结题报告应包括前置部分和主体部分。主体部分是结题报告的关键部分,占报告的绝大部分篇幅,体现着结题报告的质量和水平,所以,必须重视主体部分的撰写。

4. 可读性原则

可读性是指课题结题报告在语言阐述精确、通俗、规范的前提下,尽可能简洁。文字切忌带个人色彩,一般不采用比喻、拟人、夸张等修辞手法,不宜采用工作经验总结式的文字,使用名词术语要注意普适性。

5. 适度性原则

适度性是指课题结题报告的文字多少要适度,不能太少,也不宜太多。如果研究总报告在8000字左右,那么个人的课题结题报告以2000字左右为宜。

四、结题报告的撰写要求

(一)前置内容

(1)标题。在封面上,还要有单位全称和日期。标题要反映课题研究的实质,一定要具体、简明、确切,措辞要准确,表述要完整,逻辑要严密。

(2)署名。课题负责人和主持人署在标题下面。在扉页上要标明课题组负责人、主持人和课题组人员姓名。

(3)引言。要说明:进行该项课题研究工作的缘由和重要性;在此方面的研究进展情况,存在的问题;进行该项研究预期取得的创新性或突破性进展;研究的目的,采用哪些方法,计划解决什么问题,在学术上有什么意义;等等。

(二)主体内容

(1)研究背景。简明扼要地介绍这项课题进行研究的原因,重点阐述好"为什么要选择这项课题进行研究"。对于个别课题结题报告,如有必要,可列出一个部分"课题内涵的阐释",专门对课题的内涵做出说明。

(2)研究意义,课题研究的意义包括理论意义和现实意义。这部分既可单独作为一个部分来叙述,也可以归入"研究背景"来陈述。

(3)理论依据。课题研究需要在一定的理论指导下进行,课题研究的理论依据是进行课题研究的理论指导。所依据的理论要具有科学性和先进性,所选择的政策要具有时代性。理论依据的陈述要具体,围绕课题研究的需要,有针对性地列出课题研究所依据的若干个具体的理论观点或若干项具体的政策。陈述理论时,需要对理论依据做出概括与总结,罗列出观点即可。没必要将某一专家、哲人、学者整篇著作或某一个文件、某位国家领导人的讲话全文当作依据。

(4)研究的目标。课题研究的目标体现的是课题研究的方向和最终所要达到的目的。陈述时要注意:一是课题研究目标的确定要具体,要切合实际,有一说一;二是课题研究目标必须落到研究成果中去,也就是课题取得的研究成果是否达到预期的目标,是否合格,能否通过验收。因此,在陈述取得的研究成果时,一定要注重研究目标与成果之间的联系。换言之,结题的标志就是研究成果对于研究目标的达成程度。

(5)研究的主要内容。课题研究内容是研究的着力点。主要内容的表述要与研究目标吻合。同样,课题研究的主要内容与课题研究成果有着密不可分的内在联系,必须通过课题成果体现研究内容。

(6)研究方法。研究方法是在研究时采用的科学研究手段。一项课题的研究往往要结合多种研究方法。比如,问卷法、调查法、统计法、实验法、行动研究法等。要对各种方法的用途进行简单的说明。

(7)研究步骤。一般将课题研究分成准备、实施、总结三个阶段,在每个阶段中简明扼要地陈述要做哪几项工作。

(8)研究的主要过程。科学地严谨地详细陈述研究过程,回顾、归纳各阶段中具体所做的研究工作,所采取的措施、策略、基本的方法。

(9)结论与成果。结论与成果是整个结题报告中最为重要的部分,所占篇幅为整篇文字一半左右,主要阐述课题研究成果是否具有推广价值和借鉴价值。

(10)课题研究存在的主要问题及展望。课题研究不可能一帆风顺,或多或少地存在这样或那样的问题,只有发现问题才能进一步解决问题,但解决问题一定要准确、中肯、实事求是。展望主要陈述准备以后如何开展后续研究或如何开展推广性研究等。

(三)结尾部分

结尾部分包括参考文献(作者、文献标题、书名或刊名、卷期、页码、出版机构及出版时间)、附录(不方便列入正文的原始材料,包括测量工具、问卷、检测试卷、统计的数据、典型案例、影像资料等,这些佐证材料一定要与课题研究有关)等。

五、结题材料

(一)材料清单(以重庆市教育科学规划课题结题材料为例)

(1)封面

(2)目录

(3)结题申请表

(4)重庆市教育科学规划课题结题评审意见表(专家组集体)(会议结题评审用)或重庆市教育科学规划课题结题评审意见表(专家组个人)(通讯结题评审用)

(5)课题申请评审书

(6)课题立项通知书

(7)课题开题报告

(8)课题中期报告

(9)课题研究报告(不少于6000字)

(10)课题工作报告(不超过2000字)

(11)课题成果公报(不超过1500-3000字)

(12)公开发表的论文复印件

(13)公开出版的专著版权页复印件

(14)课题成果影响证明材料(指课题成果运用证明、领导批示、成果整体或部分被采纳的证明等)

（15）课题重要变更报告审批表复印件

（16）封底

（二）相关要求

（1）研究报告

每项课题必须提交一份研究报告,字数根据课题委托单位的要求而定。涵盖的内容有：课题提出的研究现状及目的、意义,课题研究的主要内容及解决的关键问题,课题研究采取的技术路线与具体措施,课题进度安排或阶段说明,研究的成果、结论及其取得的社会效益,等等。

（2）课题研究成果

对于不同的课题研究成果,研究报告内容的侧重点不同。著作类科研成果：要突出实践、实验分析,突出应用推广价值和社会效益。论文类科研成果：要有围绕课题研究主题的若干篇论文（仅有的一篇论文不能作为课题研究成果）。教材类科研成果：要突出教学改革的内容,体现创新部分,突出学生学法教育和能力培养。多媒体课件软件开发类成果：具体说明其先进性、科学性和创新性,突出实际应用效果和产生的效益。

（3）课题结题时间和成果所有权

课题结题时间以颁发的结题证书时间为准；课题负责人或成员如有变动,需由原课题负责人提出书面变更说明,经所在单位同意后交委托单位备案,成果所有权以结题时课题组成员为准。

本章小结

课题研究是一项艰苦而漫长的工作,要实现理论突破和实践创新,必须踏踏实实地埋头苦干,用心去做；同时课题研究必须实行团队作战,团队成员需分工协作,共同探讨遇到的困惑,交流经验与教训；积极参加课题研究训练,从而进一步学会如何查阅资料,如何有效地寻找科研课题,掌握正确的科学研究方法,不断提升自己的科研能力和教学能力。

【思维导图】

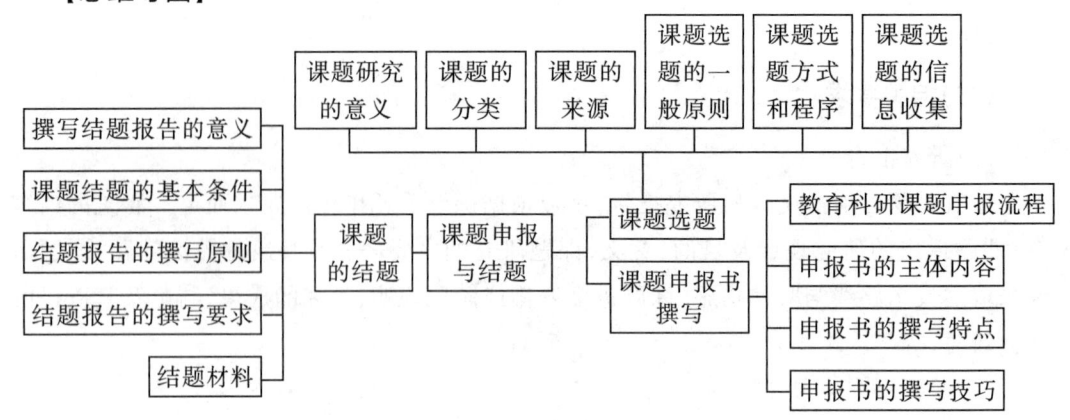

课题研究的意义 — 课题的分类 — 课题的来源 — 课题选题的一般原则 — 课题选题方式和程序 — 课题选题的信息收集 → 课题选题

撰写结题报告的意义 — 课题结题的基本条件 — 结题报告的撰写原则 — 结题报告的撰写要求 — 结题材料 → 课题的结题

课题申报与结题：课题选题、课题申报书撰写

课题申报书撰写 — 教育科研课题申报流程、申报书的主体内容、申报书的撰写特点、申报书的撰写技巧

【思考与练习】

1. 教育工作者做课题研究的意义是什么？
2. 简述课题的主要来源。
3. 课题申报材料的撰写特点是什么？
4. 简述课题申报材料的写作方法。
5. 课题结题的基本条件是什么？
6. 课题结题材料包括哪些？

【推荐阅读】

[1] 张伟刚.科研方法导论[M].北京:科学出版社,2009.

[2] 安德鲁·弗里德兰德,卡罗尔·弗尔特.如何写好科研项目申请书(第二版)[M].郑如青,译.北京:北京大学出版社,2010.

[3] 孙向阳.教师教育科研最需要什么[M].南京:南京大学出版社,2010.

[4] 李冲锋.教师如何做课题[M].上海:华东师范大学出版社,2013.